Die „Entzauberung" des Gesellschaftsvertrags

BEITRÄGE ZUR POLITIKWISSENSCHAFT

Herausgeber:
Professor Dr. Klaus von Beyme, Professor Dr. Carl Böhret,
Professor Dr. Hans-Hermann Hartwich, Professor Dr. Helmut Klages,
Professor Dr. Christine Landfried, Professor Dr. Klaus Lompe,
Professor Dr. Margareta Mommsen, Professor Dr. Anton Pelinka,
Professor Dr. Georg Simonis

Band 89

PETER LANG
Frankfurt am Main · Berlin · Bern · Bruxelles · New York · Oxford · Wien

CHARLES PHILIPPE
GRAF DIJON DE MONTETON

Die „Entzauberung" des Gesellschaftsvertrags

**Ein Vergleich der
Anti-Sozial-Kontrakts-Theorien
von Carl Ludwig von Haller
und Joseph Graf de Maistre im Kontext
der politischen Ideengeschichte**

PETER LANG
Europäischer Verlag der Wissenschaften

Bibliografische Information der Deutschen Nationalbibliothek
Die Deutsche Nationalbibliothek verzeichnet diese Publikation in
der Deutschen Nationalbibliografie; detaillierte bibliografische
Daten sind im Internet über <http://www.d-nb.de> abrufbar.

Gedruckt auf alterungsbeständigem,
säurefreiem Papier.

ISSN 0170-8384
ISBN 3-631-55538-5

© Peter Lang GmbH
Europäischer Verlag der Wissenschaften
Frankfurt am Main 2007
Alle Rechte vorbehalten.

Printed in Germany 1 2 3 4 5 7

www.peterlang.de

Meiner Tante, Frau Veronika Keller, in
Verehrung und Dankbarkeit dediziert

Il n'y a point d'homme dans le monde. J'ai vu dans ma vie des Français, des Italiens, des Russes; je sais même, grâce à Montesquieu, qu'on peut être Persan; mais quant à l'homme je déclare ne l'avoir rencontré de ma vie; s'il existe c'est bien à mon insu.

JOSEPH COMTE DE MAISTRE

Abbildung 1: Joseph Comte de Maistre (1753 – 1821)

Abbildung 2: Carl Ludwig von Haller (1768 – 1854)

Inhaltsverzeichnis

1 Einleitung

*D'ou il sui évidemment que toute la théorie
du contrat social est un rêve de collège.*

JOSEPH COMTE DE MAISTRE

Haller? Maistre? Wessenthalben verdienen zwei Denker eine Beschäftigung, deren gemeinhin als konterrevolutionär aufgefaßte politische Philosophie im tiefen Dunkeln der Ideengeschichte allgemach im Verhallen begriffen ist? Man könnte es sich an dieser Stelle leicht machen und der Frage die Gegenfrage entgegenhalten: wessentwegen nicht? Würde man nämlich der Logik der erstgenannten Folge leisten, könnte man die Auseinandersetzung mit sämtlichen Denkern, die vor unserer Zeit gewirkt haben, in Abrede stellen. Daran erkennt man im übrigen ein Hauptcharakteristikum unseres vorherrschenden Zeitgeistes: Politische Philosophie steht nicht sonderlich hoch im Kurs.[1] Wer das Wagnis unternimmt, sich mit einem Gegenstand aus ihrem Themenbereich auseinanderzusetzen, verwendet mehr Zeit, um nach Exkulpations- und Rechtfertigungsgründen zu suchen, als dies in den übrigen Teildisziplinen der Politikwissenschaft, insbesondere ihrer im *Mainstream* befindlichen Gebiete, üblich ist. Alles, was meßbar, greifbar und nutzbar erscheint, evoziert in der „im Trend liegenden" Wissenschaftlichkeit Hochrufe des Jauchzens und Entzückens. Empirische Sozialforschung, Wahlanalyse und Internationale Beziehungen delektieren sich demgemäß eines gedeihlichen Zuspruchs. Wem indes das Stigma der Vergangenheit anhaftet, wird als „veraltetes" Denkgut zumeist sehr schnell abgetan und allenfalls noch in Form einer kurzen Marginalie gewürdigt. Ganz der Devise folgend: Welchen Nutzen können die avitischen Sottisen für die Gegenwart haben? Befand man sich noch vor wenigen Jahrzehnten in der Lage, politische Ideen als Träger historischer Substanz, als Konzentrate der Realität anzusehen, so neigt die *opinio communis* dazu, von einigen wenigen Ausnahmen einmal abgesehen, die Verhältnisse in ihr Gegenteil umzukehren: Ideen werden fortan als „Abziehbilder" politischer respektive sozialökonomischer Zustände oder Prozesse angesehen. Demzufolge illustrieren sie, was in anderer Aggregatform ohnedies existent ist. Sie erfordern

---

1   Einen hervorragenden Überblick bietet das als Standard zu betrachtende Werk von BEYME, K. v.: Politische Theorien im Zeitalter der Ideologien.1789 – 1945, Wiesbaden, 2002, p. 13seqq.

eine Ableitung, da ihnen kein historisches Eigengewicht immanent ist. Der Konsens gründet im methodischen Desavouieren gedanklicher Objektivationen, der Inhaltsanalyse von „Werken" sintemal, die man, auf eine alte Arbeitsteilung rekurrierend, hier und dorten auch wieder den sogenannten „historischen Fachwissenschaften" zugeteilt hat. Eine Wechselbeziehung zwischen Ideen und politischer Umwelt, wie sie insbesondere im angelsächsischen Raum prosperierend kultiviert wird, läßt sich hierselbst schlechterdings nicht einmal in einem äußerst bescheidenen Ansatz verorten.[2] Den Gründen für diesen überaus tristen Zustand nachzuspüren, ist hier nicht der Raum. Es sei nur, frei von jeglicher Larmoyanz, auf die Tatsache hingewiesen, daß politisch-philosophische Literatur mitnichten zum geistigen Haushalt einer breiten Öffentlichkeit gehört und ihre Tradition weder von der Schule noch von der Universität eine nachhaltige und vollherzige Förderung erfährt. Dabei ist die Frage nach dem Utilitarismus einer Beschäftigung mit geistesgeschichtlichem Gedankengut *a priori* quästioniert. Schließlich vermag niemand im Vorfeld eine Aussage darüber treffen, „was es denn bringt". Bilanziert wird nämlich bekanntlich immer erst am Schluß. Mithin erscheint es vor dem Hintergrund unseres so vielbeschworenen „Verfassungspatriotismus" als äußerst befremdlich, daß man die geistigen Grundlagen desselben mit unverdrossener Ignoranz abstraft. Auf die Frage, wie sinnstiftend und hilfreich dies für die Fermentierung unserer „republikanischen Leitkultur" ist, wird die Zukunft sicherlich mit Antworten aufwarten.

Die politische Theorie steht in dezidierter Opposition zur Historiographie der Unwiederholbarkeit, welche Vergangenheitstexte in ihrer bloßen Differenz zur Gegenwart stehen läßt, weshalb sie zu Solitären werden. Sofern man zum Beispiel grundlegende Unterschiede zwischen der privatrechtlich-individualistischen Staatstheorie Hallers und dem modernen Verfassungsstaat mit Gewaltenteilung und -verschränkung ausmacht, dann geschieht dies im Bewußtsein der Tatsache, daß es besonders die Herausarbeitung der Differenzen ermöglicht, eine Außenperspektive auf unsere politischen Strukturen zu erlangen. Wenn Rüdiger Bubner sagt, „alle philosophische Problemstellung geht von Texten aus"[3], dann unterstreicht dies die Bedeutung einer textimmanenten Vorgehensweise. Dabei ist es eine Frage der individuellen Präferenz, ob man seine Bezugstexte erst aus dem Repertoire der modernen oder postmodernen Autoren selektiert, oder ob man ein paar hundert oder tausend Jahre regrediert. Auf jeden Fall steht fest, daß es naiv bis stupid wäre, die Auswahl der Texte auf beispielsweise solche der modernen

---

2   Cf. BRANDT, H. (ed.): Restauration und Frühliberalismus 1814 – 1840, Darmstadt, 1979, p. 1seq.

3   BUBNER, R.: Gedanken über die Zukunft der Philosophie, in: Deutsche Zeitschrift für Philosophie, tom. 5 (1996), p. 751.

Steuerungstheorie aus der letzten Dekade oder des außenpolitischen Realismus seit Henry Kissinger zu reduzieren, um damit eine Steigerung der Wissenschaftlichkeit des eigenen Denkens zu erreichen. Dabei ist es allein relevant, welche systematischen Bezüge und Perspektiven aus der Vertiefung mit den einzelnen Texten resultieren.[4] Denn im besonderen in Zeiten der Referenda zur EU-Konstitution[5] drängt sich die Notwendigkeit einer Neureflexion über Repräsentation und Souveränität förmlich auf – befindet sich Europa doch in einem nicht unwesentlichen Trans- und Restrukturierungsprozeß. Schließlich herrschte bis dato ein Grundkonsens über die Errungenschaften der Aufklärung, welche im sozialliberalen Nationalstaat, der zunehmend in ein Geflecht internationaler Beziehungen und Organisationen eingebettet wurde, seine Vollendung in dieser vermeintlich vollkommensten Form menschlichen Zusammenlebens fand. Wenn dem tatsächlich so wäre, dann hätte Condorcet recht behalten, wenn er uns in seiner Philosophie lehrt, daß Geschichte vor allem ein Kampf der Ideen ist. Demgemäß wäre das Ende der Geschichte in der Tat nicht mehr fern.[6] Doch das menschliche Handeln, vorwiegend das politische, ist fortwährend von Ideen geprägt, die aus den diversen weltanschaulichen Attitüden resultieren. Die gegenwärtigen Paradigmen, die ein Mehr an theoretischer Aufarbeitung erforderlich machen, sind folglich Legion, und die darin aufgeworfenen Probleme mitnichten neu. Die Frage nach der besten Staatsform beziehungsweise der Optimierung der vorhandenen findet niemals einen abschließenden Punkt, genau so verhält es sich mit der oben aufgeworfenen Frage nach der Souveränität. Desgleichen ließe sich von der Problematik des Bindungsgrades von Verfassungsbestimmungen für die dereinstigen Generationen sagen sowie von der Definition und Erörterung der mit dem Insurrektionsrecht in Zusammenhang stehenden Kontroverse. All diese nicht unstrittigen Gegenstände haben bereits zu antiken, mittelalterlichen und neuzeitlichen Epochen die Gemüter erhitzt. Der Hauptkristallisationspunkt lag jedoch seit Hobbes in der Lehre vom Gesellschaftsvertrag. Selbiger wurde bis Rousseau (1712 – 1778) und darüber hinaus modifiziert, kommentiert und weiterentwickelt. Diese „Chimäre" zu zerstören, hat sich der zwischen 1794 und 1795 entstandene *Anti-Contrat-Social* Joseph de Maistres und der erste Band der *Restauration der Staatswissenschaften* (1816) Carl Ludwig v. Hallers verschrieben.

4 Cf. REESE-SCHÄFER, W.: Antike politische Philosophie. Zur Einführung, Hamburg, 1998, p. 192seq.
5 Cf. das Referendum in Frankreich zur Frage der Annahme einer Verfassung für Europa; selbige wurde am 29. Mai 2005 mit 55 % der abgegebenen Stimmen abgelehnt; in den Niederlanden stimmten am 01. Juni 2005 sogar 61,6 % gegen die geplante Konstitution. In Deutschland votierten die Repräsentationsorgane jedoch mit überwältigender Mehrheit für die Verfassung.
6 Cf. GUÉHENNO, J.-M.: Das Ende der Demokratie, München, 1996, p. 9seq.

Es ist darob die Intention dieser Arbeit, durch die Einbettung Hallers und Maistres in den Kontext der ideengeschichtlichen Entwicklung seit der Antike und die abschließende direkte staatstheoretische Komparation der beiden den ein oder anderen Denkanreiz zur erhellenden Beurteilung des eigenen politischen Systems aus der Außenperspektive heraus zu ermöglichen. Zu diesem Behufe wurden zunächst die Hauptelemente der einzelnen Denker kursorisch vorgestellt, indes hierbei lediglich eine Schwerpunktsetzung erfolgen konnte, da die doxographische Darstellung *in extenso* bei weitem den hier allzu knapp bemessenen Rahmen gesprengt hätte. Insofern vollzog sich die Auswahl der jeweiligen Philosophen nach dem Kriterium der Relevanz für die Lehren Hallers und Maistres. Es war für den Verfasser wichtig, durch dieses Procedere Fixpunkte zu erhalten, an denen die verschiedenen Auffassungen Hallers und Maistres insbesondere bei Fragen, die den Naturzustand, den Sozialkontrakt und das Insurrektionsrecht oder ähnliches konzernierten, zu elaborieren sind. Auf diese Weise konnte die ideengeschichtliche Gesamtkohärenz erhalten und die geistesgeschichtliche Zuordnung der beiden gewährleistet werden. Schließlich wäre es wenig fruchtbar gewesen, hätte man in einem synoptischen Vergleich die einzelnen Kon- und Divergenzen gegenübergestellt, ohne sie in bezug zu der geisteswissenschaftlichen Genese, besonders bezüglich des Sozialkontrakts, oder dem zugrundeliegenden Kontext zu positionieren. Dieserhalb versucht der Aufbau der Arbeit diesem Anspruch Rechnung zu tragen: Zunächst wird die angewandte Methodik im Hinblick auf die theoretischen Grundreflexionen vorgestellt, um sodann im dritten Teil die Einordnung der beiden Staatsphilosophen in den Kontext der politischen Philosophie unter Bezugnahme auf den Kontraktualismus vorzunehmen. Im darauffolgenden Kapitel wird in einem direkten Vergleich von Naturzustand, Souveränität, Insurrektionsrecht und der Frage nach der besten Staatsform die Hallersche und Maistres Staatstheorie untersucht. Dabei soll stets die historische und geistesgeschichtliche Umgebung Berücksichtigung finden. Schließlich wird in der Schlußbetrachtung der Versuch unternommen, die gemeinhin übliche Taxierung der beiden Staatsphilosophen als *Status-quo-ante*-Konservative einer kritischen Prüfung zu unterziehen.

Wenden wir uns nunmehr dem Forschungsstand zu, so kann – zumindest im bezug auf Haller – nicht unbedingt von besonderer Aktualität gesprochen werden. Die letzten Monographien, zumeist Dissertationen, welche die Staatstheorie Hallers zum Gegenstand haben, datieren zumeist aus der Mitte der 50er Jahre des letzten Jahrhunderts.[7] Ansonsten findet man nur noch vereinzelt Aufsatzartikel und Monographien, wobei sich die letztgenannten schwerpunktmäßig mit der Pu-

---

7   Cf. WEILENMANN, H.: Untersuchungen der Staatstheorie Carl Ludwig von Hallers. Versuch einer geistesgeschichtlichen Einordnung, Diss. Univ. Bern, 1955.

blizistik Hallers beschäftigen und das Werk einer Kommunikationsanalyse unterziehen.[8] Der Grund läßt sich aller Wahrscheinlichkeit nach in der mangelnden
Rezeption der *Restauration der Staatswissenschaften* überhaupt finden; denn bereits zu Lebzeiten Hallers verkauften sich die dem ersten nachfolgenden Bände
zuletzt nur noch als Makulatur. Des weiteren war die Bereitschaft der wissenschaftlichen Welt mitunter etwas eingeschränkt, das sechs Bände und circa 3.000
Seiten umfassende *opus magnum* des Berner Restaurators gründlich zu studieren.
Hinzu kommt die Fama, die Haller fast schon in der Ausprägung eines Stigmas
anhing. Denn bereits kurz nach Erscheinen der Vorläuferschrift zur *Restauration*,
dem *Handbuch der Allgemeinen Staatenkunde* (1808), vermochte er sich nicht
mehr der Etikettierung eines „ewig rückwärtsgewandten" und morosen Gesellen
erwehren. Dieser Eindruck verfestigte sich spätestens, als seine Bücher in einem
Autodafé auf dem Wartburgfest am 18. Oktober 1817 unter Schimpf und
Schmach verbrannt wurden.[9] Im Anschluß daran hielt sich die Resonanz auf seine Publizistik in Grenzen; bereits gegen Ende seines Lebens erregte der streitlu-
stige Berner Aristokrat kaum mehr Aufsehen und sein Werk, welches einer ganzen historischen Epoche seinen Namen gab, geriet mehr und mehr in Vergessen-
heit. Nur noch ein kleiner, meist wissenschaftlicher Kreis setzte sich damit im
Laufe der Jahrzehnte auseinander.[10] Dieser Zustand sollte sich bis zum Jahr 2003
kontinuieren, als Hans-Hermann Hoppe sein äußerst kontrovers diskutiertes Buch
Demokratie. Der Gott, der keiner ist publizierte.[11] Darin entwirft Hoppe das Ideal einer auf reinem Privateigentum basierenden Gesellschaft, die ohne öffentlichen Staatssektor auskommt. Befremdlicherweise rekurriert er genau auf die Hallersche Vorstellung einer absoluten Privatrechtsautonomie eines jedweden Bürgers, allerdings ohne den geistigen Ahnvater dieser Idee ein einziges Mal zu zi-

---

8   Zu nennen wäre an dieser Stelle die hervorragende Kommunikationsanalyse von
    ROGGEN, R.: „Restauration" – Kampfruf und Schimpfwort. Eine Kommunikations-
    analyse zum Hauptwerk des Staatstheoretikers Karl Ludwig von Haller (1768 –
    1854), Freiburg (Schweiz), 1999; sowie: Cf. PFISTER, Ch.: Die Publizistik Karl
    Ludwig von Hallers in der Frühzeit 1791 – 1815, Bern, Frankfurt am Main, 1975.
9   Cf. ROGGEN, op. cit., p. 381seq.
10 Es sei exemplarisch auf die nachfolgenden Publikationen verwiesen: REINHARD,
    E.: Karl Ludwig von Haller. Ein Lebensbild aus der Zeit der Restauration, Köln,
    1915; sowie: IDEM: Der Streit um Karl Ludwig von Hallers „Restauration der
    Staatswissenschaft". Zum 100. Todestag des „Restaurators", in: Zeitschrift für die
    gesamte Staatswissenschaft, tom. 111 (1955), pp. 115-130; sowie: RHODEN, R. P.:
    Joseph de Maistre als politischer Theoretiker. Ein Beitrag zur Geschichte des konser-
    vativen Staatsgedankens in Frankreich, München, 1929.
11 Cf. HOPPE, H.-H.: Demokratie. Der Gott, der keiner ist. Monarchie, Demokratie und
    natürliche Ordnung, Leipzig, 2003; darauf bezugnehmend: FRITZ, L.: Illegitimität
    des Staates? Bemerkungen zu Hans-Hermann Hoppes Vision einer Privateigentums-
    gesellschaft, in: Politische Vierteljahreszeitschrift, tom. 1 (2005), pp. 144-157.

tieren oder ihn zumindest einer Erwähnung zu würdigen. Mithin wird deutlich, daß sich Hallers Ideen – zumindest in der Schule des an der Universität von Nevada lehrenden Hoppes – einer ersprießlichen Neuinterpretation erfreuen.

Bei Maistre verhält es sich im Hinblick auf seine Rezeption ein wenig positiver. Dies mag seinen Grund darin haben, daß er sich mit der Schrift *Du Pape* (1819) weit über die politische Philosophie hinaus auch in theologischen Kreisen einen nachhaltigen Einfluß zu bewahren vermochte. Hinzu kommt, daß er die Lehren nachfolgender, konservativer Denker eingefärbt hat, zu denken wäre in erster Linie an Donoso Cortés, aber auch Carl Schmitt ging mit beträchtlichen Sympathien auf Maistre ein.[12] Doch selbst im weiteren Verlauf nach dem Zweiten Weltkrieg riß der Faden einer ausgiebigen Maistre-Forschung, allerdings vorwiegend im englischsprachigen Raum, mitnichten ab. So wurden in den letzten Jahren maßgebliche und neue Forschungsergebnisse publiziert. Besonders hervorzuheben wären hier die Arbeiten von Jean-Yves Pranchère[13] und Owen Bradley[14] sowie im deutsprachigen Raum das Werk von Beatrice Bondy[15]. Damit erweist sich Maistre als wesentlich profunder und aktueller erforscht als der Patrizier aus Bern. Allerdings fand der *Anti-Contrat-Social* als fragmentarisches Frühwerk Maistres in der Forschungsliteratur kaum Beachtung. Dies verwundert um so mehr, da er bereits wesentliche Denkmuster enthielt, die ihre Ausformulierung erst im später veröffentlichten Schriftgut, wie beispielsweise den *Considérations sur la France* (1797) oder dem *Essai sur le principe générateur des constitutions politiques* (1809), erfuhren.

Abschließend bleibt zu hoffen und zu wünschen, daß die vorliegende Arbeit einen kleinen Beitrag dazu leistet, sich vielleicht doch wieder den beiden recht eigentümlichen Staatstheoretikern zuzuwenden, sintemal eine Auseinandersetzung insofern lohnenswert erscheint, als sie jenseits von der gemeinhin rezipierten Literatur aus unserer Perspektive des 21. Jahrhunderts neue und exotische Thesen bereithalten. Denn eines läßt sich mit Fug und Recht sagen: Langweilig wird einem bei der hochamüsanten Lektüre Hallers und Maistres mit Sicherheit nie.

Heidelberg, im April 2006   Charles Philippe Dijon de Monteton

---

12   Cf. SCHMITT, C.: Politische Theologie. Vier Kapitel zur Lehre von der Souveränität, 7. Edit, Berlin, 1996, tom. 1, pp. 60-62, passim.

13   Cf. PRANCHÈRE, J.-Y.: L'autorité contre les lumières: la philosophie de Joseph de Maistre, Genf, 2004.

14   Cf. BRADLEY, O.: A modern Maistre: the social and political thought of Joseph de Maistre, Lincoln et al., 1999.

15   Cf. BONDY, B.: Die reaktionäre Utopie. Das politische Denken von Joseph de Maistre, Diss. Univ. Köln, 1982.

2 Theoretische Grundreflexionen und Methodik

> *Unzählige Probleme rühren von der Methode her, mit der wir sie zu lösen versuchen.*
>
> NICOLÁS GÓMEZ DÁVILA

Stellt man sich die Aufgabe, zwei Werke politischer Theoretiker in einer komparatistischen Darstellung zu untersuchen, so wird man unweigerlich vor die Entscheidung gestellt, welchem der vielen Theorieansätze und methodischen Vorgehensweisen man Präferenz einräumt. Ohne Zweifel kann es weder in der Intention dieser Arbeit liegen, in doxographischer Tradition einen Abriß über die wichtigsten Theorie- und Methodikentwicklungen zu geben, noch sich zum Schiedsrichter über den Theorienstreit aufzuschwingen und eine in ewiglicher Beständigkeit gemeißelte Säule zur alleinigen Stütze der politischen Wissenschaftstheorie zu errichten. Unbeachtet der Tatsache, daß dieses Unterfangen megalonome Züge aufwiese und den hier zur Verfügung stehenden Rahmen bei weitem spränge, wäre es auch bezüglich der originären Absicht von Wissenschaft in Widerspruch befindlich; denn ein dieserart generiertes Theoriekonstrukt mit den dazugehörigen Abgrenzungsstrategien verfiele allzuleicht in den Odium des Ex-Cathedra-Dogmatismus. Hingegen darf die Konsequenz eines Methodenpluralismus schlechterdings nicht zu einem verschwommenen und konturlosen Eklektizismus oder gar zu einer völligen Konzeptlosigkeit führen und mithin der Irrung erliegen, man nehme von diesem und jenem ein wenig, vermenge es miteinander und erhalte als Resultat die „optimale Mitte".[16]

Nimmt man diese – ohne Zweifel weisen und berechtigten – Maßgaben zur Richtschnur für sein weiteres Vorgehen, wird sehr schnell ersichtlich, daß man in einem gewissen Dilemma befindlich ist: Falls dem Methodenpluralismus zuviel Raum eingeräumt wird, lauert bereits der Eklektizismus in Gestalt der Scylla, sofern man auf eine kontrastreiche Abgrenzungsstrategie in seiner Theoriefindung setzt, nähert man sich der Charybdis in Form des Ex-Cathedra-Dogmatismus gefährlich an.

---

16 Cf. v. ALEMANN, U./FORNDRAN, E.: Methodik der Politikwissenschaft. Eine Einführung in die Arbeitstechnik und Forschungspraxis, 6. veränd. Edit., Stuttgart, 2002, p. 48.

Ein Weg, um diesen Gordischen Knoten zu zerschlagen, wird von Paul Feyerabend in seinem berühmten Werk *Wider den Methodenzwang*[17] gezeigt. Darin konstatiert er, daß Vernunft und Wissenschaft nicht immer Hand in Hand gehen, und plädiert für einen „heiteren Anarchismus", welcher sowohl menschenfreundlicher als auch dem Fortschritt zuträglicher sei als die etablierten „Gesetz- und Ordnungskonzeptionen".[18] Schließlich wäre es alles andere als wünschenswert, eine Tradition zu unterstützen, die sich durch strenge Regeln fügt und alles andere exkludiert, das heißt, andere Methoden *a priori* nicht als Konkurrenz zuläßt. Somit lehnt er eine im voraus beschränkte epistemologische Vorgehensweise strikt ab, da nicht sichergestellt werden kann, daß tief verborgene Naturgeheimnisse tatsächlich entdeckt werden und nicht lediglich ein paar „isolierte Tatsachen" zum Vorschein kommen. Mit dieser Sichtweise wendet er sich dezidiert gegen den oben beschriebenen Dogmatismus und erklärt darüber hinaus die wissenschaftliche Ausbildung an den Hochschulen für schlicht „menschenfeindlich", weil sie der Förderung von Individualität zuwiderliefe und jeden exzellierenden Part der menschlichen Natur, welcher demselben ein Profil verleihen könnte, erdrücke.[19] Feyerabend bezieht sich hierbei auf keinen Geringeren als John Stuart Mill, der sich in wesentlich umfassenderer Weise mit Nachdruck gegen jedweden Autoritarismus ausspricht.[20] Die Schlußfolgerung, die man aus den oben gefaßten, recht rigiden Ansichten möglicherweise zu ziehen geneigt wäre, daß nämlich ein solcher „Anarchismus" geradezu mit Zwangsläufigkeit ins Chaos führen müßte, ist nach Bekunden Feyerabends darob irrig, da das menschliche Nervensystem hierfür zu hochorganisiert sei und es selbst in unbestimmten und mehrdeutigen Situationen zu einheitlichem Handeln käme; Ausnahmen seien lediglich bestimmte Notsituationen wie beispielsweise Kriege.[21] Als Beleg dienen ihm die als Pionierarbeit zu taxierenden Beobachtungen von Muzafer Sherif, der sich in seiner Schrift „The Psychology of Social Norms"[22] experimentell mit der Genese von Gruppennormen beschäftigt und damit Psychologie und Soziologie verbindet. Gerade dieser fast schon als „Kunstgriff" aufzufassende Rekurs auf die Okkultwissenschaft des menschlichen Seelenlebens läßt die Qualität der Feyerabendschen Argumentation als zumindest „hinterfragbar" erscheinen. *Numquam autem liquidum sincerumque ex turbido venit,* [23] würde man mit Seneca gegen seine

17 FEYERABEND, P.: Wider den Methodenzwang, Frankfurt am Main, 2003.
18 Cf. ibid., p. 13.
19 Cf. ibid., p. 17.
20 Cf. vor allem das zweite Kapitel: „Über die Freiheit des Gedankens und der Diskussion" [MILL, J.S.: Über die Freiheit, Stuttgart, 1974].
21 Cf. FEYERABEND, op. cit., p. 19.
22 Cf. SHERIF, M.: The Psychology of Social Norms, New York, 1964.
23 SENECA, De Clementia, lib. II, 6,1.

„Chaostheorie" einwenden. Es wäre vielleicht sinnstiftender gewesen, sofern er den Begriff „Anarchismus", selbst wenn er ihn nicht im originären, politisch-philosophischen Sinn gebraucht, überhaupt nicht mit dem des „Chaos" in eine Kohärenz gesetzt hätte. Genaugenommen würde ein von sämtlichen Beschränkungen befreiter, ballastfreier epistemologischer Ansatz in seiner freien Entfaltung mitnichten zur Wirrnis führen, sondern sich vom Gestrüpp der metatheoretischen Wucherungen losgelöst in Evidenz und Stringenz entwickeln können. Von woher dabei der Weg ins Chaotische führen soll, bleibt quästioniert.

Doch wenden wir uns wieder der Ausgangsfrage nach der theoretischen und methodischen Vorgehensweise zu: Die Versuchung, den Feyerabendschen „heiteren Anarchismus" für sein Vorhaben zu adaptieren, besteht zweifellos – handelt es sich dabei wohl um den einfachsten Weg. Indes sollte eine Gefolgschaft, um nicht in eine blinde auszuarten, ohne die vorherige Prüfung anderer Theorieansätze auf keinen Fall erfolgen.

Richten wir insofern unser Hauptaugenmerk zunächst auf diejenige, die sich im politikwissenschaftlichen *Mainstream* der größten Beliebtheit erfreut: die empirisch-analytische Wissenschaftstheorie. Hierbei sollte nicht unerwähnt bleiben, daß selbige in enthemmter Doxomanie über Dekaden hindurch die schon ans Parolenhafte grenzende These ausgegeben hat, die politische Philosophie sei tot. Trotz dieser Anwandlungen, bei welchen statt Tatsachen offenbar der Wunsch dem Gedanken Pate stand, mußten die Empiriker *nolens volens* eingestehen, daß die Halbwertszeiten ihrer Ergebnisse immer geringer und die Forschungs- und Theoriemoden stetig rascherer Wandlung unterzogen wurden. In ihrer Hilfs- und Ausweglosigkeit verstiegen sich die Empiriker darauf, immer mit neiderfülltem Auge auf die Langlebig- und Fruchtbarkeit der normativen Theorien schielend, den sogenannten „Flaschentrick" anzuwenden, das bedeutet: Man nehme Wissen, selbst noch einigermaßen frisches, und fülle dasselbe in die Hülsen neuer Terminologien.[24] Der Verdacht des szientistischen „Etikettenschwindels" drängt sich bei solchen erfahrungswissenschaftlichen „Taschenspielereien" unweigerlich auf.

Auch sollten wir uns ins Bewußtsein zurückrufen, daß es ihre Anhänger waren, welche die terminologisch nicht unumstrittene Bildung der sogenannten „Theorie-Trias" betrieben. Die Folge war die Vermessung der politikwissenschaftlichen Welt in normativ-ontologische, empirisch-analytische und dialektisch-kritische Theorien.[25] Eine solche Einteilung war dann auch das gewünschte Vehikel für ein Gros der Erfahrungswissenschaftler, sich des ungeliebten Kleides

---

24 Cf. BEYME, K. v.: Politische Theorie, in: NOHLEN, D. (ed.): Kleines Lexikon der Politik, München, 2001, p. 401.

25 Dieses Hilfskonstrukt war jedoch endgültig mit der Publikation von J. Rawls: A Theory of Justice, Cambridge (Mass.), 1971, obsolet [cf. KYMLICKA, W.: Contemporary Political Philosophy, Oxford, Clarendon, 1990, p. 9].

einer normativen Ideengeschichte zu entledigen und endlich – vermittels dieser Demarkation – in der hochgeschätzten „modernen Wissenschaft" anzukommen. Bei diesem Ansinnen waren normative Theorien mit ihrer prämodernen Verbundenheit schlechterdings nicht hilfreich.[26] Es bedarf eigentlich keiner weiteren Explikationen, daß eine Theorie dieserart für die vorliegende Untersuchung nicht in Frage kommt. Es sei jedoch hinzugefügt, daß eine empirisch-analytische Herangehensweise für den Vergleich zweier politischer Theoretiker auf textimmanenter Basis ohnehin als wenig bis überhaupt nicht geeignet erscheint.

Gleichsam verhält es sich auch mit dem dialektisch-kritischen Ansatz und seiner Aporie an ontologischer Fundierung durch vormoderne Theoreme.[27] Selbst wenn man in Betracht zieht, daß sich die kritische Theorie nach der Überwindung des versteinerten Dogmatismus im dialektischen und historischen Materialismus wieder einer offeneren, weniger von strikter Systematik geprägten Vorgehensweise bedient und aufrichtig gewillt ist,[28] an einer konstruktiven, kritischen Sinninterpretation der Moderne gestaltend mitzuwirken, können diese Tatsachen nicht über den Umstand hinwegtäuschen, daß sie sich in letzter Konsequenz selbst ad absurdum führte. Zu dieser finalen Schlußfolgerung gelangt auch Max Horkheimer, welcher der kritischen Theorie attestiert, daß sie ihr unmittelbares, aktuelles politisches Ziel modifiziert hat und im Laufe ihrer Fortentwicklung zunehmend konservative Ideen bei ihr Einzug hielten.[29] Mithin entlarvt sie sich vermöge ihrer pseudorevolutionärer und kryptokonservativer Interpretationsschemata. Das Resultat ist eine Apologie der von ihr so perhorreszierten kapitalistischen Realität. Dieserhalb scheint ein so qualifizierter Theorieansatz für das vorliegende Vorhaben gleichergestalt nicht über die richtigen Eigenschaften zu verfügen.

Als letztes verbleibt es alsdann, den normativ-ontologischen Theorieansatz zu beleuchten. Damit werden Theorien bezeichnet, die wertende und Aussagen über den Sinn des Seienden, ergo das Sein machen und beide zu kumulieren suchen. Insofern ist es von jeher die Aufgabe der politischen Philosophie beziehungsweise – auf Aristoteles rekurrierend – der praktischen Philosophie, Handlungen, die in Kohärenz zu ihr stehen, zu bewerten. Dabei ist es unerheblich, ob es sich um staatsphilosophische, sozialphilosophische, politisch-anthropologische oder ethische Fragen handelt. Hierbei wird der Gegenstand nicht als solcher in seiner *Ist*-Beschaffenheit untersucht, sondern es wird unter Zuhilfenahme eines normativen

---

26 Cf. BEYME, op. cit., p. 14seq.
27 Cf. ibid., p. 15.
28 Cf. weiterführend die hervorragende Darstellung von KOLAKOWSKI, L.: Die Hauptströmungen des Marxismus, 3. edit., 2 tom., München, 1988.
29 Cf. HORKHEIMER, M./HERSCHE, O.: Verwaltete Welt. Gespräch zwischen Max Horkheimer und Otmar Hersche, Zürich, 1970, p. 27seq.

2 Theoretische Grundreflexionen und Methodik

Konzeptes eine Antwort darauf gesucht, wie er sein *soll*. Man präsumiert bei der Suche nach der „guten Ordnung", das heißt, der Antwort auf die Frage nach dem guten Leben und dem Bild sowohl des Bürgers als auch des Politikers innerhalb des Staates,[30] daß zur möglichen Lösungsfindung, auch wenn es nie eine in letzter Konsequenz alles erschöpfende geben wird, Normen existieren. Damit stellt sich die normativ-ontologische Theorie in einen bewußten Gegensatz zum empirisch-analytischen Wissenschaftskonzept, das den Standpunkt vertritt, daß es sich bei den Normen um keine tatsächlich existierenden Erscheinungen handelt und sie demnach nicht wahrheitsfähig sind. Die daran anschließende Diskussion, ob und wie Normen überhaupt begründbar sind, wird von der traditionellen politischen Philosophie schlechterdings nicht aufgeworfen.[31] Das Gerechte und Gute im Bereich des Alltagslebens ist für die normativ-ontologische Lehre nach logischer Notwendigkeit nicht eruierbar. Statt dessen kommt es auf das kluge Verständnis, von den Griechen φρόνησις und den Römern prudentia benamt, an.[32] Es verwundert darob nicht sonders, daß in der normativ-ontologischen Methode eine Wertfreiheit des Forschers alles andere als desiderabel ist, da es niemand vermag, sich aus seinem sozialen Gefüge so zu distanzieren, daß ein Losgelöstsein von sämtlichen Wertbindungen auch nur im Ansatz erreicht wird. Das Nämliche gilt in gleicher Weise für das Untersuchungsobjekt.

Für den normativ-ontologisch arbeitenden Wissenschaftler stehen nach heutigem Forschungsstand vier ethische Konzepte, die nur kurze Erwähnung finden können, zur Selektion:[33] Selbige lassen sich in hedonistische, religiöse, deontologische und utilitaristische Hauptformen unterteilen. Wie und ob sich die skizzierten moralphilosophischen Normen selbst wieder begründen lassen, wird in der sogenannten *Metaethik* und den mit ihr verbundenen Problemstellungen behandelt.[34] Wobei angemerkt sei, daß die Metaethik nicht als Reflektor der richtigen und falschen Handlungen dient, sondern die Korrektheit von Werturteilen, also normativen Aussagen über Handlungen, untersucht.[35]

Die traditionelle praktische Philosophie, die sich entweder auf ein normativontologisches oder kritisch-dialektisches Konzept stützt, wirft die Frage nach ei-

---

30 Cf. MAIER, H.: Politik als Gegenstand wissenschaftlicher Forschung, in: REINISCH, L. (ed.): Politische Wissenschaft heute, München, 1971, p. 13.
31 Cf. DRUWE, U.: Politische Theorie, 2. Edit., Neuried, 1995, p. 188.
32 Cf. BEYME, op. cit., p. 40.
33 Cf. weiterführend: HOERSTER, N./BIRNBACHER, D. (eds.): Texte zur Ethik, München, 1988, cap. V-VIII.
34 Cf. weiterführend: ALBERT, H.: Ethik und Meta-Ethik. Das Dilemma der analytischen Moralphilosophie, in: −: Konstruktion und Kritik. Aufsätze zur Philosophie des kritischen Rationalismus, Hamburg, 1972, pp. 127-167; sowie: SUMNER, L.W.: Normative Ethics and Metaethics, in: Ethics, tom. 77 (1966/1967), pp. 95-106.
35 Cf. DRUWE, op. cit., p. 191seq.

ner Metaethik überhaupt nicht erst auf; für sie sind Normen Realität und auch begründbar. Ein Repräsentant dieser Sichtweise ist der Philosoph Hermann Lübbe.[36]

Zieht man nun ein Resümee aus der oben dargestellten Theorieübersicht, wird ersichtlich, daß sich für die Analyse zweier Staatstheorien der letztgenannte Ansatz am ehesten qualifiziert hat. Nicht nur, daß sich die normativ-ontologische Theorie in ihrer Reflexion über die „gute Politie" auf ein breites, theoriehistorisch gut erforschtes Spektrum stützen kann, sondern darüber hinaus kommt sie der originären, eigenen Absicht sowohl Maistres als auch Hallers am nächsten. Beide Theoretiker befanden sich schließlich selbst auf der Suche nach dem bestmöglichen Zusammenleben: Maistre auf mehr dekonstruktivistische Weise, indem er einen Gegenentwurf zum damals in weiten Teilen der wissenschaftlichen Welt glorifizierten Gesellschaftsvertrag Rousseaus und den daraus entsprossenen Lehren präsentierte, und Haller, der mit einer eigenen Staatslehre mehr den Versuch unternahm, den Lehren des *Contrat-Social* und seinen Adepten etwas Konstruktives entgegenzustellen. Beide wurden von stark religiösen sowie utilitaristischen und partiell auch hedonistischen Moralvorstellungen geleitet. Rückt man ihr Gesamtwerk in den zu betrachtenden Blickpunkt, wird noch signifikanter, daß Werte und Normen bei ihnen nicht nur einen exzellierenden Platz einnehmen, sondern auch elementares Movens ihres gesamten forschenden Wirkens gewesen sind.[37]

Würde man sich nun mit empirisch-analytischen oder dialektisch-kritischen Ansätzen den beiden Werken nähern – gerade im bezug auf die forschungsleitende Fragestellung nach dem Vergleich von Souveränität und Staatsform – wäre ein verzerrtes und sinndefizitäres Ergebnis hochwahrscheinlich; abgesehen davon, daß es kaum vorstellbar ist, die Hypothesen sowohl Hallers als auch Maistres einer empirisch-analytischen Falsifikation beziehungsweise Verifikation zu unterziehen. Gleichsam verhält es sich auch mit der dialektisch-kritischen Theorie: Maistre oder Haller ohne ontologische Fundierung begreifen zu wollen und sie in das „Korsett" einer Totalität der Gesellschaft, bar jeglicher Wertvorstellungen und Ideen einzelner Subsysteme und Verhaltensmuster zu zwängen, wäre wohl zur Gänze sinnentleert.

---

36 Cf. zur Kontroverse über die Begründbarkeit von Normen: LÜBBE, H.: Sind Normen methodisch begründbar? Rekonstruktion der Antwort Max Webers, in: OEL-MÜLLER, W. (ed.): Transzendentalphilosophische Normenbegründungen, Paderborn, 1978, pp. 108-122; sowie: APEL, K.-O.: Diskurs und Verantwortung, Frankfurt, 1988, pp. 60-74.

37 Sowohl Haller als auch Maistre waren tief religiös und von starken Wertvorstellungen geleitet.

Doch kehren wir zu der oben behandelten Feyerabendschen Erkenntnistheorie des „fröhlichen Anarchismus" zurück, die in ihrer Seduktion schlechthin nicht ohne betörende Wirkung bleibt, indes hinterläßt sie vermöge ihrer Abhorreszenz des Wertes an sich ein Vakuum, das für die Analyse sowohl des *Anti-Contrat-Social* als auch der *Restauration oder Staatswissenschaften* alles andere als adäquat erscheint. Denn um einen konsequenten Anarchismus im Sinne Feyerabends auf die beiden *Status-quo-ante*-Theoretiker anzuwenden, bedürfte es einer völligen Eigenisolierung, entfremdet von jedweder Theorie; des weiteren kann es als realitätsfremd eingestuft werden, wollte man sich von all dem, was man im Laufe seiner wissenschaftlichen Ausbildung erarbeitet hat, lossagen und das gesamte normative Gebäude seiner Vita ausblenden. Auch im Anarchismus bleibt man trotz allem noch derselbe Mensch.

Abschließend ist es noch erforderlich, die dieser Arbeit zugrundeliegende Methodik zu bestimmen. Als basale Arbeitstechnik – independent von jeder Theorieschule – fungiert in der Politikwissenschaft nach wie vor die Hermeneutik. Kein Wissenschaftler vermag ohne die Interpretation schriftlicher Texte ein Themengebiet, welches bereits vormals in ähnlicher oder sachverwandter Weise analysiert wurde, zu bearbeiten; ansonsten wäre eine Kenntnis des Forschungsstandes *a priori* gar nicht möglich und ein „blindes" Dahinschreiten im wissenschaftlichen Kosmos die logische und zwingende Folge. Daran können auch die mißlungenen Verunglimpfungen aus dem analytisch-positivistischen Lager wenig ändern, die wie Hans Albert die Hermeneutik als „präwissenschaftliche Pseudomethologie" bezeichnen,[38] oder wie Wolfgang Stegmüller der Hermeneutik bestenfalls noch ein bescheidenes Existenzrecht als heuristisches Vorstadium für die logische Rekonstruktion von Theoriesinn einräumen.[39] Auf diese „Brosamen" der Würdigung kann eine Methode, die mit Aristoteles vor über zwei Millennien ihren Ausgang nahm, getrost verzichten.[40] Fraglos vermag nämlich mit gutem Gewissen konstatiert werden, daß sich die Universalität der hermeneuzistischen Methode in sämtlichen Fragen der Erkenntnis bestätigt.[41]

---

38 Cf. weiterführend: ALBERT, H.: Konstruktion und Kritik. Aufsätze zur Philosophie des kritischen Rationalismus, Hamburg 1972; sowie: IDEM: Kritischer Rationalismus. Vom Positivismusstreit zur Kritik der Hermeneutik, in: IDEM/SCHNÄDEL-BACH, H./SIMON-SCHÄFER, R. (eds.): Renaissance der Gesellschaftskritik? Bamberg, 1999.
39 Cf. STEGMÜLLER, W.: Hauptströmungen der Gegenwartsphilosophie. Eine kritische Einführung, 6. Edit., Stuttgart, 1977, tom. 2, p. 103-147.
40 Cf. ARISTOTELES: Περὶ ἑρμηνείας, 16a-24b.
41 Cf. weiterführend als Standardwerke: HEIDEGGER, M.: Sein und Zeit, 18. Edit., Tübingen, 2001; sowie: GADAMER, H.-G.: Wahrheit und Methode. Grundzüge einer philosophischen Hermeneutik, 4. Edit., Tübingen, 1975; sowie: IDEM: Hermeneutik und Historismus, in: Philosophische Rundschau, tom. 9 (1961), pp. 241-276.

Zusammenfassend bleibt darum festzustellen, daß seit den Tagen des Theuth[42] für eine vergleichende Arbeit, die nach dem Sinn und mithin der richtigen Interpretation auf textimmanenter Grundlage forscht, kaum eine bessere Methode gefunden werden kann.

---

42 Cf. zum scheinbaren Nutzen des Schreibens den platonischen Mythos von Theuth [PLATON: Φαῖδρος, 274b-275d.

3 Haller und Maistre im Kontext der politischen Ideengeschichte

Je ne doute pas que, dans une république, on ne fît mettre au carcan un garçon horloger qui sortiroit des son échoppe pour traiter les premiers hommes de l'Etat, de petits brouillons, de petits intrigants, de petits fripons, etc. Mais dans une monarchie on est moins susceptible: on s'amuse d'une espèce pareille comme d'un saltimbanque ou d'un singe ; on peut même lui permettre d'imprimer ses livres dans la capitale, mais c'est pousser l'indulgence trop loin.

JOSEPH COMTE DE MAISTRE

3.1 Die antiken Wurzeln des politischen Vertragsdenkens

Das politische Vertragsdenken in seiner Eigenschaft als Fermentierung zwischenmenschlicher Vereinbarungen war nicht erst seit den Tagen Hallers und Maistres ein kontrovers diskutierter Gegenstand seiner Zeit. Bereits in den jüngsten Tagen der tradierten Überlieferung läßt sich eine politische Protovertragstheorie nachweisen. Sieht man einmal von den nicht mehr auffindbaren Schriften des Sophisten Lykophron, einem Schüler des Georgias, bei dem das Vertragsdenken bereits eine Rolle gespielt hat,[43] ab und läßt man den biblischen Bundesschluß am Sinai zwischen dem Volk Israel und dem Gott Jahwe außer Betracht,[44] findet sich im platonischen Dialog Kriton die erste Frühform eines Gesellschaftsvertrags. Wobei es sicherlich einer rezeptionshistorischen Prämisse entspricht, antike Wurzeln in bezug auf die Kontraktualismustheorien des 17. und 18. Jahrhunderts als kommensurabel zu betrachten.[45] Indes lohnt ein etwas genauerer Blick auf die antiken Denkmuster allemal, da sie sich bereits mit einer Vielzahl

---

43 Cf. SCHIRREN, Th./ZINSMAIER. Th. (eds.): Die Sophisten. Ausgewählte Texte, Stuttgart, 2003, p. 26.
44 Cf. Ex, 24; v.a.: Ex 24,4 et 24,8.
45 Cf. weiterführend: KAHN, Ch.: The Origins of Social Contract Theory in the Fifth Century B.C., in: KERFERD, G.B. (ed.): The Sophists and Their Legacy. Proceedings of the Fourth International Colloquium on Ancient Philosophy, Wiesbaden, pp. 92-108.

von Problemen, die aus der Vertragstheorie resultieren, auseinandergesetzt und diese erörtert haben; zu denken wäre beispielsweise an die Frage nach dem Insurrektionsrecht und den daraus erwachsenden Folgen.

Wenn der Begriff des Vertrages, συνθήκη, zum ersten Mal in Platons Kriton 52d auftritt, so erinnert er Sokrates daran, würde er aus dem Gefängnis entfliehen, wie von seinem Freund Kriton eindringlich vorgeschlagen, er wider die getroffene Vereinbarung zwischen ihm und den Gesetzen Athens, auf denen seine gesamte bürgerliche Existenz ruht (παρὰ τὰς συνθήκας τε καὶ τὰς ὁμολογίας καθ' ἃς ἡμῖν συνέθου πολιτεύεσθαι)[46], und das von ihm erteilte Einverständnis mit ihnen[47] handeln würde. Dieser durch Handlung erteilte Konsens legt die Figur des *impliziten* Vertrages offen. Danach ist es Unrecht, den Gesetzen des eigenen Landes nicht zu folgen, obzwar man zu einem früheren Zeitpunkt einmal die Wahl hatte. Sofern das Gericht etwas tut, was nicht gut ist, so hat man die Möglichkeit selbiges von seiner Sache einzunehmen und zu überzeugen oder ihm zu gehorchen. Die erste Möglichkeit ist Sokrates in seiner berühmten Apologie zugestanden worden.[48] Dieserhalb verstummt Kriton auch, als Sokrates ihm seine Entscheidungsgründe darlegt: Denn sofern er auf die Option der Flucht Verzicht übt, stirbt er als ein Mann, dem Unrecht widerfuhr – nicht von den Gesetzen, sondern von den Menschen.[49]

David Hume hat diese Haltung Jahrhunderte später aus seiner politischen Umgebung heraus pointiert: „Thus he builds a tory consequence of passive obedience on a whig foundation of the original contract".[50]

Indes hätte man gegen die sokratische Logik auch einwenden können, daß er seine Zustimmung, den Gesetzen zu gehorchen, in der Gesamtwürdigung einer Momentaufnahme des rechtlichen Zustands zu Zeiten seines zwanzigsten Lebensjahres erteilte, was – im Falle des Sokrates – über ein halbes Jahrhundert zurücklag. Es ist daher fraglich, ob man Gesetzen, die in der Zwischenzeit beschlossen wurden, und die man als ungerecht erachtet, immer noch Fügsamkeit schulden muß.

---

46 Cf. SCHIRREN/ZINSMAIER, op. cit., p. 25.
47 Es war jedwedem Athener, der mit 20 Jahren in die Bürgerliste aufgenommen wurde und davor eine Instruktion über die Administration und Beschaffenheit der Stadt erhalten hatte, ausdrücklich unbenommen, die Stadt zu verlassen und dahin zu gehen, wohin er wollte. Blieb er jedoch, erklärte er sich vermöge seines Handelns konkludent damit einverstanden, der politischen Ordnung und mithin den Gesetzen Folge zu leisten.
48 Cf. REESE-SCHÄFER, op. cit., p. 113.
49 PLATON: Κρίτων 52d.
50 HUME, D.: Of the Original Contract, in: MILLER, E. F. (ed.): David Hume: Essays: Moral, Political and Literary, Indianapolis, 1987, p. 487.

Absolut zwingend erscheint diese Position demgemäß nicht. Schließlich hat Thomas Hobbes stets betont, daß die vertragliche Obligation nicht so weit reicht, daß der zum Tode Verurteilte nicht fliehen dürfe, sofern er die Gelegenheit dazu hat.[51] Dieser Sichtweise trägt auch das Strafgesetzbuch unserer Tage Rechnung, denn die Flucht aus dem Gefängnis steht nicht unter Strafe; lediglich daraus resultierende Straftaten wie beispielsweise Sachbeschädigung, Beamtenbestechung, Diebstahl, Nötigung und Freiheitsberaubung werden strafrechtlich geahndet.

Demzufolge wird das Vertragsdenken bereits in seiner ersten Ausprägung auf das Finalste zugespitzt: Der Kontrakt obligiert dazu, ein ganz ostentativ ungerechtes Todesurteil zu akzeptieren, auf Grund der Tatsache, daß das Dezisionsrecht darüber der politischen Gemeinschaft, im Falle des Sokrates dem Volksgericht Athens, übertragen worden ist. Vergleicht man diese Form des Vertragsgedankens mit den heutigen, eher auf Allokationsnormen bezogenen Vertragstheorien, wie zum Beispiel der „Theory of Justice" von John Rawls[52] oder dem ökonomischen Kontraktualismus eines James M. Buchanan in dessen „Freedom in Constitutional Contract"[53], wird sehr schnell deutlich, wie signifikant konsequent sie ist. Somit ist der Gesellschaftsvertrag bei Platon weit klarer, strikter und folgerichtiger sogar noch als Fausts Pakt mit Mephisto, da es bei selbigem in letzter Folge immer noch einen Ausweg gibt: „Wer immer strebend sich bemüht, den können wir erlösen".[54] Bei Platon verbleibt – hat man sich einmal für ein Verharren in der politischen Gemeinschaft entschieden – nur die finalste Konsequenz.[55]

Mit dieser völligen Negierung eines Insurrektionsrechts und der unvergleichlichen Härte der daraus resultierenden Folgen reiht sich Sokrates ganz in die Sichtweise Maistres ein, der gleichwohl jedwede Form von Widerstand strikt ablehnte.[56]

Die modernen Vertragstheorien unterscheiden sich von ihren antiken Vorläufern vorwiegend in dem Gedankengebilde eines Urzustandes, in dem die Menschen aus vielerlei Bedrohungen ihrer Existenz Zuflucht in einer Gemeinschaft suchen, welche ihnen Sicherheit und damit eine Verbesserung ihrer Gesamtlebensumstände ermöglicht. Die Setzung des künstlichen Urzustandes verfolgt den

---

51 „But if a man be held in prison, or bonds, or is not trusted with the liberty of his body, he cannot be understood to be bound by covenant to subjection, and therefore may, if he can, make his escape by any means whatsoever." [Leviathan, I, cap. 21].

52 RAWLS, J.: A Theory of Justice, Cambridge, Massachusetts, 1999.

53 BUCHANAN, J. M.: Freedom in Constitutional Contract. Perspectives of a Political Economist, College Station, London, 1977.

54 GOETHE, J. W. v.: Faust. Der Tragödie Zweiter Teil, Stuttgart, 1971, V. 11936/7.

55 Cf. REESE-SCHÄFER, op. cit., p. 114seq.

56 Cf. PRANCHÈRE, J.-Y.: L'Action dans La Pensée Reactionnaire: Joseph de Maistre, in: Annales Littéraires de l' Université de Besançon, tom. 462 (1992), N° 2, p. 60.

Zweck, die gegenwärtigen politischen Zustände aus einem Urvertrag heraus zu explizieren.[57] An das Urzustandskonstrukt des neuzeitlichen Kontraktualismus anknüpfend finden sich erst bei dem Atomisten Lukrez in dessen *De rerum natura* erste Nachweise, wobei er eigentlich auf eine Form der kulturgenetischen Theorien rekurriert, welche Aszendenz und Deszendenz kumuliert.

3.2 Der Kontraktualismus im Mittelalter und der frühen Neuzeit

Die Vertragsidee stand in der Antike seit Platon nicht mehr im Mittelpunkt des Betrachtungsfokus der politischen Philosophie. In ähnlicher Weise verhielt es sich auch im Mittelalter, das zwar gleichwohl das Motiv des Vertrages kannte, doch bei weitem nicht in der ausdifferenzierten Form, wie es in den darauffolgenden Jahrhunderten konstituiert werden sollte. Vielmehr tritt es durchgängig in der Gestalt des Herrschaftsvertrages auf, geschlossen zwischen dem Volk in einer Art körperschaftsrechtlichen Gesamtheit auf der einen und dem Herrscher auf der anderen Seite. Statt das Prinzip der Herrschaft auf ein konstruktiv-gesellschaftliches Theorem unter Zuhilfenahme des Vertrages zu setzen, diente der Herrschaftsvertrag als Gedankengebilde, um die politische und rechtliche Realität in einer Systematik zu binden. Die Vorstellung von der trinomisch ständischen Ordnung nach dem Willen Gottes entband die mediävalen politischen Theoretiker, die sich weiland fast ausnahmslos aus dem Klerus rekrutierten, von der Notwendigkeit einer herrschaftsrechtlichen Legitimitätssuche und Souveränitätsfrage.[58]

Einzig Thomas von Aquin, der die bis dahin in fast allen Gelehrtenkreisen geltende Rezeption der aristotelischen Politik insofern veränderte, als er die daraus resultierenden heilsgeschichtlichen Kategorien der politischen Legitimität erstmals in die Schöpfungsordnung zurückholte, kann als Ausnahme dieser allgemein mittelalterlichen Haltung angesehen werden:

„ [...] quia homo naturaliter est animal politicum et aptus natus convivere aliis. Quia igitur felix habet ea quae sunt naturaliter bona homini, conveniens est quod habeat cum quibus convivat"[59].

---

57 Cf. SCHIRREN/ZINSMAIER, op. cit., p. 24.
58 Cf. zur Historiographie der Vertragsidee die hervorragende Darstellung von: GIERKE, O. v.: Johannes Althusius und die Entwicklung der naturrechtlichen Staatstheorien, 2. Edit., Breslau, 1902.
59 AQUIN, Th.: Sententia Libri Ethicorum, lib. 9, l. 10 n. 7.

Mit dieser Modifikation, die im philosophischen Denken Aquins eine Neu-verortung der Politik evozierte, wurde erstmals die Thematisierung von Politik in toto aus einer theologisch-heilsgeschichtlichen in eine philosophisch-naturrecht-liche Dimension transferiert. Selbst wenn dies erst der Keim einer späteren Ent-wicklung sein sollte, so war damit doch der Grundstein für eine autonome Legi-timierung politischer Herrschaft, frei von jeglichem theonomen Bezug, gelegt. Ausformuliert und theoretisch entwickelt hat dies schließlich Niccolò Machiavel-li[60], der die Subordination sämtlicher religiös oder individualethisch motivierter Pflichten des Herrschers unter die absolute Kategorie des Patriotismus als Selbst-erhaltungswert des politischen Systems postulierte.[61] Hinzu tritt bei ihm zum er-sten Mal in der abendländischen Geistesgeschichte schlechthin ein zentral an-thropologisches Moment der politischen Philosophie: der *Voluntarismus*. Dieser Prozeß ist dadurch gekennzeichnet, daß gegenüber der Vernunft, also dem ratio-nalen Vermögen des Menschen und seiner Bereitschaft, grundsätzlich nur so zu agieren, wie es sich „vernünftig" bezüglich jedermann rechtfertigen läßt, der-malen der Wille selbst als ein vermöge der Vernunft nicht steuerbares *bloßes Wollen* an Bedeutung zunimmt. Grundsätzlich läuft die gesamte, bereits in der Antike begonnene Kontroverse um den Primat des Willens oder der Vernunft auf die banale Frage hinaus, ob man nur das wollen soll, was einer vernünftigen Rechtfertigung standhält, oder ob man wollen soll, was man will und vermöge der Vernunft dann nur noch in die Position gebracht wird, das Gewollte auch tat-sächlich zu erlangen. Diese Fragestellung ist dieserhalb so trivial, weil sie sich auf die rein ethische Frage reduzieren läßt, ob man das, was man will, auch ver-möge einer Rechtfertigung legitimieren sollte oder eben nicht. Bejaht man die Frage, gilt man innerhalb der historischen Terminologie als Vertreter eines Pri-mats der Vernunft, negiert man sie hingegen, als Repräsentant eines Primats des Willens. Indes der Thomismus auch für Gott den Vorrang der Vernunft vertrat, positionierte sich der Scotismus bekanntermaßen gegensätzlich zum Primat des Willens, wobei die Entscheidung des letzteren gleichsam vom Nominalismus Ockhams rezipiert wurde und hauptsächlich über averroistische Gruppen in die

---

60 Neben Machiavelli sollte der Florentiner Francesco Guicciardini, sein Zeitgenosse und „Streiter im Geiste", nicht unerwähnt bleiben. In seinen *Ricordi politici e civili* (1527 – 1530) [im folgenden „R" zitiert] grenzt er zwar Tyrannei von Monarchie ab (cf. R I 92), doch ändert dies seiner Meinung nach nichts daran, daß Staaten nur mit Gewalt groß werden können (cf. R I 95) und Herrscher gezwungen sind, alle machia-vellistischen Mittel einzusetzen (cf. R I 51, 120; R II 1, 74, 142, 147).
61 Cf. REINHARD, W.: Geschichte der Staatsgewalt. Eine vergleichende Verfassungs-geschichte Europas von den Anfängen bis zur Gegenwart, 2. Edit., München, 2000, p. 107.

zeitgenössische italienische Philosophie Machiavellis Einzug hielt.[62] Unterstützend für diese voluntaristischen Tendenzen sollte sich die Humanismustradition erweisen, die sich vorwiegend in Florenz herausgebildet hatte. Dies spiegelt sich auch in der Beurteilung der Politik Roms durch Machiavelli wider, der darin, wenn auch der Grad der philosophischen Reflexion eher gering anmutet, streng voluntaristisch verfuhr, rechtfertigte er doch das nicht immer unumstrittene politische Agieren Roms allein vermöge des Verweises auf dessen berechtigtes Machtinteresse. Dementsprechend scheint Machiavelli ein solches voluntaristisches Denken nicht unbekannt gewesen zu sein. In ihm findet es auch seinen ersten politischen Theoretiker, mehr als ein Jahrhundert vor der Publikation von Hobbes' Leviathan. Betrachtet man die weitere Entwicklung der praktischen Philosophie, wird signifikant, daß bei Machiavelli etwas durch und durch Neuzeitliches generiert wurde, das selbst der vernunftgeleitete Glaube der Aufklärung niemals vollständig zum Schwinden zu bringen vermochte. Gleichergestalt verhielt sich die neuzeitliche politische Philosophie, die selbst zu den Glanzzeiten der Aufklärung in einem konkludent eingestandenen Voluntarismus verharrte, ausgeprägt in all seinen Variationen bis hin zum Liberalismus. Insofern richtete sie sich eher, berücksichtigt man den vorgeschehenen Prozeß, am Willen als an der Vernunft aus. Mithin kann man es Hobbes oder Bacon gleichtun und Machiavelli als den „Glockenträger" der neuzeitlichen, praktischen Philosophie bezeichnen.[63] Seine politische Theorie basierte auf dem Primat des freien Willens, der in der Artikulation des politischen Willens, um mit Nietzsche zu sprechen, die tatsächliche Verkörperung des reinen Willens zur Macht war. Eine Metaanalyse dieses auf Gewinn und Extension der eigenen Macht fixierten Willens gibt es nicht. Das einzige Indiz für Machiavelli, daß dieser höchste Wille frei ist, liefert ihm die Tatsache, daß er nicht kontrollierbar ist, es sei denn durch einen noch stärkeren Willen.[64]

Dieser Gestalt veränderten sich mit dem Beginn der Neuzeit im Vergleich zur mittelalterlichen Naturrechtsteleologie und Ordo-Gesinnung die geistesgeschichtlichen Grundlagen des Gesellschaftsvertrages. Allerdings vermochte erst durch

---

62 Cf. weiterführend: MITTELSTRAß, J.: Der arme Wille. Zur Leidensgeschichte des Willens in der Philosophie, in: HECKHAUSEN, H./GOLLWITZER, P. M./WEINERT, F. E. (eds.): Jenseits des Rubicon. Der Wille in den Humanwissenschaften, Heidelberg et al., 1987, pp. 33-48.

63 Cf. weiterführend: HEIN, H.: Subjektivität und Souveränität. Studien zum Beginn der modernen Politik bei Niccolo Machiavelli und Thomas Hobbes, Frankfurt am Main, Bern, New York, 1986.

64 Cf. MITTELSTRAß, J.: Politik und praktische Vernunft bei Machiavelli, in: HÖFFE, O. (ed.): Der Mensch – ein politisches Tier? Essays zur politischen Anthropologie, Stuttgart, 1992, pp. 55-57.

einen methodologischen, ontologischen und normativen Individualismus im Zuge einer zunehmenden Verbürgerlichung und eines Auseinandertretens von Staat und entpolitisierter, marktförmiger Gesellschaft ein *konstruktiver Kontraktualismus*, schlechterdings eine Philosophie des Gesellschaftsvertrages in annähernd heutigem Sinne, entwickelt werden, welche die bis dahin maßgeblichen, traditionell-metaphysischen und theologischen Rechtfertigungsinstanzen ablöste und erstmals staatliche Herrschaft auf einer posttraditionalen konsentischen Legitimationsbasis neu konstituierte.[65] Das systematische Zentrum wurde vermöge des kontraktualistischen Argumentes verschoben, welches mit seinem Argumentationsdreischritt von Naturzustand, Vertrag und Staat bis in die Zeiten Kants und Fichtes die allgemein verbindliche Reflexionsform der neuzeitlichen politischen Philosophie bildete. Sein Initiator ist Thomas Hobbes, den Haller mit vollem Recht und klar geschärftem Blick für die revolutionären Implikationen und das demokratische Telos dieser rechtfertigungstheoretischen Erfindung in den Rang eines „Ahnvaters aller Jakobiner" erhoben hat.[66]

3.3 Die Anfänge des modernen Kontraktualismus: Thomas Hobbes

Wenden wir uns also dem Pfarrerssohn Hobbes zu, der als staatsstiftendes Moment die Furcht benennt. Dies schöpft sich aus seiner Sicht des Naturzustandes, in dem alle Triebkräfte des Menschen freigesetzt sind, und der ein einziger Kampf aller gegen alle ist. Die Folge diese Krieges ist die Nullifikation von Recht und Unrecht, Mein und Dein; allerdings auch die Tatsache, daß die Todesfurcht den Menschen zum Frieden zwingt.[67] Dem Naturrecht, *ius naturale*, alles zu tun, was wesentlich für die Selbsterhaltung von Nöten ist, steht das Naturgesetz, das lex naturalis, gegenüber. Dieses wird durch die Vernunftregel, die gebietet, das eigene Leben zu erhalten, bestimmt; Hobbes leitet aus dem lex naturalis noch weitere Naturrechtssätze ab, die sich sogar in allgemeinen Moralprinzipien niederschlagen.[68] Nun wäre auf einen ersten, oberflächlichen Blick hin, al-

---

65 Bei Machiavelli und Guicciardini war diese konsentische Legitimationsbasis noch nicht gegeben; die absolute Macht des Staates bedürfe keiner auf Einvernehmen basierenden Legitimität.

66 Cf. KERSTING, W.: Die politische Philosophie des Gesellschaftsvertrages, Darmstadt, 1996, p. 14seq. Haller wird in seiner Beurteilung der Person Hobbes' allerdings noch wesentlich drastischer: „Aber im Ganzen kenne ich keinen ekelhafteren Sophisten als diesen Hobbes, der aus einem falschen Princíp eben so falsche Consequenzen zieht, [...]." [Restauration, tom. 1, p. 42].

67 Cf. Leviathan, I, cap. 13.

68 Cf. Leviathan, I, cap. 15.

lein vermöge der Beobachtung der Naturgesetze, der Kriegszustand beendet. Allein, sie können qua bloße Beobachtung noch nicht zur Durchsetzung und mithin Verbindlichkeit gebracht werden. Erst wenn der Staat in seiner Eigenschaft als Legislator sich selbige zu eigen macht, erlangen sie den Status von Gesetzen und können sich durchsetzen lassen.[69]

Zu dem Prinzip des *lex naturalis* müssen, um den Staat zu konstituieren, nach Hobbes noch zwei weitere treten: zum einen das des Vertrages und zum anderen das der Repräsentation. Der Leviathan als starkes, künstliches Produkt bildet sich aus dem Vertragsschluß heraus, wenn sich die einzelnen Vertreter zu einer Einheit zusammenfassen, indem ein einzelner die Vertretung aller übernimmt. Es ist jedoch in gleicher Weise möglich, daß diese Funktion nach Majoritätsprinzip bestimmt wird und von mehreren wahrgenommen wird.[70]

Die vertragsmäßige Machtübertragung vollzieht sich durch Niederlegung der natürlichen Selbstregierungsmacht des einzelnen, so daß der Souverän als die einzige Person im Staat übrigbleibt, von dem sich – um mit den Worten Ernst Blochs zu sprechen – behaupten läßt, daß er „die Wolfsmacht des Urzustandes zurückbehält".[71] Es sei an dieser Stelle angemerkt, daß die berühmte Sentenz *homo homini lupus, bellum omnium contra omnes* nicht von Hobbes erfunden wurde, auch wenn er ihr den eindringlichen Sinn verlieh, der bis heute im Bewußtsein der Menschen lebendig geblieben ist.[72] Allerdings wäre es völlig verfehlt, Hobbes zu unterstellen, er würde einen Panegyrikos auf das Untier anstimmen, um die Menschen mit seinen Lehren dazu anzuregen, sich wie Wölfe aufzuführen. Statt dessen unterscheidet er strikt zwischen Wolf und Nichtwolf; es soll den Nichtwölfen nämlich im wilden Naturzustand gestattet sein, mit den Wölfen zu heulen, da es keine Verpflichtung gibt, sich selbst zur Beute zu machen.[73]

Mit den Begriffen „Wolf" und „Krieg" wird bis heute eine alles andere als optimistische und helle Anthropologie charakterisiert. Verstärkend wirkt sicher-

---

69 Cf. Leviathan, II, cap. 26.
70 Cf. Leviathan, I, cap. 16seq.
71 Cf. EUCHNER, W.: Die Vertragstheoretiker und deren Kritiker. Thomas Hobbes, in: FETSCHER, I./MÜNKLER, H. (eds.): Pipers Handbuch der politischen Ideen. Neuzeit: Von den Konfessionskriegen bis zur Aufklärung, München, 1985, tom. 3, p. 359.
72 „Homo homini lupus" findet seinen Ursprung in der Eselskomödie *Asinaria* (495) des Plautus („bellum omnium contra omnes") und Platons nÒmoi (625e-626a). Nach Ticaud spricht einiges dafür, daß Hobbes den Satz aus Bacons *Instauratio magna* kennengelernt hat, da er für einige Zeit dessen Sekretär war [OTTMANN, H.: Hobbes: Widersprüche einer extremen Philosophie der Macht, in: HÖFFE, op. cit., Anm. 1, p. 87].
73 Cf. HOBBES, Th.: De cive, London, 1651, I, 1, 4.

lich auch noch das finstre Bild des kruden Seeungeheuers aus dem Buche Hiob[74], welches bei Hobbes die omnipotente Staatsmacht symbolisiert. Diese Metaphorik gereicht einer bürgerlichen Gesellschaft selbstredend alles andere als zum schmeichelhaften Ansehen. Indes kommt eine solch düstere Einschätzung der menschlichen Natur nicht von ungefähr; die in jedweder Hinsicht bemerkenswerten Zeitumstände, in denen sich Hobbes befand, erlauben prinzipiell keine andere Sicht. Vergessen wir schließlich nicht, daß seit seinem dreißigsten Lebensjahr ganz Europa in einen Religionskrieg entbrannt war, der drei Dekaden andauern sollte. Auch die britische Insel wurde von Aufständen und einem siebenjährigen Bürgerkrieg von 1642 bis 1649 heimgesucht. Hobbes erlebte die fundamentalen Spannungen zwischen absolutistisch gesonnenem Königtum und einem nach Republikanismus strebenden Unterhaus, das seinen Niederschlag gleichergestalt in heftigen religiösen Kämpfen zwischen Anglikanern, Puritanern, Presbyterianern und Katholiken fand, als Zeuge aus unmittelbarer Betrachtung. [75]

Aus den historischen Geschehnissen erwächst für Hobbes die Einsicht, daß Anthropologie und Politik untrennbar sind. Sie sind in einer immanenten Systematik miteinander konnektiert, auf Grund dessen, daß die Natur des Menschen die Politik beeinflußt und formt. Alles menschliche Zusammenleben von der Makro- bis zu Mikroebene ist Politik, mithin läßt sich auch der Politikbegriff nicht von dem der Anthropologie abkoppeln. Insofern ist es nur wenig erstaunlich, daß der Antichthon von Hobbes in der politischen Philosophie der Neuzeit kein geringerer als Jean-Jacques Rousseau ist, der für die „Bosheit" des Menschen nicht dessen Natur, sondern die Gesellschaft responsabel macht.[76]

Es ist mithin nur folgerichtig, daß Hobbes die aristotelische Vorstellung von der Staatsgründung als notwendige Folge des geselligen Gemüts des Menschen überwindet und ein Staatsmodell in Form eines *Kunstproduktes* zum Behufe der kollektiven Sicherheit konstruiert.[77]

Um dieses Bedürfnis nach Sicherheit gewährleisten zu können, muß die Machposition des Souveräns dementsprechend stark sein, denn Hobbes hält die Gegensätze zwischen den Menschen für so erheblich, daß der Staatszweck der inneren und äußeren Sicherheit nur dann gewährleistet sein kann, wenn der Souverän über die *absolute Machtvollkommenheit* verfügt. Die obige Vertragsformel

---

74 Cf. Hiob, 41, 25seq.
75 Cf. zur Biographie von Thomas Hobbes die noch immer hochprofunde Darstellung von TÖNNIES, F: Thomas Hobbes, der Mann und der Denker, Stuttgart, 1910.
76 Bereits hier widerstrebt Rousseau Maistres Ansatz, der gleichsam mehr geneigt ist, das Schlechte im Menschen zu erblicken [cf. Souveraineté, p. 97].
77 FENSKE, H./MERTENS, D./WOLFGANG, R./ROSEN, K.: Geschichte der politischen Ideen. Von der Antike bis zur Gegenwart, 5. Edit., Frankfurt am Main, 2000, p. 319.

vermag dies zu leisten. Eine weitere Vertragsexegese verstärkt die Machtposition des Souveräns noch zusätzlich: Bei dessen Institutionalisierung hätten sich die Vertragspartner einverstanden erklärt, daß sich alle dereinstigen Handlungen des Souveräns „autorisieren", ergo sie diese als ihre eigenen betrachten. Das wiederum hat zur Folge, daß der Souverän, weil er nicht zu den Vertragspartnern gehört, somit auch nicht vertragsbrüchig werden kann. Mithin kann der Souverän auch niemals des Vertragsbruches für schuldig befunden werden und vermag auch keineswegs seinen Untertanen Unrecht zuzufügen. Dieserhalb kann er auch nie rechtmäßig betraft werden. Ferner bedarf der Souverän zur Verfolgung des Staatszweckes, wie oben dargelegt, solch umfangreicher Machtmittel, daß einige seiner Kompetenzen so eng damit verbunden sind, daß sie unter gar keinen Umständen auf andere übertragen oder separat davon ausgeübt werden können.[78]

Damit wird Hobbes zum Konstitutor der absolutistischen Staatstheorie. Es wäre nunmehr falsch, würde man aus diesem absolutistischen Theorem schlußfolgern, daß dem Untertanen nichts anderes übrigbleibt, als sich einem willkürlichen und in Totalität befindlichen Diktat des Souveräns zu subordinieren. Zum einen schafft der aus dem absolutistischen Staatsgefüge resultierende Rechtspositivismus schlechthin keine Rechtsunsicherheit, sondern vielmehr Sicherheit; nicht von ungefähr kommt es, daß Hobbes den für ein liberales Strafrecht fundamentalen Satz *nulla poena sine lege* systematisch entfaltet. Zum anderen ist der Untertan solchen Befehlen des Souveräns Widerstand entgegenzubringen befugt, die gegen das Gebot der Selbsterhaltung gerichtet sind. Ferner zwingt der absolutistische Staat Hobbesscher Manier keinem Untertanen den Glauben auf; die Gedanken und der Glaube bleiben frei; lediglich im Bekenntnis muß sich private Vernunft der öffentlichen unterwerfen. Darüber hinaus erlischt jedwede Verpflichtung des Untertans, sobald der Staat seinen konstituierenden Zweck, Sicherheitsgarant zu sein, unterminiert. Mithin ist Widerstand zwar nicht rechtens vom Buchstaben des Gesetzes aus gesehen, doch hat sich ein Aufstand einmal so weit ausgeweitet, daß der Staat in seinem Bestand gefährdet ist, hegt Hobbes in seiner Theorie keinerlei Einwände mehr dagegen, da der Tod des Leviathan ohnehin bevorsteht.[79] Auf diese Weise nimmt er dem absolutistischen Staat seine Absolutheit.

Zweifellos fällt es leicht, die aus dem Leviathan gezogenen Staatslehren zu kritisieren, handelt es sich doch selbst vermöge der oben ausgeführten Einschränkungen um einen mit unbeschränkter Macht ausgestatteten Souverän; jedoch muß zugleich annotiert werden, daß die Hobbessche Staatstheorie gleichsam auch den Beginn des Liberalismus in der politischen Philosophie der Neuzeit

---

78   Cf. EUCHNER, op. cit., p. 359.
79   Cf. FENSKE/MERTENS/WOLFGANG./ROSEN, op. cit., p. 320seq.

darstellte und die Wende hin zu einem präetatistischen, individuellen Naturrecht (Strauß) und dem Entstehen des konfessionell-neutralen Staates (Schmitt) sowie der „minimum condition of any settled society" (Oakeshott) vollzog.[80] Die direkte Tradition liberaler Deutungen des Hobbesschen Werkes zieht sich von Baruch de Spinoza über Jeremy Bentham bis James Mill. Vor allem bei Spinoza kamen die liberalen Momente der Hobbesschen Staatstheorie zum Tragen, wenn er in seinem berühmten *Tractatus Theologico-Politicus* (1670) rein säkular begründet.[81]

3.4 Der Regizid als legitimes politisches Mittel: die Monarchomachen

Was die Gegnerschaft zu Hobbes konzerniert, so war sie bereits zu dessen Lebzeiten Legion. Für den im Exil befindlichen englischen Hof war er seit der Publikation des Leviathans 1651 auf der weiland noch republikanischen Insel nicht mehr tragbar. Denn selbst wenn er als Monarchist taxiert wurde, so erregte doch seine Theorie vom legitimen Ungehorsam gegenüber dem Souverän, sofern dieser keine Sicherheit mehr zu bieten im Stande war, beträchtliches Mißbehagen bei den Stuarts.[82] Deren Sympathie für den Katholizismus wurde bei Hobbes Opfer unzähliger sarkastischer Invektiven gegen die Scholastik und den katholischen Klerus im allgemeinen. Damit läßt sich die Hauptwidersacherin von Hobbes klar verorten: die katholische Kirche mit ihrem Anspruch, daß die weltliche Macht der geistlichen Gewalt des Papstes unterstehe. Wir sehen, daß alte Konflikte zwischen *sacerdotium* und *imperium* selbst noch zu Hobbes' Zeiten virulent und kontroversenevozierend waren. Einer der Hauptvertreter des päpstlichen Supremats war der Kardinal Robert Bellarmin.[83] Der Jesuit und Theologe tritt ähnlich wie der Staatsphilosoph und Hexentheoretiker Jean Bodin für einen starken, seine Souveränität nach innen wie nach außen zur Gänze ausschöpfenden Staat ein. Sowohl die Sicherung des Friedens wie auch des Überlebens verlangt Bodin zufolge bürgerlichen Gehorsam; indes nur so lange, wie der Herrscher seinen Obli-

---

80 Cf. OTTMANN, op. cit., p. 69seq.
81 Cf. weiterführend: MUGNIER-POLLET, L.: La philosophie politique de Spinoza, Paris, 1977; sowie: RÖHRICH, W.: Staat der Freiheit. Zur politischen Philosophie Spinozas, Darmstadt, 1969.
82 Cf. cap. 3.3, p. 37.
83 Der Protestant und Konvertit Pierre Bayle nannte seinen Artikel, in dem er drei Regeln bei der Suche nach Wahrheit entwickelte und wie Hobbes eine große Zahl von beißend spöttischen Seitenhieben auf den katholischen Dogmatismus hinabprasseln ließ, ironischerweise nach dem Kardinal „Bellarmin" und verärgerte seine Gegner dadurch nur noch mehr.

gationen nachkommt. Darin ist er sich mit Hobbes zur Gänze einig, wie auch in der Ansicht, daß tyrannische Herrschaft, die sich am Allgemeinwohl vergeht, nicht mehr zur Gefolgschaft verpflichtet. Daher müssen die Gesetze gerecht sein, von einer anerkannten Obrigkeit stammen, über die Intention verfügen, das Wohlergehen aller zum Ziel zu haben und mithin eine Konkretisierung des *lex naturalis* sein. Widrigenfalls sei Widerstand erlaubt, und – in dieser Haltung geht Bellarmin sogar noch einen Schritt weiter als Hobbes – als *ultima ratio* gäbe es sogar die Möglichkeit des Tyrannenmordes; denn der *tyrannus absque titulo* muß als permanenter Feind des Volkes betrachtet werden. Diese Position vertrat Bellarmin in seinen späteren Schriften übrigens nicht mehr. Mithin nimmt es nicht Wunder, daß Maistre[84] ihn ausnehmend bewunderte und auch Haller ihn in seiner Restauration der Staatswissenschaften befürwortend zitiert.[85] Eine in weiten Teilen verwandte Lehre vertrat daneben in *De Justitia et Jure* (1599) der spanische Jesuit Luis de Molina, allerdings ist dieser sogar davon überzeugt, daß es keines Papstes bedarf, um den Herrscher abzusetzen.[86] Mit Exzeption der papalen Suprematie und des später zurückgenommenen monarchomachischen Elements kann trotzdaß eine hohe Similarität zwischen Bellarmin, Hobbes und Bodin festgestellt werden.

Die Monarchomachie hatte, seitdem der spanische Jesuit Juan de Mariana selbige in seinem Werk *De Rege et Regis Institutione* (1599) ausführlich erörterte und in letzter Konsequenz verteidigte, einen stark religiösen Bezug. Auch bei den Calvinisten, Puritanern und Hugenotten und im Protestantismus, wie beispielsweise bei Melanchthon, wurde der Tyrannenmord aus religiösem Übereifer einer religiösen Legitimierung unterzogen. Erst bei Etienne de La Boétie, Alexander Barclay, dem terminologischen Begründer der Monarchomachie, sowie Hubert Languet lassen sich erstmals Tendenzen, die von einer religiös-konfessionellen Legitimierung losgelöst sind, erkennen. Die grundsätzliche Berechtigung zum Regizid als Ausdruck der Volkssouveränität findet sich erst bei George Buchanan in seinem *De Jure Regni apud Scotos* (1578)[87] und John Miltons *Aeropagitica* (1644)[88] sowie seiner schonungslosen Apologetik des Königsmordes in *Tenure of*

---

84 Cf. Souveraineté, p. 159.
85 Cf. Restauration, tom. 4, p. 120.
86 Cf. BERMBACH, U.: Widerstandsrecht, Souveränität, Kirche und Staat: Frankreich und Spanien im 16. Jahrhundert, in: FETSCHER, I./MÜNKLER, H. (eds.): Pipers Handbuch der politischen Ideen. Neuzeit: Von den Konfessionskriegen bis zur Aufklärung, München, 1985, tom. 3, p. 151seq.
87 Cf. weiterführend: MESNARD, P.: L'Essor de la Philosophie Politique au XVIe siècle, Paris, 1951, p. 355seqq.
88 Bei dieser Schrift handelt es sich eigentlich um eine Verteidigung der Pressefreiheit, nachdem 1644 die Zensur wieder eingeführt worden war.

Kings and Magistrates (1649)[89]. Beide sind Vertreter des Gesellschaftsvertrages und rücken vor allem den juridischen Aspekt des Kontrakts in den Vordergrund ihrer Betrachtung. Der Herrscher, der als physische und juristische Person vermöge eines synallagmatischen Vertrages vom Volk seine Rechte verliehen bekam, trage bei einem etwaigen Bruch der Vereinbarung die Folgen gegenüber seinem Vertragspartner. Das Volk ist dann in die Lage versetzt, nach eigenem Befinden über ihn zu richten. Dieses Bild des über den Herrscher rechtsprechenden Volkes knüpft an den germanischen Freiheitsmythos an, der insbesondere in den *Annalen* des Tacitus Nährstoff für Mythen fand.[90] Milton ließ sich sicherlich in seiner *History of Britain* (1670) davon leiten; denn darin führt er aus, daß nach der Expellation der Römer im 5. Jahrhundert sich die Bevölkerung erneut in einem Naturzustand befunden habe und daraufhin Könige wählte, die gelobten, das *salus populi* zu wahren. Selbige vermochten gleichergestalt wie in einer Wahlmonarchie nach Belieben gewählt und entlassen werden. Selbst Heinrich der Eroberer hätte seinen Anspruch auf das britische Königreich nicht vermöge Konquistation, sondern durch den Schwur, die angelsächsischen Freiheiten zu bewahren, befestigt. Diese idealisierten Bräuche versuchte Milton in seinem Vertragskonstrukt auf die politische Realität seiner Epoche zu übertragen. Genau dies mutet jedoch befremdlich an, da es auch zur damaligen Zeit gegen den allgemeinen Usus verstieß, *ex tunc* eine Konditionalsanktion zu generieren, auf die sich dann die Verurteilung des Herrschers stützt und vermöge dessen legitimiert. Schlechterdings ist eine Bestrafung solch finaler Art durch einen Vertragspartner hoch problematisch und nur durch das ideologisch bedingte Interesse Miltons explizierbar, der in seiner Eigenschaft als offizieller Propagandist der neuen Republik noch im selben Jahr der Publikation von *Tenure of Kings and Magistrates* 1649 zum *Latin Secretary* des *Council of state* seine Ernennung fand.[91]

Im deutschsprachigen Raum vertrat Johannes Althusius in seiner *Politica Methodice Digesta et Exemplis Sacris et Profanis Illustrata* von 1603 eine weitgehend similare Haltung wie Milton, lediglich die Vorstellung, daß es sich bei Volk und Herrscher um zwei gleichberechtigte Vertragspartner handele, fand eine Modifikation in der althusischen Theorie: Die Position des Herrschers wird herabgestuft, und selbiger fungiert lediglich noch als Mandatar des Volkes und wird bei Mißbrauch der ihm anvertrauten Macht vom eigentlichen Mandator und Souve-

---

89 Cf. weiterführend: WORDEN, B.: Classical Republicanism and the Puritan Revolution, in: LOYD-JONES, H. et al. (eds.): History and Imagination: Essays in Honour of H. R. Trevor-Roper, London, 1981, pp. 182-200.

90 Vor allem aber auch in dem weniger bekannten Bändchen *Germania* von Tacitus.

91 Cf. weiterführend zur Biographie John Miltons: PARKER, W. R.: Milton. A biography, 2 tom., Oxford, 1968; dagegen: HILL, Ch.: Milton and the English Revolution, London, 1977.

rän, dem Volk, abgesetzt und finalsten Falles liquidiert. Damit wird der König zum Beamten des Volkes degradiert, der mehr zu gehorchen als zu befehlen hat, was genau der Vorstellung Rousseaus entspricht,[92] und wogegen sich Haller später mit großem Nachdruck aussprechen sollte.[93]

Die monarchomachischen Züge Althusius' lassen sich möglicherweise mit seinem Wirken in den calvinistischen Gebieten des Reiches erklären. Nur hier konnten die königsmörderischen Widerstandslehren auf einen gedeihlichen Boden fallen, weil der Religionsfriede zu Augsburg den Reformierten die Anerkennung verweigert hatte. Selbst einzelne Fürsten, wie Johann VI. von Nassau, Landesherr Althusius', befürworteten daher vorsichtig solche Theorien. Föderale und monarchomachische Ideen stilisierten Althusius zum Gegenspieler des absolutistisch-zentralistischen Staates wie er beispielsweise in Frankreich verwirklicht war; freilich begrenzten sie auch seinen Wirkungsradius.[94]

Allen dargestellten Lehren, die expressis verbis oder implizit den Regizid als Mittel zur unerwünschten Herrschaftsbeseitigung legitimieren, steht die daraus in absoluter Zwangsläufigkeit resultierende politische Instabilität gegenüber. Zu allen Zeiten, ob englische, französische oder russische Revolution und sogar in der jüngsten Vergangenheit unserer Tage,[95] offenbart sich ostentativ, daß sich auf den Königmord fast nie eine nahtlose Regierung, die ihren Niederschlag in allgemeinem Frieden fand, einreihte. Genau das hat Thomas Hobbes im Vorausblick gegenüber zeitgenössischen und ideologisch-konfessionell geleiteten Strömungen in seiner Staatstheorie erkannt. Ihm galt es als vordergründigstes Ziel, den Bürgern eine Sicherheitsgarantie, welche er als fundamentalste Prämisse für Wohlstand und Lebensglück ansah, durch die Obligation des Herrschers zu garantieren. Insurrektion war einzig und allein dann legitim, wenn der Regent nicht mehr in der Lage war, den Frieden zu gewährleisten.[96] Dadurch ist Hobbes eindeutig von den Monarchomachen wie dem Republikaner Milton zu separieren.[97]

Neben den theoretisch dominanten Reflektionen über eine legitime Staatstheorie spielte insbesondere im religiösen Diskurs die Frage der Rechtfertigung

---

92 Cf. Contrat, lib. III, cap. 18.
93 Cf. Restauration, tom. 1, 61seq.
94 Cf. DENZER, H.: Spätaristotelismus, Naturrecht und Reichsreform: Politische Ideen in Deutschland 1600 – 1750, in: FETSCHER, I./MÜNKLER, H. (eds.): Pipers Handbuch der politischen Ideen. Neuzeit: Von den Konfessionskriegen bis zur Aufklärung, München, 1985, tom. 3, p. 243seq.
95 Zu denken wäre an die anhaltenden bürgerkriegsähnlichen Zustände in Nepal, die seit dem Massaker an der königlichen Familie an Vehemenz dramatisch zunahmen.
96 Cf. cap. 3.3, p. 38.
97 Cf. hierzu das Schema der Parteiungen in den großen Revolutionen: BEYME, op. cit., p. 46; dagegen: ADAM, A.: Despotie der Vernunft? Hobbes, Rousseau, Kant, Hegel, 2. Edit., Freiburg im Breisgau, München, 2002, p. 25.

der neuen Regierungsform gegenüber dem Gewissen eine exzellierende Rolle. Insbesondere während der Mitte des 17. Jahrhunderts machten sich in England viele Presbyterianer und Royalisten anheischig, statt gegen das illegitime Regime offen zu rebellieren, ein ihre Gewissen beruhigendes, exkulpatives Moment zu suchen. Dieser Konflikt wurde noch verstärkt, als das Rumpfparlament von den Bürgern verlangte, den *Engagement Oath* zu schwören, der alle bisher geleisteten Eide gegenüber dem König und dem *Convent* aufhob. Eher nolens als volens war es ausgerechnet Hobbes, obzwar ein Anhänger des Hauses Stuart und eigentlich Roylist, der mit seinem Leviathan den bedeutendsten Beitrag zur „Engagement-Kontroverse" lieferte, nicht zuletzt, da die Logik seiner These zu der Behauptung führte, daß die souveräne Autorität bei dem befindlich sei, der über die völlige Macht verfüge. Wie oben aufgezeigt, handelt es sich um ein Gebot der individuellen Ratio, daß sich das Subjekt der sicherheitsstiftenden Macht subordiniert.[98] Schutz und Gehorsam bedingen sich bei Hobbes unbedingt.

Die Formel vom synallagmatischen Bedingen von Schutz und Gehorsam findet sich häufig in den Schriften der *Engagers*, so zum Beispiel auch bei Anthony Ascham in *Of the Confusions and Revolutions of Government* (1649), einem Diplomat, der von royalistischen Exilanten in Spanien ermordet wurde, und Marchamont Needham in *The Case of the Commonwealth* (1650), einem glühenden Anti-Royalist und offiziellen Publizisten unter Oliver Cromwell. Maistre, der den vor allem während des 18. Jahrhunderts in Frankreich bekannten Needham durch dessen Schrift *Discours touchant la supériorité d' un Etat libre sur le governement monarchique* (1650) in englischer Übersetzung auf Anraten seines Freundes, Monseigneur de Bovet, Erzbischof von Sisteron, kennengelernt hatte,[99] kanzelt ihn als einen „[...] foible précurseur de Rousseau, qui raisonnoit aussi mal que le citoyen de Genève [...]"[100] ab; außerdem kritisiert er Needham scharf in dessen Behauptung, daß nur Volksregierungen im Stande wären, die Künste auf den höchsten Grad der Vollendung zu führen. Dagegen wendet Maistre ein, daß unter Nero schließlich das Frontispiz mit einer Lobrede auf den Kaiser verziert und die Äneis für Augustus gedichtet worden sei.[101]

Sowohl Needham als auch Ascham vozieren sich beide ausdrücklich auf Hobbes frühere Werke *Elements of Law, Natural and Politic* (1640) und *De Cive* (1642), in denen er bereits den Gedanken Sicherheit für Subordination entwickelt hat. Diese und andere Bücher waren geprägt von einem starken Gefühl der Inkonsistenz von Regierungen, der virulenten und unehrenhaften Ursprünge aller

---

98 Cf. cap. 3.3, p. 37.
99 Cf. Souverainité, Anm. 1, p. 262.
100 Souverainité, p. 261
101 Cf. Souverainité, p. 261seq.

Herrschaft und der absoluten Notwendigkeit, Sicherheit anstelle von Bürgerkrieg und Anarchie zu finden. Damit stand bei den *Engagers* die Frage nach der *De-iure*-Legitimität schlechterdings nicht mehr auf der Erörterungsagenda, sondern lediglich das Postulat, dem *De-facto*-Inhaber der Macht unbedingten Gehorsam zu leisten, damit ein stabiles politisches System entstehen könne. Hinzu trat die providentielle Färbung des Arguments, daß neue Regime von Gott eingesetzt und mithin vom Schöpfer aller Dinge selbst legitimiert seien. Wem auch immer er das siegende Schwert verlieh, den bestimmte er zu seinem Stellvertreter. Auch wenn aus unserer Perspektive eine derartige Sicht überaus befremdlich anmutet, so dürfen wir nicht vergessen, daß die Tradition des mediävalen Gottesurteils, implizierend daß Gott auf der Seite des Stärkeren stehe, weil das Gute stets siegt, noch nicht ganz abgebrochen war. Mit großer Perseveranz wurde daher auf den Römerbrief 13,1 verwiesen: „Wo aber Oberkeit ist, die ist von Gott verordnet".[102] Daraus folgerten sie, daß dieser Satz um so größere Bedeutung habe, da Paulus ihn in der blutigen Zeit von Nero und Claudius geschrieben habe und dennoch Gehorsam einforderte. Zu diesem Diskurs lieferten selbst eingefleischte Erzroyalisten wie Robert Filmer und Protokommunisten wie der Digger Gerard Winstanley[103] Beiträge auf Seiten des *Engagements*. Jedoch liefen sämtliche Autoren, die sich in dieser Debatte äußerten, Gefahr, die göttliche Providenz in einer Art und Weise zu interpretieren, in welcher man keine Distinktion mehr zu treffen vermochte über das, was Macht und Recht ist, was Gott erlaubte und das, was er befahl.[104]

---

102 Auch Martin Luther hat sich mit der Frage nach der staatlichen Obrigkeit auseinandergesetzt und kam zu ganz ähnlichen Ergebnissen wie seine insularen Zeitgenossen [cf. LUTHER, M.: Von weltlicher Obrigkeit: Schriften zur Bewährung des Christen in der Welt, München, Hamburg, 1965].

103 Die Diggers wie Gerard Winstanley vertraten die Meinung, daß Privateigentum ein ungerechtfertigter Besitzanspruch sei. Dabei berief man sich – durchaus noch mit göttlichem Bezug – auf die Schöpfungsgeschichte in Genesis 1, 28, um den Nachweis zu erbringen, der Mensch habe die Erde als Kollektiv erhalten, damit er über das Pflanzen- und Tierreich herrsche. Ein Gedanke, der in den Schriften Winstanleys zwischen 1649 und 1652, wie *The True Levellers Standard* und *The Law of Freedom*, seinen Niederschlag fand. Fast denkungsgleich, lediglich um die naturrechtliche Konzeption der sozialen Verhältnisse in der Facon Rousseaus und Helvétius' erweitert – allerdings ohne den Gottesbezug – sind die Grundüberzeugungen Babeufs, alias *Gracchus* Babeuf: „La nature a donné à chaque homme un droit égal à la jouissance de tous les biens." [cf. weiterführend: MAILLARD, Alain (ed.): Présence de Babeuf: Lumiéres, révolution, communisme. Actes du Colloque International Babeuf Amiens les 7. décembre 1989, Paris, 1994].

104 Cf. GOLDIE, M.: Absolutismus, Parlamentarismus und Revolution in England, in: FETSCHER, I./MÜNKLER, H. (eds.): Pipers Handbuch der politischen Ideen. Neu-

3.5 Robert Filmers *Patriarcha* (1680)

Besagter Robert Filmer trat in seiner Eigenschaft als Anhänger Karls I. jedoch wesentlich deutlicher zutage als durch seine subsidiarischen Schriften den *Engagers* gegenüber. Vermöge einer Vielzahl von Traktaten, die er veröffentlichte, indes die Monarchie in ihr sterbendes Antlitz blickte und nur noch wenige Monate Bestand haben sollte, wie beispielsweise *The Freeholders Grand Inquest, The Anarchy of a Limited or Mixed Monarchy* und *The Necessity of the Absolute Power of All Kings,* [105] stieg er zu einem Protagonisten der royalistischen, intellektuellen Bewegung auf. Alle diese Werke fanden ihre Mündung in seinem posthum erschienen epochalen Hauptwerk, das zur Bibel des Royalismus im 17. und teilweise 18. Jahrhundert avancierte: *Patriarcha* (1680).[106] Darin holt er bereits am Anfang zu einem Reihumschlag aus, in welchem er sein Schwert – gleich ob Calvinist oder Papist – auf die Köpfe von Suárez, Bellarmin und Parsons sowie Calvin und Buchanan niederschmettern läßt. An anderer Stelle benutzt er ein recht metaphorisches Bild um seinen Überzeugungen Emphase zu verleihen: Nach seiner Auffassung sei die Monarchie zwischen zwei Dieben, dem Papst und dem Volk, gekreuzigt worden. Denn der Papismus ist für ihn per definitionem die Entfremdung und Entfernung der Untertanen von dem Gehorsam gegenüber ihren Königen, allein das Ziel verfolgend, Unruhe und Aufruhr zu verursachen.[107] Filmer scheint in seiner Eigenschaft als Monarchist einer inhärenten Logik in Bezug auf den Papst aus spiritueller Sicht zwar zu folgen, doch übersieht er ostentativ, daß der Papst nach dessen Selbstverständnis seit der *Donatio Constantini ad Silvestrem I. papam*[108] de iure sowie de facto auch ein weltlicher Herrscher ist. In-

---

zeit: Von den Konfessionskriegen bis zur Aufklärung, München, 1985, tom. 3, p. 329seq.

105 Sämtlich im Jahre 1648 publiziert.

106 Cf. hierzu: HOFMANN, W.: Robert Filmer: Patriarcha, in: STAMMEN, Th./RIESCHER G./HOFMANN, W. (eds.): Hauptwerke der politischen Theorie, Stuttgart, 1997, pp. 151-153.

107 GOLDIE, op. cit., p. 313.

108 Dabei ist unerheblich, daß bereits Otto III. 1001 eine Urkunde veröffentlichen ließ, aus der zweifelsfrei resultierte, daß es sich bei der Konstantinischen Schenkung an Papst Silvester I. um eine Fälschung handelt, wobei erst im 15. Jahrhundert der endgültige Nachweis von dem deutschen Gelehrten Nikolaus von Kues in *De Concordantia Catholica* und dem italienischen Humanist Lorenzo Valla erbracht wurde. Sie erbrachten den Beleg, daß die verwendete lateinische Sprache nicht aus dem Jahr 324 p. Chr. nat. stammen konnte [cf. hierzu: FUHRMANN, H.: Konstantinische Schenkung und abendländisches Kaisertum, in: DA 22 (1966), pp. 63-178; sowie: SETZ, W.: Lorenzo Vallas Schrift gegen die Konstantinische Schenkung, Tübingen 1975].

sofern führt sich Filmer selbst ad absurdum, da gerade der Papst den Patriarchismus wie keine andere Institution verkörpert.

Für Filmer galt das, worin sich alle Roylisten des englischen Bürgerkrieges einig waren: In jedem Staat muß es eine souveräne Gewalt geben. Diese Gewalt verkörperte in England der König. Der Souverän kann niemals zu etwas gezwungen werden, denn dies verhielte sich kontradiktionär zu seiner Souveränität. Dieserhalb zeigte sich Filmer auch erfreut über die Schriften von Hobbes *De Cive* und *Leviathan*, denen er eine hervorragende Darstellung der Souveränität attestierte. Auch Maistre vertritt im historischen Regreß auf die Frage, ob der Nationalrat der Könige zu Zeiten Karls des Großen als Mitgesetzgeber fungierte, die Sicht, daß der König in alleiniger Souveränität herrschen müsse.[109] Das Hauptmerkmal der wirklichen Souveränität war die Möglichkeit Gesetze zu erlassen. Der souveräne Wille artikuliert sich im positiven Recht, damit kehrt Ulpians Diktum *princeps legibus solutus est* wieder.[110] Daraus folgerte Filmer, daß das *Common Law* wie alle Privilegien, die jemals Untertanen gewährt worden waren, modifiziert oder aufgehoben werden konnte. Mit diesen Ausführungen wollte er mitnichten das Parlament oder bürgerliche Privilegien abschaffen; vermöge des Konstrukts der sogenannten *concessio principis* sollte lediglich gezeigt werden, daß die Idee des Königtums auf jeden Fall absolut ist, aber dennoch eingeschränkt werden kann – allerdings nur vom König selbst und widerrufbar. Darin unterschied er sich nachhaltig von der Auffassung des Landokkupanten Gerard Winstanley[111], der qua eines historischen Regresses das *Common Law* nicht auf einen Akt des Rechtspositivismus zurückführte, sondern mit einem natürlichen Recht begründete, das eigentlich ein Geburtsrecht gewesen sei und vor der normannischen Unterjochung Bestand hatte. Häufig wird übersehen, daß sich Filmer durchaus darüber im klaren befand, daß seine formale Definition der Souveränität auch der empirischen Überprüfung anderer Staatsformen wie Aristokratie oder auch Demokratie standhielt.[112] In England stellte sich dieser Aspekt seines Theorems dessen ungeachtet nicht, da es einen König gab und das Recht, Gesetze zu erlassen, exklusiv ihm oblag. Insofern betrachtete er eine Teilung, Mischung oder Segmentierung der Souveränität als Makulatur und bezeichnete die gemischte Monarchie als „Anarchie". Ähnlich pejorativ äußerte sich Hobbes, der von einer „Mixarchie" spricht. Auch Bodin hat die Idee einer gemischten Staatsform ne-

---

109 Cf. Souverainité, p. 201.
110 Cf. Patriarcha, cap. 3, 8.
111 Cf. cap. 3.4, p. 44.
112 Cf. dagegen: QUARITSCH, H.: Souveränität. Entstehung und Entwicklung des Begriffs in Frankreich und Deutschland vom 13. Jh. bis 1806, in: Schriften zur Verfassungsgeschichte, tom. 38 (1986), Berlin, p. 40.

giert und eine solche Konstitution als Phantasterei angesehen.[113] Filmer zeihte Polybios als den Begründer der seiner Meinung nach verwerflichen Lehre von der gemischten Verfassung[114] und zog seinen neuzeitlichen Revitalisator Machiavelli zur Verantwortung, dessen Irrlehren abermals dispergiert zu haben.[115] Polybios erneuerte mit seiner Verfassungstheorie das gesamte hellenistische politische Denken. Zum einen formulierte er erstmals die These, daß jeder Staat von Natur aus zugrunde gehen würde, wobei es zwei Möglichkeiten des Niedergangs gibt:

1.) den extrinsischen, der einen unsicheren Verlauf nimmt, und
2.) den intrinsischen, der einer festen Regel Folge leistet.[116]

Zum anderen ersetzte er die Gerechtigkeit als Begründungsinstanz für die gemischten Verfassungen durch das Kriterium der Dauerhaftigkeit und des Erfolges. Damit vollzog er den Abschied von der platonisch-aristotelischen Philosophie.[117] Gerechtigkeit im Sinne von vorbildlicher Moralität bei der Herrschaftsausübung als Prüfstein für die Güte einer Staatsform beziehungsweise der Verfassung wird indes auch bei Maistre aufgegriffen; dabei geht er sogar soweit, daß er die Summe der Tugenden und Laster aller Könige durch deren Anzahl (66) dividiert und als Ergebnis einen „mittleren König" ermittelt: Selbiger sei dann der Maßstab für die angemessene Taxierung der französischen Monarchie. Genau so sollte man dann auch bei der Beurteilung aller übrigen monarchischen Staaten verfahren.[118] Welchergestalt eine solche Berechnung, mit in ihrem Interpretationsspielraum nicht hundertprozentig determinierten Variablen Tugend und Laster, zu bewerkstelligen sei, darüber hüllt Graf Maistre bedauerlicherweise den Schleier ewigen Schweigens.

Es sei angemerkt, daß Filmer in seinem Zeihen bezüglich der Alleinverantwortlichkeit des Polybios für die Lehren von der Mischverfassung ein wenig zu voreilig war. Immerhin hat sich kein geringerer als Cicero selbst für deren überlegenen und vorteilhaften Charakter ausgesprochen. Denn nach einer Analyse der

---

113 „Les marques de souveraineté sont indivisibles" [zit. n. TSATSOS, Th.: Peri Politeias, in: MOSLER, H./SCHNEIDER, H./STREBEL, H. (eds.): Staatstheoretische Studien, Frankfurt am Main, 1972, p. 126].
114 Cf. POLYBIOS: Historiae, vor allem lib. VI, 18, in welchem er die Vorteile der römischen Mischverfassung darlegt.
115 Dabei rekurrierte der König in seiner *Answer to the Nineteen Propositions* vom 18. Juni 1642 selbst auf die Lehren des Polybios [cf. WESTON, C.: English Constitutional History and the House of Lords, New York, 1965, p. 25].
116 Cf. POLYBIOS, op. cit., lib. VI, 57, 1-3.
117 Cf. REESE-SCHÄFER, op. cit., p. 164.
118 Cf. Souveraineté, p. 239.

Vor- und Nachteile der verschiedenen Staatsverfassungen[119] gelangt er zu der Schlußfolgerung, daß es sich bei der am meisten den Vorzug zu gebenden Staatsform um die der Mischverfassung handle.[120] Diese Staatsform sieht er im Rom des 2. vorchristlichen Jahrhunderts als verwirklicht an.[121]

Wenn sich Filmer ein wenig tiefgründiger mit Cicero auseinandergesetzt hätte, wäre ihm gleichwohl auch nicht dessen naturrechtliche Rechtsauffassung entgangen, die ihm sicherlich zugesagt hätte; so richtet sich Cicero in *De legibus* gegen ein Rechtswissen, das sich nicht aus dem positiv kodifizierten Recht speist, sondern tief aus dem Inneren der Philosophie. Es müsse ein höchstes Gesetz geben, das vor jedem Gesetz und jeder konkreten Staatsgründung liegt. Die Wurzel des Rechts müsse in der Natur selbst liegen.[122] Darauf hätte sich Filmer glänzend berufen können, als er seine Doktrin des *Divine Right of Kings* formuliert und die Behauptung aufstellte, daß die Natur die Monarchie als Herrschaftsform unmittelbar festlegt:

„[…] God showed his opinion when he endued, not only men, but all creatures with a natural propensity to monarchy; neither can it be doubted but a natural propensity is to be referred to God, who is author of nature".[123]

Und daraus folgert er weiter mit einem Seitenhieb auf Bellarmin:

„Now, if God, as Bellarmine saith, hath taught us by natural instinct, signified to us by the Creation, and confirmed by His own example, the excellency of monarchy, why should Bellarmine or we doubt but that it is natural? Do we not find that in every family the government of one alone is most natural? God did always govern his own people by monarchy only".[124]

Schlechthin trägt seine Schrift *Patriarcha* nicht ohne Grund den Untertitel *Natural Power of Kings*.

Der Hauptkristallisationspunkt seiner Lehre, den er in seinem *Patriarcha* entwickelt, ist allerdings weniger eine Apologetik der Monarchie als Institution an sich, als vielmehr des Patriarchalismus, welcher sich in ihr am klarsten und prägnantesten widerspiegelt. Dieserhalb wird Filmer auch als Konstitutor der Theorie des Patriarchats angesehen. Wie die Anhänger des Thomas v. Aquin und in Opposition zu den strengen Augustinern sah Filmer Herrschaft nicht bloß als Produkt der Sünde, sondern selbige sei in Gottes Plan für eine vollkommene Na-

---

119 Cf. CICERO: De re publica, lib. I, 42 seqq.
120 Cf. ibid., lib. I, 45 et 69; lib. II, 23 et 41.
121 Cf. ibid., lib. II, 30.
122 Cf. ibid., lib. I, 20.
123 Patriarcha, cap. 2, 9.
124 Patriarcha, cap. 2, 10.

tur enthalten und habe insofern bereits *vor* dem Sündenfall zu Eden existiert. Zum Beweis seiner Behauptung regrediert er auf den Archetypus aller menschlichen Herrschaft – die Autorität Adams:

„And indeed not only Adam, but the succeeding patriarchs had, by right of fatherhood, royal authority over their children. [...] And this subjection of children being the fountain of all regal authority, by the ordination of God himself; it follows that civil power not only in general is by divine institution, but even the assignment of it specifically to the eldest parents, which quite takes away that new and common distinction which refers only power universal and absolute to God, but power respective in regard of the special form of government to the choice of the people".[125]

Folglich war Adam die Herrschaft über die Erde, Eva und seine Kinder anvertraut.[126] Daraus leitete er die väterlichen Rechte für alle dereinstigen Generationen des Menschengeschlechts ab. Die Menschen sind ungleich und unfrei *ex natu*, schließlich waren sie alle unter der elterlichen Obhut geboren. Hobbes äußert sich in Bezug auf die väterliche Gewalt im Kapitel XX seines Leviathans genau gegenteilig:

„Dominion is acquired two ways: by generation and by conquest. The right of dominion by generation is that which the parent hath over his children, and is called paternal. And is not so derived from the generation, as if therefore the parent had dominion over his child because he begat him, but from the child's consent, either express or by other sufficient arguments declared [...] the parents between themselves dispose of the dominion over the child by contract, or do not dispose thereof at all".[127]

Es ist quästioniert, ob Hobbes an dieser Stelle mit seinem fast schon ans Manische grenzenden Bedürfnis, alles in Vertragsform zu gießen, nicht einen Schritt zu weit geht; denn wiegestalt soll ein Kind, das noch gar nicht im geschäftsfähigen Alter befindlich ist, seine Zustimmung geben oder durch ausreichende Argumente artikulieren? Hobbes bleibt uns die Antwort schuldig, aber möglicherweise ging er von seinem eigenen Genius aus, der wohl bereits im Kindesalter derart ausgeprägt war, daß er einen Vertrag über die Vormundschaft mit seinem

---

125 Patriarcha, cap. 1, 3seq.
126 An dieser Stelle ist es wesentlich festzuhalten, daß Filmer hier das hebräische Wort אָדָם (Adam) aus Genesis 1, 28 im Sinne von „Mensch" als Individualname und nicht – was der lexikalischen Übersetzung gleichergestalt entspräche – als Kollektivterminus im Sinne von „Menschheit" deutet [cf. Anm. 103, p. 44].
127 Leviathan, II cap. 21.

Vater auszuhandeln vermochte. Interessant wäre darüber hinaus zu erfahren, was denn geschehe, sofern das Kind seine Einwilligung versagen würde.[128]

Doch zurück zu Filmer: Die Prämisse eines Naturzustandes faßte er als Häresie gegenüber der göttlichen Offenbarung aus dem Buch Genesis auf, entsprungen einzig der antinomischen Phantasie des menschlichen „Irrgelichts". Seiner Sicht nach gab es nie eine unabhängige Menschenmenge, die zuerst ein natürliches Recht auf eine Gemeinschaft besaß. So etwas gehöre ins Reich der Feen und Elfen.[129] Infolgedessen zog er die Annahme einer Menschenansammlung, zum Behufe einen Herrscher zu bestimmen, ins Lächerliche:

„Was a general meeting of a whole kingdom ever known for the election of a prince? Is there any example of it ever found in the whole world? To conceit such a thing is to imagine little less than an impossibility, and so by consequence no one form of government or king was ever established according to this supposed law of nature?".[130]

Ganz ähnlich fragte einige Jahrhunderte später Karl Ernst Jarcke[131] in einem offenen Brief an den Reichstag in Kremsier (1849):

„Die 38 Millionen, welche Österreich bewohnen, haben sich in der Wirklichkeit keineswegs [...] auf einem großen Brachfelde versammelt, um dort zuerst ihren Assoziations-Kontrakt zu schließen, und dann nach erfolgter Abstimmung einen Abkömmling des Hauses Habsburg zu ihrem Geschäftsführer und Güterdirektor zu bestellen".[132]

Gleichwohl haben die deutschen Burkeaner Rehberg, Gentz und Brandt eine antikontraktualistische Position bezogen. Jedoch übten sie Verzicht – ganz in ihrer Eigenschaft als zumeist ehemalige Kant-Anhänger – sich einer Verwechselung von Entstehungshypothese und Rechtsgrund schuldig zu machen. Darob befleißigten sie sich einer gehaltvolleren Kritik, die hauptsächlich gegen Kants deontologischen, prinzipienkonstatierenden Kontraktualismus gerichtet war.[133]

---

128 Filmer hat sich mit dem Leviathan ebenfalls auseinandergesetzt [cf. FILMER, R.: Observations Concerning the Original of Government upon Mr Hobbes' Leviathan, Mr Milton against Salmasius, and H. Grotius' De jure belli ac pacis, London, 1652].
129 Cf. GOLDIE, op. cit., p. 315.
130 Patriarcha, cap. 2, 5.
131 Jarcke war einer der ganz wenigen, die man als wirkliche „Brüder im Geiste" gegenüber Haller bezeichnen kann [cf. EWALD, op. cit., p. 130].
132 JARCKE, K. E.: Freiheit und Souveränität in Oesterreich. Ein offener Brief an den Reichstag in Kremsier (1849), in: Vermischte Schriften, tom. 4, Paderborn, 1854, zit. n. BRANDT, H.: Landständische Repräsentation im deutschen Vormärz. Politisches Denken im Einflußfeld des monarchischen Prinzips, Neuwied, Berlin, 1968, p. 75.
133 Cf. KERSTING, op. cit., p. 256seq.

Darüber hinaus erkannte Filmer das Problem „der Zukunft Ketten anzulegen" und fragte nach dem Grad der Bindungsverpflichtung, die aus dem Gesellschaftskontrakt für die künftigen Generationen erwuchs. Diese Schwierigkeit blieb bestehen. So hat über 180 Jahre später selbst David Hume darauf hingewiesen, daß die Zukunftsbindung einen wichtigen Widerspruch zur republikanischen Theorie darstelle; denn die Republikaner stützten sich allerenden auf die Fiktion eines Gesellschaftsvertrags. Ein solcher Vertrag würde jedoch, so die Ansicht Humes, zwingend voraussetzen, daß die Zustimmung der Väter den Kindern noch bis in die entfernteste Generation Bindung auferlegt, was der Grundüberzeugung jedweden Republikaners zuwiderliefe. Demgemäß haben die Vertreter der republikanischen Staatsform trotz ihrer originären Intention, einen unverbrüchlichen Rahmen für die Selbstregierung zu schaffen, darauf bestanden, daß eine Gründergeneration niemals ihre Nachfolger im voraus an ein festgelegtes Verfassungssystem fesseln könne.[134] Dieses Tabu gegen verfassungsförmige Prädezisionen war seinerseits die Generalisierung eines fundamentalen Interdikts: Kein Vater darf seinen Söhnen Ketten anlegen. Daher sei jede Regierungsform, die dem Leben, der Freiheit und dem Streben nach Glück abträglich geworden ist, zu modifizieren. Kein Gesetz, keine Institution, so wichtig sie auch ist, sei unabänderlich; kein Gesetz *in aeterna* unanfechtbar.[135] John Locke formulierte bereits vor Hume die dieser Sicht der Dinge zugrundeliegende Regel: [136]

„It is true, that whatever engagements or promises any one has made for himself, he is under the obligation of them, but cannot, by any compact whatsoever, bind his children or posterity: for his son, when a man, being altogether as free as the father, any act of the father can no more give away the liberty of the son, than it can of any body else [...]".[137]

---

134 Im Grundgesetz der Bundesrepublik Deutschland legte man – nach den horriblen Erfahrungen aus der Weimarer Republik – eine ewigliche Bindungsverpflichtung im Art. 79 Abs. 3 GG fest, um zu verhindern, daß die Demokratie erneut Opfer ihrer selbst wird [cf. hierzu weiterführend: MÖLLER, H.: Die verfassungsgebende Gewalt des Volkes und die Schranken der Verfassungsrevision: eine Untersuchung zu Art. 79 Abs. 3 GG und zur verfassungsgebenden Gewalt nach dem Grundgesetz, Berlin, 2004].

135 Cf. HOLMES, St.: Verfassungsförmige Vorentscheidungen und das Paradox der Demokratie, in: PREUß, U. (ed.): Zum Begriff der Verfassung. Die Ordnung des Politischen, Frankfurt am Main, 1994, p. 136seq.

136 Kersting weist darauf hin, daß es im alltäglichen Verlauf kaum praktikabel sein könne, seine Zustimmung oder Ablehnung zu erteilen. Wann, wo und in welcher Form sollen die Kinder ihre Haltung gegenüber dem Gründungsergebnis der Altvorderen artikulieren? [cf. KERSTING, op. cit., p. 137].

137 Cf. Treatises, lib. II, cap. 8, § 116.

Seine praktische Anwendung hätte dieser Grundsatz fast im Art. 28 der jakobinischen Verfassung von 1793 gefunden; dies scheiterte einzig daran, daß sie nicht in Kraft gesetzt wurde. Überhaupt vermochte sich die Idee des Verbotes, künftigen Generationen Verbindlichkeiten aufzuerlegen, einer großen Gemeinde an politischen Theoretikern erfreuen.[138] So auch Rousseau, der dies in seinem *Contrat Social* darlegt: „[...] puisqu'il est absurde que la volonté se donne des chaînes pour l'avenir [...]".[139]

Nach der Filmers patriarchalischen Theorie immanenten Logik stellte sich die Frage nach der Bindungsverpflichtung schlechthin nicht, da bei ihm eine Verbindlichkeit qua Gottes Gebot und der Natur vorlag, die sich niemals abandonnieren ließ. Das heißt, bei ihm trat die Problematik eines Vertrags und der damit einhergehenden dereinstigen Dauer der Verpflichtung schlechterdings nie auf, gewährte er dem Kind schließlich zu keinem Zeitpunkt die Wahl zwischen Subordination oder Insurrektion gegenüber der väterlichen Gewalt. Allerdings blieb den Sprößlingen immerhin die Perspektive, einmal selbst über die Familie zu herrschen. Genau darin liegt jedoch der Fundamentalfehler in Filmers Theorie: Unabhängig, wie man zu der Sicht der väterlichen Allgewalt stehen mag, so läßt sich das Mikromodell der Familie überhaupt nicht auf die Makroebene eines Staates übertragen.[140] Einer Familie liegt nämlich ein rotierender Herrschaftstypus zugrunde, das bedeutet, daß die Kinder (natürlich nur der maskuline Part) entweder vermöge Todes des *pater familias* oder durch Gründung einer eigenen Familie in den Genuß des *dominums* gelangen. Bei einem monarchischen Staat ist dies mitnichten gegeben. Statt dessen bleibt der Untertan, also das Kind, stets ein subordiniertes Wesen, wohingegen der König in seiner Eigenschaft als Vater – und dessen Kinder – immerfort gebieten werden.

Insofern laufen Filmers Hypothesen, daß die politische Autorität nichts anderes als die väterliche Autorität sei, *potestas patria* gleich *potestas regia*, oder, daß Widerstand gegen den Souverän nichts anderes verkörpere als einen Bruch des Gebots, seinen Vater zu lieben, und einen König abzusetzen Vatermord gleichkäme, ins Leere.[141]

Mithin wird ersichtlich, daß das patriarchalische Konstrukt, hier Synonym für Souveränität, zur Legitimation von königlicher Herrschaft in seiner Abstraktionsfähigkeit gegenüber der Wirklichkeit mangelhaft erscheint und mitnichten zu Ende gedacht wurde – ob bewußt oder unbewußt wird sich wohl kaum mehr eruieren lassen.

---

138 Cf. HOLMES, op. cit., p. 137.
139 Contrat, lib. 2, cap. 1.
140 Diesem Irrtum oblag bereits Aristoteles, der von den Royalisten um Filmer begeistert rezitiert wurde [cf. vor allem: ARISTOTELES: Πολιτεῖα, 1253b, 1-15.
141 GOLDIE, op. cit., p. 315seq.

Interessanterweise verwarf derjenige, den man der Filmerschen Idee vom patricharchialischen Staat am meisten zugetan wähnen würde, dessen Ideen in toto.[142] Haller konzediert Filmer zwar eine richtige, wenn auch zu enge Grundidee, doch erscheint ihm befremdlich, daß dieser nicht gewillt ist, Republiken als legitim anzuerkennen, und einzig die Monarchie zur rechtmäßigen Staatsform erklärt; ferner derangiert ihn das Bild der väterlichen Gewalt, das Filmer ostentativ zu weit treiben würde, indem dieser seine ganze Staatstheorie darauf zurückführe. Außerdem stößt er sich an der Totalnegierung eines Insurrektionsrechts.[143]

Alldieweil erscheint Haller auf einen prima vista hin in weiten Teilen seiner Staatstheorie sowohl zu Aristoteles als auch zu Filmer kommensurabel,[144] beispielsweise, wenn er die Behauptung aufstellt, daß

„[...] die Fürstenthümer oder Monarchien die ersten und natürlichsten, die zahlreichsten und dauerhaftesten Staaten gewesen seyn müssen; denn sie entspringen aus der Natur der Dinge selbst ohne allen positiven Willen, ohne künstliche Veranstaltung der Menschen".[145]

Und außerdem:

„[...] jede Familie bildet schon eine kleine Monarchie, in einer größeren eingeschlossen, [...]".[146]

Ferner:

„In einer jeglichen solchen Familie findet man zwar, die Unabhängigkeit abgerechnet, bereits das vollkommene Ebenbild eines monarchischen Staates".[147]

Bis dahin folgt er noch Aristoteles und Filmer, dann aber separiert er sich entschieden vor allem von Filmer, der diesem Gedankengang Hallers niemals seine Zustimmung erteilt hätte – untergräbe er doch unter Umständen die patriarchalische Souveränität:

„[...] jeder einzelne Mensch sogar ist König und Monarch in dem Kreise seines Gebietes, nur ein kleiner und mindermächtiger, durch Natur oder Vertrag einem Höheren

---

142 Haller hat Filmers *Patriarcha* nie gelesen, er kannte ihn lediglich aus den Sekundärzitaten Algeron Sidneys, der sich in seinem *Discourses concerning government* (1704) in aller nachdrücklichen Polemik gegen die Filmerschen Ideen richtet [cf. Restauration, tom. 1, p. 43seq.].
143 Cf. Restauration, tom. 1, p. 44.
144 Cf. cap. 3.5, p. 48; sowie Anm. 140, p. 52.
145 Restauration, tom. 2, p. 4.
146 Restauration, tom. 2, p. 4.
147 Restauration, tom. 2, p. 25.

bald mehr bald weniger unterworfen: und um in vollem Sinne ein Fürst oder König zu heissen, bedarf er ursprünglich weiter nichts, als auf dem Theile des Erdbodens, den er occupirt oder anbaut, seine daraus entspringende, ihm durch die Begünstigung der Natur zugewandte Unabhängigkeit zu behaupten, oder sich eine solche hintenher durch eigene Kraft und Anstrengung oder rechtmäßigen Vertrag zu erwerben".[148]

Daran zeigt sich die erhebliche Differenz zur Filmerschen Auffassung vom patriarchalischen Staatsgebilde. Haller begeht nicht den Fehler, daß er das Bild der Familie als undurchlässiges soziales Gefüge betrachtet, in dem die Rollenverteilung auf der einen Seite potentiell rotierend, auf der anderen allerdings, überträgt man das Modell auf die Makroebene Staat, erstarrt ist. Ganz im Gegensatz zu Filmer erkennt Haller die Existenz von Verträgen sehr wohl an, mehr noch, er macht sie zum staatsstiftenden Moment.

Er gewährt dem einzelnen Bürger einen dergestalt hohen Grad an Privatautonomie, daß es dem jeweiligen – bei guten Voraussetzungen – sogar möglich ist, selbst in den Rang eines Fürsten oder Königs aufzusteigen. Ergo weist nicht nur das Bild des Untertans gegenüber dem Souverän, sondern auch der Souverän selbst Ungleichheiten sowohl zur Filmerschen als auch Hobbesschen Staatsauffassung auf. Im Vordergrund steht nicht mehr der das Land regierende Souverän, verpflichtet einzig Gott und der Befriedigung eines Sicherheitsbedürfnisses, sondern der Fürst als autonome Person, die nicht mehr fremde, sondern nur noch „eigene Sachen" regiert. Dabei ist es wichtig, daß die Prinzipes ihre Rechte und Befugnisse aus eigenen Rechten herleiten, das heißt aus den allgemeinen Menschenrechten, die sie ebenso wie die übrigen Menschen besitzen, sowie aus erworbenen Privatrechten; mit anderen Worten: aus Freiheit und Eigentum.[149] Damit sind die Fürsten nicht „von" und „für" das Volk, sondern vor allem und im wesentlichen für „sich selbst" geschaffen, wie jeder andere Mensch auch. Die Untertanen sind demnach nicht für den „Nutzen" des Fürsten existent, da sie ansonsten Sklaven oder Leibeigene wären, was wohl niemand aus freien Stücken erstrebenswert fände. Die Verpflichtung besteht vielmehr synallagmatisch in Form eines Dienstverhältnisses, in dem ein jeder seinen Vorteil sucht und die darin vereinbarten Pflichten erfüllt. In rechtlicher Hinsicht ist „jeder für sich selbst" geschaffen, zu seinem eigenen Zweck.[150] Auf diese Weise emphasiert Haller – und zwar absolut egalitär und individualistisch – die Privatautonomie eines jeden Bürgers *ex natura*, unabhängig von Herkunft, Stand und Vermö-

---

148 Restauration, tom. 2, p. 4.
149 Cf. Restauration, tom. 1, p. 512.
150 Cf. Restauration, tom. 1, p. 514.

gen.[151] Der Unterschied besteht einzig in den verschiedenen Mitteln, gleiche Befugnisse auszuüben.[152]

Auch beim Derivieren der Souveränität, die von ihm mit Unabhängigkeit gleichgesetzt wird, unterscheidet sich Haller nachhaltig von Filmer und Hobbes: In seiner Theorie ist die Souveränität eine Gabe der Natur und der Umstände, eine natürliche Konsequenz der absoluten oder relativen eigenen Macht, die sich im Grade der eigenen Independenz taxieren läßt. Mithin handelt es sich dabei um das höchste zu erreichende Glücksgut (*summa fortuna*), das gleichergestalt wie andere Glücksgüter rechtmäßig, aber auch unrechtmäßig erworben und wieder verloren werden kann.[153] Damit erfährt der Souveränitätsbegriff eine bis dato nie dagewesene Bedeutungsmodifikation; er ist bei Haller nicht mehr statisch, sondern transferabel. Das heißt, daß sich in jedem einzelnen Bürger das Potential befindet, sofern die Umstände ihm günstig geneigt sind, Souveränität zu erlangen. Dadurch erfährt der Souveränitätsbegriff eine graduelle Staffelung, an deren Spitze die völlige Unabhängigkeit des einzelnen in Gestalt eines Fürsten befindlich ist.

Daher nimmt es nicht Wunder, daß Haller die Schöpfungsgeschichte aus Genesis 1 in zur Gänze anderer Manier als Filmer interpretiert:[154] Er sieht die Unabhängigkeit des ersten Menschen im Vordergrund, der von der Hand Gottes selbst geschaffen keinen weiteren Menschen über seiner selbst kannte und über die eigene Familie herrschte, genau so wie über das Land, das er in Besitz nahm und als sein „unwidersprechliches" und „volles „Eigentum" ansah.[155] Die Nachkommen und Erben seien dann im adulten Lebensalter vor die Wahl gestellt worden, ihm entweder zu dienen, da sie seinen Besitz, die natürlichen oder erworbenen Rechte nicht anrühren durften, oder sich von ihm zu trennen und in neuen Ländern anzusiedeln, um dorten ihrerseits unanhängig zu werden.[156] Diesem absolut gesetzten Besitz- und Eigentumsverständnis läuft das Konzept des Allgemeineigentums zuwider, wie es von Rousseau in seinem *Contrat Social* entwickelt wurde.[157]

Gegen die Fiktion des Gesellschaftsvertrags, den er im Gegensatz zu Hobbes und Rousseau gleichsam wie Maistre und Filmer ablehnt, ist auch seine Kritik gerichtet:

151 Cf. Restauration, tom. 1, p. 484.
152 Cf. HAGEMANN, A.: Die Staatsauffassung Karl Ludwig von Hallers, Diss. Univ. Erlangen, 1930, p. 26.
153 Cf. Restauration, tom. 1, p. 483.
154 Cf. cap. 3.5, p. 48.
155 Cf. Restauration, tom. 1, p. 484.
156 Cf. Restauration, tom. 1, p. 484seq.
157 Cf. Contrat, lib. 1, cap. 9.

„Daraus entstanden die vielen sogenannten Patriarchen [...], welche, nach der sonst beliebten Hypothese, unter einander einen Social-Contrakt geschlossen und eine neue bürgerliche Gewalt über sich selbst hinauf gesetzt haben sollen, nach unserer Theorie aber und nach dem Zeugniß der ganzen Erfahrung dieses nicht gethan haben, sondern Fürsten geblieben sind und ihre Unabhängigkeit behauptet haben so lang sie konnten, bis sie in der Folge durch mancherley Schwächungen, nachtheilige Dienstverträge u.s.w. verloren gieng und an ihrem Platz anderen zu Theil ward".[158]

Haller verzichtet hier auf das Auxiliarkonstrukt eines Gesellschaftsvertrags zugunsten von vielen Privatverträgen, die größtenteils in Dienstverträgen ihren Ausdruck fanden. Folglich bedurfte es weder einer Eruierung des Allgemeinwillens noch der Überwindung eines aversabelen Naturzustandes; sogar der Gottesbezug relativiert sich gegenüber dieser auf die höchste Form der privaten Autonomie gebrachten Staatstheorie.[159]

Selbst wenn sich, nicht zuletzt vermöge Hobbes *Leviathan* und Filmers *Patriarcha* sowie einer Reihe von anderen, weniger bedeutenden Schriften, der Absolutismus noch eine Weile entweder durch rationale oder patriarchalische Herleitung theoretisch fundieren ließ, vermochte dies nichts daran zu ändern, daß bereits die ersten Anzeichen der nahenden Aufklärung aufzogen. Teilweise geschah dies recht unterschwellig in Form von literarischen Publikationen, zu denken wäre beispielsweise an Cyrano de Bergerac, der in seinen satirisch-utopischen Romanen, wie *La mort d' Agrippine* (1647) oder *Historie Comique des États et Empires de la Lune* (1657), scharfe Kritik an politischen, philosophischen und kirchlichen Autoritäten übt und gemeinhin als ein Vorläufer der Aufklärung gewertet wird.

3.6 Toleranz versus Absolutismus: Pierre Bayle

Ähnlich kritisch verhielt sich auch Pierre Bayle[160], dessen Philosophie, besonders in seinem Hauptopus *Dictionnaire historique et critique* (1696/97), vorwiegend eine tolerante Haltung innerhalb der widerstreitenden und sich zerfleischenden Konfessionen anmahnte. Seiner Sicht nach verwandle sich das religiöse Bekenntnis in Heuchelei, sofern die Freiheit des Gewissens nicht gewährleistet sei. In seinem Urteil schonte er weder Calvinisten noch Papisten: Calvin, der Servet mit

---

158 Restauration, tom., I, p. 485.
159 Demzufolge irrt Kersting in der Annahme, „daß alle Philosophen immer nur einen Vertrag" kennen, „um eine politische Einheit [...], den Souverän zu konstituieren" [KERSTING, op. cit., p. 217].
160 Maistre läßt an seiner ablehnenden Haltung gegenüber Bayle keinen Zweifel [cf. Souverainité, Anm. 2, p. 163].

Heimtücke verbrennen ließ, sei nicht ein Stück besser gewesen als Ludwig XIV., der das Toleranzedikt von Nantes widerrief (1685) und die Hugenotten grausam verfolgen ließ. Mithin trat er für entschiedene religiöse Toleranz, ja Indifferenz ein. Diese sei unabdingbar, da religiöse Fragen bestenfalls zweifelhaft seien, auf Grund der Tatsache, daß moralisches Handeln nicht von religiösen Überzeugungen dependent ist.[161] Jegliche Form von geistiger Pression war seinem Dafürhalten nach ungerechtfertigt, weil Gott uns schlechthin nicht mit einer intuitiven Erkenntnis von Moral und Amoral versehen hat und deren Beurteilung dem Ermessen des einzelnen Individuums obließ. Vielmehr käme es auf das sittliche Verhalten überhaupt an, daher könne auch ein atheistisches Volk einen Staat bilden, sofern die Menschen dort nur festgesetzte moralische Regeln befolgen würden. Dieser Ansicht widerspricht Maistre heftig:

> „C'est l'athéisme, c'est l'immoralité qui soufflent la révolte et l'insurrection. Voyez ce qui se passe sous vos yeux: au premier signal des révolutions, la vertu se cache, et l'on ne voit plus agir que le crime".[162]

Selbst wenn man konzediert, daß sich Maistre hier – noch ganz unter dem Einfluß der Schreckensrevolution stehend – etwas überspitzt äußert, so ist seine Aussage doch plausibel, da eine von Werten, im besonderen von religiösen, losgelöste Sozietät wesentlich mehr dazu neigt, nach allgemeinem Verständnis amoralisch zu agieren, als dies eine von Spiritualität und religiösen Traditionen verhaftete tut. Wohlgemerkt muß man die Umstände der Zeit, die bei Bayle von einer hoch religiösen Grundhaltung und kämpferischen Polemik geprägt waren, in die Beurteilung seiner Behauptung einfließen lassen. Hätte er – wie Maistre oder Haller – die Französische Revolution und den dort zur Staatsreligion erklärten „Kult der Vernunft" miterlebt, vor allem in der entarteten Form der Septembermorde von 1792, wäre sein Urteil möglicherweise anders ausgefallen und er hätte wohl, ebenso wie Rousseau, weder seiner politischen noch religiösen Anthropologie den Typus des „Gutmenschen" zugrundegelegt.[163]

Was seine politischen Ansichten konzerniert, so übte Bayle Zurückhaltung, obzwar er an die „natürliche Vernunft" der Menschen glaubte, nicht aber an dessen „natürliche Intelligenz". Diese Disparität der menschlichen Natur erscheint vor dem Hintergrund einer nach Einheit strebenden politischen Anthropologie kaum praktikabel sowie sinndefizitär.

---

161 Cf. hierzu weiterführend: STRICKER, N.: Die maskierte Theologie von Pierre Bayle, Diss. Univ. Heidelberg, 2001.

162 Souverainité, p. 261.

163 Cf. Contrat, lib. 4, cap. 8.

In ähnlicher Weise besaß sein Skeptizismus, in versuchter Anlehnung an Montaigne, gegenüber der Fähigkeit des Menschen, die politischen und sozialen Institutionen zu verbessern, kaum nachhaltige Wirkung.[164]
Gleichsam zurückhaltend schätzt er den Gehalt der absolutistischen Staaten ein, die er als ein Übel betrachtet, da sie die Menschen in Kriege stürzen würden, aber trotzdaß präferiert er grundsätzlich doch eine starke gegenüber einer schwachen Regierung. Darin folgten ihm teilweise die Physiokraten wie Turgot[165], Cantillon oder Nemours sowie Voltaire, nur daß diese die Ablösung der theologischen durch aufgeklärte philosophische und ökonomische Ratgeber der Fürsten durchzusetzen versuchten.[166] Damit befinden sie sich in einem gewissen Gegensatz zu Rousseau, der die Modifikation des depravierten Menschen und seine Denaturierung zur Prämisse einer durativen republikanischen Gesellschaft machte, wohingegen die Physiokraten stolz darauf waren, die Menschheit an sich nicht verändern zu müssen. Es ist vielmehr der individuelle Eigennutzen, der zum Movens der ökonomischen Prosperität beitragen soll.[167]

3.7 Bernard de Mandeville: *The Fable of the Bees* (1723)

In der philosophischen Kontroverse der Neuzeit spielte – wie weiter oben ausgeführt – seit Machiavelli das der jeweiligen politischen Philosophie zugrundeliegende Menschenbild eine exzellierende Rolle.[168] So wird die Grundidee der aus religiöser Indifferenz motivierten und in antiker Tradition befindlichen skeptizistischen Anthropologie von Bayle durch die berühmte *Fable of the Bees*[169] (1723) des Arztes und Philosophen Bernard de Mandeville noch stärker akzentu-

---

164 Cf. zu Bayles Skeptizismus weiterführend: HOSSENFELDER, M.: Antiker und baylescher Skeptizismus, in: KREIMENDAHL, L. (ed.): Die Philosophie in Pierre Bayles Dictionnaire historique et critique, Hamburg, 2004, pp. 21-35.

165 Maistre war den Physiokraten ob ihrer laizistischen Grundattitüde alles andere als wohlgesonnen, eine Haltung, die er auch unmißverständlich zum Ausdruck brachte [cf. Souverainité, p. 151seq].

166 Cf. FETSCHER, I.: Politisches Denken im Frankreich des 18. Jahrhunderts vor der Revolution, in: FETSCHER, I./MÜNKLER, H.: Pipers Handbuch der politischen Ideen. Neuzeit: Von den Konfessionskriegen bis zur Aufklärung, München, 1985, tom. 3, p. 433seq.

167 Cf. FETSCHER, I.: Rousseaus politische Philosophie. Zur Geschichte des demokratischen Freiheitsbegriffs, 8. Edit., Frankfurt am Main, 1999, p. 248.

168 Cf. cap. 3.2, p. 33.

169 Die Bienenfabel erschien ursprünglich bereits 1705 unter dem Titel: *The Grumbling Hive, or Knaves turn' d Honest.* Das in Knittelversen verfaßte Gedicht war jedoch so umstritten, daß sich Mandeville genötigt sah, selbiges bis 1723 um einen Kommentar und drei Abhandlungen zu ergänzen.

iert. Das Modell eines Bienenstaates steht Mandeville hier Pate für seine Gesellschaftskritik. Auch Maistre verwendet die Metapher des Bienenstocks. Allerdings in dem Sinne, daß er die Notwendigkeit, für einen Bienenschwarm einer Königin zu bedürfen, auf die menschliche Gesellschaft und Souveränität transferiert.[170]

Selbst wenn Mandeville keine eigene politische Theorie entwickelt hat, war der Einfluß seiner Bienenfabel und der darin formulierten Beobachtungen von ganz erheblicher Dimension. Nach seiner Sicht der Dinge ist kein Lebewesen auf Erden ungeeigneter für die Gesellschaft als die Menschen, die – wären sie gleichberechtigt, ohne unter einer Herrschaft subordiniert zu sein und ohne Furcht vor einer irdischen Macht – im wachen Zustand keine zwei Stunden zusammenzuleben vermöchten, ohne daß Streit ausbräche; je mehr Wissen und Kraft, Verstand und Entschlossenheit unter ihnen befindlich wäre, desto horribler würde es zugehen.[171] Daraus entwickelt Mandeville in Anknüpfung an Hobbes seine pessimistischen Vorstellungen von der menschlichen Gesellschaft überhaupt. Allerdings übertrifft er diesen sogar noch in seiner schwarzseherischen Beurteilung, da er sogar die Vernunft als ordnende Kraft verwirft. Insofern übernahm er die unhistorische Konstruktion von Hobbes nicht.

In Weiterentwicklung zu Hobbes betrachtet er die Monarchie zwar als die erste, die Aristokratie und Demokratie lediglich als zwei weitere „Methoden", um den Nachteilen der erstgenannten zu entgehen, wohingegen er – ganz im polybischen und ciceronischen Sinne[172] – die Mischung aus allen drei Regierungsformen als Verbesserung der übrigen ansieht.[173] Für ihn bedeutet es keinen Unterschied, ob sich die Menschheit im Naturzustand oder in einer politischen Gemeinschaft befindet, da der Mensch in keiner anderen Absicht überhaupt im Stande ist zu handeln, als sich Lust zu verschaffen. Zwischen Wille und Lust gäbe es in gewissem Sinne keinen Unterschied; alles, was unserem Luststreben entgegenstünde, wäre unnatürlich und verkrampft. Dies führt dazu, daß zwar unser Denken frei wäre, wir trotzdaß gezwungen seien, uns Lust zu verschaffen. Mithin sei es auch ausgeschlossen, gesellig zu leben, ohne zu heucheln. Von frühester Jugend an würden die Menschen gelehrt, zu heucheln, da niemand öffentlich eingestehen würde, daß er aus öffentlichem Unglück oder gar aus den Verlusten einzelner Privatpersonen profitiert. Als Exempel hierfür führt Mandeville den Totengräber an, der sich insgeheim wünscht, daß die gesamte Gemeinde stürbe, würde er dies allerdings frank und frei zum Ausdruck bringen, man ihn zweifel-

---

170 Cf. Souverainité, p. 104.
171 Cf. Bienenfabel, p. 378.
172 Cf. cap. 3.5, p. 47.
173 Cf. Bienenfabel, p. 378.

los steinigen würde, obzwar jedermann weiß, daß er, bliebe sein Wunsch unge-
hört, nichts zum Leben besäße.[174]

Gesteuert durch sein Verlangen, Unannehmlichkeiten auf Grund der damit
einhergehenden Einschränkung des Lustempfindens zu meiden, sind die Menschen im Naturzustand gezwungen, sich der schutzbietenden Macht der Stärkeren
unterzuordnen. Damit bringt Mandeville in direktem Regreß auf Hobbes den
Vertragsgedanken der Sozialvertragslehre ins Spiel: Die Menschen schließen
folglich einen Vertrag ab, sich nicht gegenseitig zu schädigen.[175] Allerdings, und
hierbei divergiert die Hobbessche von der Mandevilleschen Vertragstheorie, sind
die Menschen nur so lange gewillt, diese Verträge zu halten, wie es in ihrem Interesse liegt. Folglich besitzt der Vertrag bei Mandeville nicht gesellschaftskon-
stituierende Kraft wie in den übrigen Gesellschaftsvertragslehren, so von Hobbes,
Locke, Spinoza oder Rousseau. Ein gewisses duratives Moment erfahren die ersten Staaten erst vermöge der Erfindung der Schrift, die es dann permettiert, Gesetze und Strafsanktionen zu kodifizieren.[176]

Und noch eine weitere, geradezu epochal-unerhörte Neuerung trat in Mandevilles Bienenfabel zu Tage. Für ihn verkörperte weder das dem Menschen von
Natur aus zukommende Gefühl des Wohlwollens und der Freundschaft noch die
Vielzahl der originären Tugenden, welche er vermöge Vernunft und Selbstver-
leugnung zu erwerben vermag, die konstituierenden Momente der Gesellschaft;
vielmehr sei das Übel der Welt, sowohl in moralischer wie auch natürlicher Hin-
sicht, das fundamentale Prinzip, das den Menschen zu einem $\zeta \tilde{\omega} o v$ $\pi o \lambda \iota \tau \iota \kappa \acute{o} v$
werden läßt; dieses sei für die Genese und Erhaltung aller Berufe und Erwerbs-
zweige sowie für alle Künste und Wissenschaften verantwortlich. In dem Augen-
blick, wo dieses Prinzip des Übels, verkörpert in Laster und Unmoral, schwände,
würde die soziale Gemeinschaft derangiert, wenn nicht sogar vollständig depra-
viert. Mithin hätte er dieses vermeintliche Paradoxon, dessen Grundgedanke bereits im Urtitel zur Bienenfabel formuliert ist, nämlich daß die privaten Laster
durch das geschickte Agieren eines befähigten Politikers in öffentliche Vorteile
transformiert zu werden vermögen, als leitgedankliche These in seinem Buch
ausgeführt.[177] Es ist für die Anthropologie Mandevilles bezeichnend, daß er der
Analyse der Vernunft, die nach klassischem Dafürhalten das eigentliche Charak-
teristikum der menschlichen Natur darstellt, kaum Platz einräumt. Damit hat er,
wie eine Vielzahl von Denkern der frühbürgerlichen Epoche, den Vernunftbegriff
der traditionellen Philosophie, demgemäß die Vernunft die Einsichten in das We-

---

174 Cf. Bienenfabel, p. 379.
175 Dabei handelt es sich um die epikureische Vertragsformel.
176 Cf. EUCHNER, W.: Versuch über Mandevilles Bienenfabel, in: Bienenfabel, p.
    22seq.
177 Cf. Bienenfabel, p. 399seq.

sen des Guten und Gerechten offenbart, aufgegeben. Statt dessen ist für ihn die Vernunft eng mit den Passionen verbunden; insofern charakterisiert er sie wie dermaleinst Hume in einem bekannten Diktum als „Sklavin der Leidenschaften", welche die egozentrischen Attitüden der Passionen prinzipiell nicht zu transzendieren vermag. Das bedeutet, daß unser Denken allzeit in diejenige Richtung gedrängt wird, in die es von unseren Gefühlen gelenkt wird. Mithin oblägen wir einer Selbsttäuschung, sofern wir davon ausgingen, daß sich unser Handeln von objektiven, dem Gemeinwohl förderlichen Vernunftprinzipien steuern ließe. Dem stünde die Selbstliebe zuwider, die bei allen Menschen die Angelegenheit ihrer Sonder- und Partikularinteressen verficht, indem sie jeder Einzelperson Argumente zur Rechtfertigung seiner persönlichen Begehrlichkeiten liefert.[178]

Damit treibt Mandeville in seinem „Bienenstaat" die Kritik an dem in seiner Zeit vorherrschenden Glauben an Fortschritt, Rationalität und Moralität in satirischer Weise auf die Spitze. Völlerei, Geiz, Neid, Mißgunst und Eitelkeit sowie Korruption und Eigennutz sind für ihn die Antriebskräfte der Produktion, sie sind es, die Nachfrage für den Markt schaffen, somit Arbeitsplätze generieren sowie Prosperität und teilweise auch kulturell wertvolle Erzeugnisse hervorbringen.[179] Als die Bienen in seiner Fabel wie durch ein Mirakel urplötzlich tugendhaft werden, klingt die ökonomische und kulturelle Blüte ab. Die Nachfrage schwindet, Arbeitslosigkeit breitet sich aus und ein Teil der Bevölkerung emigriert. Vermöge ihrer Tugend vermag die Gesellschaft zwar grundsätzlich zu existieren, aber lediglich in Pauperität. Denn: Alkoholismus in wüsten Trinkgelagen schafft Arbeitsplätze in der Weingeistindustrie, Prostitution schafft gleichsam Beschäftigung und läßt Kapital in den daraus resultierenden Wirtschaftskreislauf zurücklaufen,[180] Geiz fördert die Akkumulation, Prasserei die Zirkulation von Geld, in der Synthese aus beidem resultiert Prosperität.

Im Gunde jedoch bedarf der Mandevillesche Immoralismus dringend der Moralität; denn im moralfreien Raum kann man nicht amoralisch sein. Wenn die amoralische Tat nicht mehr geahndet wird, wird sie selbst zur Moral und vermag keine Wohlstand evozierende Antipode mehr zu sein.

---

178 Cf. EUCHNER, op. cit., p. 19seq.
179 Darin richtet er sich gegen Needham und stimmt mit Maistre überein, welcher im bezug auf die Hervorbringung von Kunst eine ähnliche Meinung vertrat [cf. cap. 0, p. 43].
180 Mandeville hat sich in einer Verteidigungsschrift zugunsten der Prostitution für eine staatliche Kontrolle derselben ausgesprochen. Sie sei ohnehin unausrottbar und habe darüber hinaus den Vorteil, die Ehre der Frauen und Töchter der höheren Stände zu beschützen [cf. MANDEVILLE, B. de: A Modest Defence of Public Stews: or, an Essay upon Whoring, as it is now practised in these kingdoms, London, 1724].

Dieser in der Bienenfabel vertretenen These, daß Bürgertugend dem Gemeinwohl nur abträglich sei und daß nichts das allgemeine Wohl so fördert wie private Skrupellosigkeit und Egoismus, tritt Rousseau entschieden entgegen. Für ihn liefert die Fabel gerade den Zündstoff für seine Kritik an der Gesellschaft, mit der es sich tatsächlich wie von Mandeville ausgeführt verhielte.[181] Schließlich hat Rousseau – in all seiner temperamentvollen Dynamik – ein statisches und unumstößliches Moment, das seine gesamte politische Philosophie durchwirkt: das des an sich guten Menschen. Dementsprechend erregte die von Mandeville skizzierte Rechtfertigung des lasterhaften Zustandes in zweifacher Hinsicht sein Mißfallen, indes er, wie bereits erwähnt, grundsätzlich mit den von ihm beschriebenen Miseren seiner Zeit vollkommen d'accord geht. Erstens bestreitet Rousseau, daß aus den *private vices* tatsächlich *public benefits* erwachsen, und wendet sich zweitens mit allem Nachdruck dagegen, daß man die Lasterhaftigkeiten des Menschen der gegenwärtigen französischen oder englischen Gesellschaft zu Lastern des Menschen überhaupt stilisiert, was im übrigen weniger die Schuld Mandevilles als diejenige von Hobbes gewesen sei. Insofern beharrt Rousseau darauf, daß er etwas „Tröstliches und Nützliches" täte, indem er darauf hinweise, daß diese Verirrungen allesamt weniger dem Menschen an sich als statt dessen dem schlecht regierten Menschen anhaften würden. Demzufolge gäbe es andere Gesellschaftsmodelle, in welchen die Bürger nicht gezwungen seien, sich gegenseitig zu betrügen, zu bekämpfen und einander Schaden zuzufügen, in denen es sich vielmehr so verhielte, daß wirklicher Gemeinschaftssinn und echtes Gemeinwohl von allen Bürgern erstrebt würden.[182]

Die Bienenfabel blieb natürlich nicht ohne Resonanz. Vorwiegend die schottische Moralphilosophie, wie sie an den Universitäten von Edinburgh und Glasgow gelehrt wurde, positionierte sich in scharfer Opposition gegen Mandeville. Paradoxerweise war es jedoch gerade die schottische Schule, die einen gewissen Grad an Individualinteresse zur Tugend erklärte und besonders im Rahmen der verwandten Integrationsdisziplinen Moralphilosophie und politische Ökonomie übereinstimmende Vorstellungen als Resultate ihrer Wissenschaftsbemühungen von Mandeville abgeleitet hat. Allerdings gingen sie von einem diametral entgegengesetzten Punkt als der Verfasser der Bienenfabel aus. Insbesondere der Lehrer Adam Smiths, Francis Hutcheson, regrediert in seiner Lehre vom *moral sense* unmittelbar auf den Erzwidersacher Mandevilles und dessen Prämisse einer *A-priori*-Moralität: den Earl of Shaftesbury.[183]

---

181 Cf. SPAEMANN, R.: Rousseau: Von der Polis zur Natur, in: HÖFFE, op. cit., p. 96.
182 Cf. FETSCHER, op. cit., p. 24.
183 Die *Fable of the Bees* kann in weiten Teilen als widerlegende Auseinandersetzung mit den Lehren Shaftesbury angesehen werden [cf. Bienenfabel, pp. 354 et 361seq., passim].

Dessen Bedeutung beruht vorwiegend auf ethischen Reflexionen, dargelegt in seinem Hauptwerk *Inquiry concerning Virtue* (1699 und 1711),[184] womit er vor allem darauf abzielte, Thomas Hobbes und den von diesem gelehrten Egoismus zu widerlegen.[185] Mit den Methoden der empirischen Psychologie analysierte er den Menschen zuerst als Einheit in sich selbst und anschließend in den Beziehungen zu den größeren Einheiten der Gesellschaft und Menschheit. Sein oberstes Prinzip stellte die Harmonie dar, die er auf der Grundlage des guten Geschmacks oder Empfindens als Gegensatz zum Verstand aufbauen wollte. Daraus folgerte er unter anderem, daß Trieb und Verstand bei der Determinierung von Handlungen konkurrieren und es nicht zu den Aufgaben der Moralphilosophie gehöre, das Problem von Willensfreiheit und Determinismus zu lösen. Damit befand er sich in erheblicher Opposition zu Mandeville und Machiavelli.[186]

Maistre gibt er Anlaß zur Kritik, da er im Schulterschluß mit Needham monarchischen beziehungsweise despotischen Staaten lediglich die Fähigkeit zuspricht, dilettantische und barbarische Versuche in Kunst und Kultur hervorzubringen.[187]

3.8 John Lockes *Two Treatises of Government* (1690)

Ein bei weitem nachhaltigerer Einfluß als der des Earls of Shaftesbury sollte in der Entwicklung der politischen Theorien seinem Lehrer und Erzieher, John Locke, zukommen. Dieser hatte sich dem Hausstand des Großvaters von Shaftesbury angeschlossen, „as a good guardin angel sent to bless it".[188]

Locke hat in seinen berühmt gewordenen *Two Treatises of Government* (1690; anonym) stark gegen die von Filmer und Hobbes vertretenen Ansichten polemisiert. War die erste Abhandlung vorwiegend der Auseinandersetzung mit Filmer gewidmet, versuchte er in der zweiten eine eigenständige Theorie zu entwickeln. Insbesondere Filmers paternalistische Thesen[189] gaben Locke Anlaß zur Widerlegung. Seinem Dafürhalten nach sind die politische Gewalt und die paternale zwei fundamental differente Dinge. Hätte die eine zum Behuf, die Kinder zu

---

184 Die erste Ausgabe war ohne sein Wissen von dem Iren John Toland 1699 publiziert worden [cf. DUSSINGER, John A.: The lovely system of Lord Shaftesbury, in: Journal of the history of ideas, tom. 42 (1981), N° 1, Anm. 2, p. 151].

185 Cf. DUSSINGER, op. cit., p. 152.

186 Cf. cap. 2, p. 61; sowie: cap. 3.2, p. 33.

187 Cf. cap. 3.4, p. 43; sowie: cap. 3.2, p. 33.

188 RAND, B. (ed.): The Life, Unpublished Letters, and Philosophical Regimen of Anthony, Earl of Shaftesbury, London, 1900, p. 431.

189 Cf. cap. 3.5, p. 48.

eduzieren und vernünftige Menschen aus ihnen zu bilden,[190] sei die politische Gewalt hingegen dem Allgemeinwohl verpflichtet; sie agiere dabei ordnend vermöge Gesetze, regle die Eigentumsverhältnisse und kodifiziere und exekutiere Strafsanktionen bis hin zur Todesstrafe.[191]

Locke rekurriert zwar, wie bereits seine Vorgänger, vor allem Hobbes, auf einen *state of nature*, allerdings betont er die in diesem Zustand herrschende *equality* sowie das Vorhandensein von *freedom*. Diese Freiheit führe nicht zur Willkür und Zügellosigkeit, sondern würde vermöge des *law of nature* reguliert.[192] Für die Selbsterhaltung des Menschen sei es unentbehrlich, daß er sich Eigentum aneignet. Im Gegensatz zu Filmer vertritt Locke indes mitnichten die These, daß Adam nach Genesis 1 als Person und nicht als Kollektivbegriff Eigentum an der Welt erwarb:

„God, who hath given the world to men in common, hath also given them reason to make use of it to the best advantage of life, and convenience. The earth, and all that is therein, is given to men for the support and comfort of their being. And tho' all the fruits it naturally produces, and beasts it feeds, belong to mankind in common, as they are produced by the spontaneous hand of nature; and no body has originally a private dominion, exclusive of the rest of mankind, in any of them, as they are thus in their natural state [...]".[193]

Hierdurch ist nicht, wie gemeinhin noch vereinzelt angenommen wird, ein präkommunistischer Zustand konstruiert worden, denn Locke beantwortet an dieser Stelle sehr ausführlich die Frage, wie der Mensch im Stande ist, auf legitime Art und Weise Eigentum zu erwerben. Mithin gehört das Eigentum bereits zu den „natürlichen" Rechten und wird vermöge Arbeit erworben und somit rechtmäßig. Damit und besonders verstärkt durch die Einführung des Geldes, einen Vorgang, den Locke gleichsam noch in den Naturzustand verortet, beginnt die „Aneignungsgier", und das prinzipiell friedliche Zusammenleben im Naturzustand, welches Locke als Prämisse im Gegensatz zu Hobbes annimmt, gerät ins Wanken. Es entsteht als sekundäre Erscheinung der *state of war*; der Krieg aller gegen alle, welcher den Menschen, hier wiederum in Anknüpfung an Hobbes, zwingt, den Naturzustand zu verlassen und sich qua Aufgabe eines Teiles seiner natürlichen Freiheit einer regelnden Instanz zu subordinieren.[194] Damit ist für Locke der Staat die Negation des *state of war* im *state of nature*, wohingegen bei Hobbes der Leviathan die Negation des *state of nature* war, der zwingend ein *state of war*

---

190 Cf. Treatises, lib. 1, cap. 2; lib. 1, cap. 4, §§ 52-76; lib. 1, cap. 7, §§ 77-86.
191 Cf. Treatises, lib. 1, cap. 3.
192 Cf. Treatises, lib. 2, cap. 2.
193 Treatises, lib. 2, cap. 5, § 26.
194 Cf. Treatises, lib. 2, cap. 2, §§ 4-14; lib. 2, cap. 3, §§ 16-20; lib. 2, cap. 2, § 22seq.

gewesen ist.[195] Mehr als bei den anderen Sozialkontraktslehren bleiben die Menschen bei Locke vor und nach dem Gesellschaftsvertragsschluß die gleichen, allzeit darauf besonnen, Sicherheit und Eigentum zu erhalten.[196]

Gerade die Eigentumsproblematik wird zwischen Bodin und Locke ein immer zentraleres Problem der politischen Philosophie. Dies vermag seinen Grund möglicherweise darin haben, daß es dermalen wichtig wurde, das Privateigentum vor dem Zugriff der stärker werdenden Staatsmacht, die ihren Ausdruck in Form der Besteuerung fand, zu schützen. Dem liegt der fundamentale Wandel vom Eigentum als *dominum* zum Eigentum als *propietas* zugrunde sowie die Entstehung von Privateigentum in größerem Umfang, die mit einer Besitzerlangung des Bürgertums und dem Aufkommen der Kapitalisierung der Gesellschaft einherging, was allerdings erst durch die Genese eines öffentlichen Bereichs auf der Gegenseite, der die Herrschaft in zunehmendem Maße monopolisierte, möglich wurde. In der auf Locke vorausgehenden Naturrechtslehre hatten bereits Grotius und Pufendorf Eigentum und Herrschaft auf die Zustimmung der einzelnen zurückgeführt. Das Privateigentum bildete sich dann daraus, daß die Individuen darüber übereinkamen, den Zustand einer Art Frühkommunismus aufzugeben. Filmer hat die Schwächen dieses Theoriekonstruktes in entlarvender Weise offengelegt: Wenn Herrschaft und Eigentum auf Zustimmung beruhten, dann könnten sie, so die Logik Filmers, auch wieder abgeschafft werden. Damit das Privateigentum erhalten bleibe und um sich gegen diese stringente Argumentationsführung zu schützen, hat Locke, wie bereits oben ausgeführt, die Arbeit als legitimationsstiftendes Moment begründet. Ein Gedanke, der nicht sonderlich neu war. Schließlich hat bereits Pufendorf die Frage aufgeworfen, wie ein physischer Akt ein Recht begründen könne. Lockes Antwort darauf steht in Kohärenz mit der Zurückweisung von Filmers Theorie:[197]

„[…] it is impossible that any man, but one universal monarch, should have any *property* upon a supposition, that God gave the world to *Adam,* and his heirs in succession, exclusive of all the rest of his posterity".[198]

Demgemäß gibt es bei der Konstituierung des Privateigentums keine vertragliche Regelung. Die Eigentumsverhältnisse können erst durch die staatliche Reglementierung garantiert werden, wobei es sich hierbei um eine ambivalente Garantie handelt, die sowohl Sekurität als auch Konfiskation beinhaltet.

---

195 Cf. KERSTING, op. cit., p. 133seq.
196 Cf. EUCHNER, W.: Naturrecht und Politik bei John Locke, Frankfurt am Main, 1969, p. 195.
197 Cf. SELIGER, M.: The Liberal Politics of John Locke, London, 1969, pp. 180-187.
198 Treatises, lib. 2, cap. 5, § 25.

Es gilt jedoch zunächst, den Menschen nicht *vor* der Staatsgewalt zu schützen, sondern *durch* dieselbe. Locke bedient sich hier, gleichsam wie Hobbes, eines Gesellschaftsvertrages, des *original compact*, der vermöge der zur Mehrheitsbildung fähigen freien Menschen geschlossen wird.[199] Damit dezidiert er das Majoritätsprinzip zum allein verbindlichen, wohingegen es bei Hobbes nur eine Möglichkeit verkörperte.[200] Die normative Begründung des Mehrheitsrechtes erscheint jedoch nicht unerheblich, selbst wenn sie meist allzu rasch aus dem Fokus der Betrachtung entschwindet. Die Vertragstheoretiker haben durchaus erkannt, daß zwischen dem normativ notwendigen sozialkontraktualistischen Egalitarismus und dem pragmatisch unerläßlichen Mehrheitsprinzip eine Kontroverse bestehe, die einzig vermöge der normativen Explikation der Majoritätsregel begründet werden kann. Dies kann nicht extra-kontraktualistisch erlangt werden; dieserhalb muß die Urversammlung neben der Konstitution einer gesellschaftlich-politischen Einheit und der Bildung eines Souveränitätsmusters durch einstimmiges Übereinkommen dem Dezisionsverfahren des Mehrheitsprinzips die erforderliche normative Begründung und mithin Legitimation verleihen. Rousseau hat dies in seinem Contrat Social folgendermaßen begründet:

„Selon Grotius, un peuple est donc un peuple avant de se donner à un roi. Ce don même est un acte civil; il suppose une délibération publique. Avant donc que d'examiner l'acte par lequel un peuple élit un roi, il serait bon d'examiner l'acte par lequel un peuple est un peuple; car cet acte, étant nécessairement antérieur à l'autre, est le vrai fondement de la société. En effet, s'il n'y avait point de convention antérieure, où serait, à moins que l'élection ne fût unanime, l'obligation pour le petit nombre de se soumettre au choix du grand? et d'où cent qui veulent un maître ont-ils le droit de voter pour dix qui n'en veulent point? La loi de la pluralité des suffrages est elle-même un établissement de convention, et suppose, au moins une fois, l'unanimité".[201]

So hat Rousseau aus dem Postulat der normativen Rechfertigung des Majoritätsprinzips ein Argument für den legitimierten Basiskonsens und damit auch für den Gesellschaftsvertrag der aus den ungezählten Individualhandlungen gebildeten Kollektivhandlung, welche aus Einzelpersonen erst ein Volk werden läßt, gefolgert.[202]

Locke generierte seinen *original compact* nicht nur als ein rationales legitimationstheoretisches Konstrukt, sondern hat mit Nachdruck die empirische legitimationstheoretische These von der Zustimmungsnotwendigkeit jedweder bindenden politischen Herrschaft vertreten. Mithin war er der Überzeugung, selbst

---

199 Cf. Treatises, lib. 2, cap. 8, §§ 97-99.
200 Cf. cap. 3.3, p. 36.
201 Contrat, lib. 1, cap. 5.
202 Cf. KERSTING, op. cit., p. 130seq.

wenn er beharrlich darauf verwies, daß man nicht zuviel Zeit auf die Suche nach den historischen Gegebenheiten verwenden soll, da Urkunden aus prähistorischer Zeit nicht mehr aufzufinden wären, daß sämtliche Staatsgründungen seinem Vertragsschema gefolgt seien und sowohl Vernunft als auch Geschichte darin zusammenfielen. Demnach muß man für die Behauptung eintreten, daß Locke wohl zu keinem Zeitpunkt ein Konsensapriorist gewesen ist und seinen Kontraktualismus nie als legitimationstheoretische Konstruktion verstanden hat, wie die Repräsentanten des hypothetischen Vertrags. Konsensempiristen sind jedoch Konsensradikalisten, wie Wolfgang Kersting bemerkt hat, folglich geben sie sich mit der Angabe von oktroyierten Vernunftgründen nicht zufrieden.[203]

Ein wesentlicher Punkt in der Staatstheorie Lockes ist ferner die Frage nach der Zustimmung gegenüber den aus dem Staatsgründungsvertrag resultierenden Folgen.[204] Dabei führt bei Locke nur die ausdrückliche Zustimmung zur vollwertigen Mitgliedschaft in dem politischen Gemeinwesen. Das konkludente, sprich stillschweigende Einverständnis beinhaltet diese recht finale Folge der politischen Eingliederung hingegen nicht. Indes bringt sie ein „legitimierendes Moment" mit sich; das bedeutet, sie konstituiert verbindlich eine politische Fügsamkeitsverpflichtung:

> „[...] that every man, that hath any possessions, or enjoyment, of any part of the dominions of any government, doth thereby give his *tacit consent,* and is as far forth obliged to obedience to the laws of that government, during such enjoyment, as any one under it; whether this his possession be of land, to him and his heirs for ever, or a lodging only for a week; or whether it be barely travelling freely on the highway; and in effect, it reaches as far as the very being of any one within the territories of that government".[205]

Demnach obliegt es jedwedem, der in einem bestimmten Herrschaftsgebiet Grund besitzt, dort ansässig oder zu Besuch ist oder sich lediglich auf der Durchreise befindet, Subordination unter die Landesgesetze zu üben und den Anweisungen der Exekutivorgane Folge zu leisten; indem er also Grundbesitzer, Besucher oder Durchreisender ist, hat er sich implizit dazu verpflichtet. Wie wir bereits weiter oben ausführlich am Beispiel des Sokrates im platonischen Dialog Kriton dargelegt haben,[206] ist die Frage des Grundes und der Reichweite politischer Verpflichtung unter Zuhilfenahme einer im Stillschweigen gegebenen Zustimmung in der Form eines *pactum tacitum* wesentlich älter als die neuzeitliche vertragstheoretische Legitimationskonzeption.[207]

---

203 Cf. ibid., p. 134.
204 Cf. cap. 3.5, p. 51.
205 Treatises, lib. 2, cap. 8, § 119.
206 Cf. cap. 3.1, p. 30.
207 Cf. KERSTING, op. cit., p. 137seq.

Was den weiteren Aufbau des Staates betrifft, so hält sich Locke an sein unmittelbares und zeitgenössisches Vorbild: die englische Verfassung. Daraus
übernimmt er auch ob der „temptation to human frailty" das Konzept der Gewaltenteilung. Neben der Legislative, der gesetzgebenden Macht, kennt er noch zwei
weitere Gewalten im Staat: *die Exekutive*, welche die Gesetze nach innen voll-
streckt, und die *Föderative*, welche für die Außenpolitik sowie äußere Sicherheit
verantwortlich ist.[208] Eigentlich liegen *Föderative* und *Exekutive* in einer Hand,
doch trifft Locke diese Dichotomie, da die außenpolitischen Belange nicht den
innenpolitischen Gesetzen Folge leisten, sondern – wie bei Hobbes – der immanenten Logik des Natur- oder Kriegszustandes.[209]

Haller erkennt hierin bereits „leise Spuren von der Trennung der Gewalten".[210] Allerdings stößt er sich daran, daß Locke die Macht des Königs, das Parlament einzuberufen sowie die Dauer, den Ort und den Zeitpunkt festzulegen, nur
als „Prärogativ" bezeichnet.[211] Er sieht darin

> „[...] den Keim zu den späteren Behauptungen des Montesquieu und Delolme, und zu
> den bey so vielen Menschen noch jetzt bestehenden Irrthümern über die wahre Natur der
> Englischen Verfassung".[212]

Etwas positiver fällt Hallers Urteil gegenüber dem Lockeschen Insurrektionsrecht aus, welches Locke im Kapitel 18 („Tyrannei") seiner zweiten Abhandlung
niedergelegt hat. „Where-ever law ends, tyranny begins, if the law be trans-
gressed to another's harm",[213] heißt es darin. Dieses Diktum kann als maßgebliche Richtlinie zur Beantwortung der Frage, wann nach   Lockes Meinung Widerstand gerechtfertigt ist, fungieren. Dabei ist es wesentlich festzuhalten, daß sich
bei Locke das Widerstandsrecht in zwei verschiedene Ebenen teilt: zum einen in
die rechtsphilosophische, zum anderen in die rechtssoziologische. Er erklärt nämlich einerseits, daß im Falle eines Treuebruches jedem, der eines seiner Rechte
beraubt wurde oder auch nur in der Gefahr schwebt, beraubt zu werden, das Insurrektionsrecht wider ungesetzliche oder urgesetzwidrige Handlungen zukom-
me.[214] Andererseits hält er den Ausbruch einer Rebellion für ausnehmend unwahrscheinlich, solange nur einige wenige betroffen sind. Daraus resultiert, daß
nicht nur das Gesamtvolk, sondern auch der einzelne Bürger das Recht besitzt,
gegen Unrecht Widerstand zu leisten. Im Widerstandsfalle schließt sich demzu-

---

208 Cf. Treatises, lib. 2, cap. 12, §§ 143-146.
209 Cf. Treatises, lib. 2, cap. 12, § 147seq.
210 Cf. Restauration, tom. 1, p. 47.
211 Haller bezieht sich hier auf: Treatises, lib. 2, cap. 14, § 167.
212 Restauration, tom. 1, p. 48.
213 Treatises, lib. 2, cap. 18, § 202.
214 Dies mutet wie ein Vorläufer der modernen Deklaration der Menschenrechte an.

folge der fließende Kreis zwischen *status naturae* und *status civilis*. Der im Urvertrag zur Exzeption gewordene Urzustand wird dermalen im Namen der Norm
aufs neue angerufen. Für denjenigen hingegen, welcher die Legitimität des politischen Widerstandes in Abrede stellt, findet Locke nur verächtliche Worte der
Ablehnung.[215]
      Haller wendet gegen diese Darlegung des Widerstandsrechts, obzwar er ein
solches zwar grundsätzlich bejaht, ein, daß man – um einer ungerechten Gewalt
zu widerstehen – diese nicht geschaffen haben müsse; schließlich hätten all diejenigen, die gegeneinander Krieg führen würden, die Macht ihres Widersachers
gleichergestalt nicht geschaffen. Des weiteren sei gar kein Widerstand oder Krieg
von Nöten, sofern der Fürst nur ein Beamter wäre, denn dann käme es nicht einmal darauf an, ob er seine Gewalt gerecht oder ungerecht gebrauchen würde,
schließlich genüge die bloße Artikulation des Willens, die zu seiner Absetzung
gereichen würde. Alsdann wäre das Volk der tatsächliche Fürst und man müßte
sich die Frage stellen, ob man nicht auch den Repressalien diese Volkes oder
vielmehr seiner angeblichen Majorität Widerstand entgegenbringen dürfe.[216]
      Damit berührt Haller einen erheblichen Schwachpunkt der Lockeschen Theo-
rie, verhält es sich doch in der Tat so, würde man der Lockeschen Logik vom
Widerstandsrecht Folge leisten, man gegen die Tyrannis der Mehrheit gleichergestalt zu Widerstand berechtigt wäre. Diesen Punkt vermochte Locke nicht aus-
zuführen, da andernfalls die gesamte Konstruktion seiner Staatstheorie ins Wanken geraten wäre.
      Auch Maistre findet wenig Gefallen an den Ideen Lockes, insbesondere seine
Ausführungen über das Naturrecht laufen der Sichtweise Maistres zuwider, welche doch eher in Richtung Filmers tendiert.[217] Dies legt er in seiner Schrift *Les
Soirées de Saint-Pétersbourg* (1821) dar, wobei er sich im Zuge dessen eher gegen die französischen Adepten Lockes, wie beispielsweise Condillac, wendet.

3.9 Jacques-Bénigne Bossuet und der Gallikanismus

Selbst wenn der Einfluß Lockes auf die weitere Entwicklung der politischen
Theoriegeschichte der eigentlich maßgebliche gewesen sein sollte, so gab es, insbesondere im absolutistischen Frankreich, auch noch Vertreter gegenteiliger Po-

---

215 Cf. MAYER-TASCH, P. C.: John Locke – Der Weg zur Freiheit, in: – (ed.): John
      Locke. Über die Regierung (The Second Treatise of Government), Stuttgart, 2003, p.
      219seq.
216 Cf. Restauration, tom. 1, p. 49.
217 Cf. WATT, E. D.: Locked In: De Maistre's Critique of French Lockeism, in: Journal
      of the history of ideas, tom. 32 (1971), N° 1, p. 131.

sitionen. Zu nennen wäre in diesem Zusammenhang der von Maistre sehr verehrte Bischof und Erzieher des Dauphins, Jacques-Bénigne Bossuet.[218] Er unternimmt noch einmal den Versuch, ähnlich wie Etienne Pasquier, in seiner posthum editierten Schrift *Politique tirée de l' Ecriture Sainte* (1709) eine Einheit der Kirche im paulinischen Sinne sowie die Subordination des Untertanen unter die Trinität Gott, katholische Kirche und König auf biblischer Grundlage zu begründen. Das Leitmotiv dieses Ansinnens war die Forderung nach Gehorsam unter ein lediglich der katholischen Kirche verpflichtetes, absolutes und sakrosanktes Königtum. Aus diesem Geist heraus muß auch das blutgetränkte und aversabele Vorgehen Ludwigs XIV. gegenüber den Hugenotten und Jansenisten[219] gedeutet werden. Für diesen König stellte der Widerruf des großväterlichen Toleranzediktes die Einlösung seines Eides, in ganz Frankreich den katholischen Glauben wiederherzustellen, dar.[220] Bis dahin hatte sich selbst die religiöse Opposition der Jansenisten und Protestanten dem *Status quo* und dem absolutistischen Anspruch des französischen Königs gebeugt, um einen modus vivendi zu finden. Dies sollte sich jedoch nach besagter Revokation des Ediktes von Nantes (1685) ändern: Führende protestantische Repräsentanten wie Michel Levassor mit seiner Schrift *Soupirs de la France esclave qui aspire après la liberté* (1689/90) sowie der Pascal-Gegner Pierre Jurieu in seinen *Lettres pastorales* (1686 – 1689) wendeten sich an die im Land verbliebenen Hugenotten und formulierten die Gedanken von Monarchomachie und Volkssouveränität neu. Da sich beides von Seiten der Hugenotten nicht realisieren ließ, war die Folge ein massiver Exodus von befähigten Soldaten, Wissenschaftlern und Handwerkern.

Vorausgegangen waren die separatistischen Tendenzen innerhalb der französischen Kirche, die 1682 unter der Federführung Bossuets in den „vier gallikanischen Artikeln" ihren Zenit erfuhren:

1.) Die Fürsten unterstehen, was die weltlichen Dinge konzerniert, nicht der kirchlichen Autorität.
2.) Die Macht des Papstes unterliegt, was die geistlichen Dinge anbelangt, der Autorität des allgemeinen Konzils.
3.) Die Befehlsgewalt des Papstes übersteigt nicht die Beschlüsse des Königs und der Kirche Frankreichs.

---

218 Cf. Souveraineté, pp. 206 et 226.
219 Maistre zieht bei einem Vergleich zwischen Jesuiten und Jansenisten die letztgenannten als Schismatiker und Rebellen, in deren direkter Tradition die Sans-Culotten stünden [cf. Souveraineté, Anm. 1, p.162].
220 Cf. LEHMANN, H.: Das Zeitalter des Absolutismus. Gottesgnadentum und Kriegsnot, Stuttgart, 1980, p. 69.

4.) Die Äußerungen des Papstes sind nicht unfehlbar, es sei denn, sie werden vom allgemeinen Konzil bestätigt.

Im besonderen der letzte Artikel sollte große Bedeutung für die weitere Entwicklung der französischen Kirche haben. In den Gallikanismus fand der sogenannte Konziliarismus Aufnahme, was mit einer verstärkten Selbständigkeit der Ortskirchen einherging. Die hatte zur Folge, daß die höchste Autorität der Kirche nicht mehr beim Papst, sondern den Konzilien der Bischöfe lag. Im Jahre 1690 erklärte der Papst die gallikanischen Artikel für gegenstandslos.

De Maistre bekämpfte in aller Entschiedenheit und Vehemenz alle landeskirchlichen Bestrebungen als ein Abfallen von der Einheit der göttlichen Weltkirche. Darin sah er eine innerkirchliche Ketzerei, denn sie wiederholt mit leicht veränderten Vorzeichen, was in der Reformation geschah: die Unterstellung der Kirchen unter nationale politische Kontrolle; und sie nimmt dieserhalb den Verlust der ekklesialen Autorität und Spiritualität in Kauf. So zeige sich auch anhand der französischen Geschichte, daß die Betonung der Nationalkirchlichkeit ein wesentlicher Schritt zur Entkirchlichung der Nation gewesen sei.[221] Darin spiegelt sich Maistres Sichtweise wider, alles Böse auf Erden als ein Abblättern von der originären Einheit in Gott anzusehen.[222] Mithin sei es die älteste und wichtigste Aufgabe der Kirche, die Ureinheit wieder zu konstituieren. Maistre hat als Appendix zu seinem berühmtesten Werk *Du Pape* ein ganzes Buch als Verdammnis gegen die „Gallikanische Kirche" geschrieben. Damit beabsichtigte er nachzuweisen, daß die sogenannten gallikanischen Freiheiten, wie sie sich in den oben aufgeführten Artikeln manifestieren, nichts anderes seien als die Knechtschaft der Kirche vermöge königlicher Gewalt.[223]

Den Angriff Bossuets auf die Autorität und Unfehlbarkeit des Papstes hat Maistre ihm – trotz seiner erheblichen Sympathien – nie richtig verziehen. Denn die fundamentale These, aus welcher der gesamte *Anti-Contrat-Social* gedeutet werden muß, ist die von der Unfehlbarkeit der Souveränität:

---

221 Cf. SCHMIDT-BIGGEMANN, W.: Politische Theologie der Gegenaufklärung. Saint-Martin. De Maistre. Kleuker. Baader, Berlin, 2004, p. 63.
222 Eine Vorstellung, die er wohl von dem mittelalterlichen Bild des Satans, als διάβολος, eines, der alles durcheinanderbringt und entzweit, übernahm. Ein Motiv übrigens, das in der Hallerschen Schrift *Satan und die Revolution* (1834) als ein Gegenstück zu den *Paroles d'un croyant* (1834) von Félicité Robert de La Mennais wieder Aufnahme fand.
223 Cf. HUBER, M.: Die Staatsphilosophie von Joseph de Maistre im Lichte des Thomismus, Basel, 1958, p. 267seq.; sowie: PRANCHÈRE, J.-Y.: Joseph de Maistre's Catholic Philosophy of Authority, in: LEBRUN, R. A. (ed.): Joseph de Maistre's Life, Though and Influence. Selected Studies, Montreal et al., 2001, p. 132.

„Toute espèce de souveraineté est absolue de sa nature; qu'on la place sur une ou plusieurs tête, qu'on divise, qu'on organise les pouvoirs commune on voudra : il y aura toujours, en dernière analyse, un pouvoir absolu qui pourra faire le mal impunément, qui sera
donc despotique sous ce point de vue, dans toute la force du terme, [...]".[224]

Die Behauptung von der Infallibilität des Papstes ist nichts anderes als die
Konsequenz aus dieser These. Diese Unfehlbarkeit vermag als einziges den
Kampf aller gegen alle zu verhindern und bildet die konstituierende Kondition
für die Gesellschaftsordnung.[225]

Eine politisch-philosophische Schnittmenge zwischen dem savoyischen Grafen und dem *spiritus rector* der Gallikanischen Artikel allerdings in toto zu ver-
neinen, erschiene trotz der diametral entgegengesetzten Auffassung bezüglich der
papalen Autorität und Unfehlbarkeit als wenig sinnstiftend, da aus politischer
Perspektive eine große Kommensurabilität bestand. Beide waren überzeugte
Monarchisten und versuchten diese Staatsform theoretisch als die beste zu fundieren und gegen Anfeindungen mit allem Nachdruck zu verteidigen. Hierbei
lohnt ein Blick auf die ausnehmend ungewöhnliche Strategie Bossuets, das französische Königtum und Frankreich als Ganzes aus der Heiligen Schrift heraus zu
stärken. Dies geschah in völliger Kongruenz der politischen Überzeugungen eines Richelieu oder Mazarin. Mithin vertrat Bossuet bereits im Prolog seines oben
aufgeführten Werkes *Politique tirée des propres paroles de l'Écriture Sainte*
(1709) die für die damalige und folgende Zeit zutiefst abnorme Meinung, daß das
politische System Israels allen anderen antiken Staatssystemen überlegen gewesen sei, wobei er nicht soweit ging, Moses als den Schöpfer einer idealen republikanischen Ordnung zu betrachten, jedoch emphasierte er die Langlebigkeit
und Vernünftigkeit des mosaischen Gesetzeskodex. Die Akklamation des Volkes
Israel am Berg Sinai zur mosaischen Gesetzgebung interpretierte Bossuet natürlich nicht als Sieg der Volkssouveränität über den bis dahin vorherrschenden
Monarchismus, sondern im Sinne eines Vertrages, dem allerdings vom Volk expressis verbis die Zustimmung zuteil wurde. Diesen Vorgang übertrug er auf die
politische Wirklichkeit Frankreichs und empfahl dem König, das in der Bibel
dargelegte Vorbild zu studieren und als Anregung zu verstehen, sein Herrschafts-
system vermöge Inklusion des Volkes in den Gesetzgebungsprozeß durativer und
festgefügter werden zu lassen. Dieses Postulat Bossuets offenbart signifikant dessen royalistische Grundattitüde. Er geht jedoch noch einen Schritt weiter, indem
er vom König verlangt, selbst die Gesetze zu beachten, obzwar die geheiligte

---

224 Souveraineté, p. 179.
225 Cf. PRANCHÈRE, J.-Y.: L'Action dans La Pensée Réactionnaire: Joseph de Maistre, in: Annales Littéraires de l'Université de Besançon, tom. 462 (1992), N° 2, p. 60.

Person des Monarchen keiner strafrechtlichen Sanktion ausgesetzt werden kann, doch sei die Vorbildfunktion seiner Person von eklatanter Bedeutung. Genau dieser exzellierende Einfluß des fürstlichen Vorbilds auf die politischen Geschicke des Landes hat Haller in seiner Staatstheorie herausgestellt:

„Und gleichwie es unter die ensezlichsten Dinge gehört, wenn derjenige der mit seinem Beispiel hervorleuchten soll, mit seiner Macht schützen und helfen kann, gleichwohl der Ausüber und Beförderer aller Ungerechtigkeiten und Lieblosigkeit wird: so ist auf der anderen Seite auch nichts schöneres auf Erden, als einen Fürsten zu sehen, der im Gipfel des höchsten menschlichen Glücks, Gerechtigkeit übet und handhabet, dabey noch mit seiner Macht wohlthut, und selbst bey seinen Untergebenen die Erfüllung aller moralischen Pflichten, die Erwerbung und Uebung aller Tugenden […], ehret […], mithin auch in dieser Hinsicher der Stimme der Natur folgt, ein treuer Statthalter Gottes ist".[226]

Damit schließt er direkt an die Ausführungen Bossuets an, der dieses psychologische Moment der Vorbildfunktion schlechthin nicht zu gering einschätzte. Allerdings gereicht das trefflichste Vorbild eines gesetzestreuen Herrschers dem Staate nicht zum Nutzen, wenn die im selbigen verankerten Gesetze keinen Beitrag zum Staatsfrieden leisten. Dies sollte sich – lange nach Bossuet – in der tragischen Person Ludwigs XVI. am deutlichsten manifestieren.

Bossuets Auseinandersetzung mit dem biblischen Volk Israel und dessen Historie kam schlechthin nicht von ungefähr. Vielmehr war ihm daran gelegen, im Zuge der aufkommenden Polemik deistischer und philosophischer Staatstheoretiker wider den christlichen Glauben, der zumeist mit der Verklärung politischer Systeme heidnischer Völker, wie der Republik Roms oder der demokratischen Stadtstaaten der Sklavenhaltergesellschaft Griechenlands, einherging, das biblische System der Israeliten entgegenzusetzen. Damit zollte er aber zugleich dem Judentum Respekt, was in einer Zeit, als die Juden noch nicht einmal das Bürgerrecht[227] besaßen und noch lange nicht im Prozeß der Emanzipation begriffen waren, bemerkenswert ist.[228]

Maistre übernimmt die Bewunderung Bossuets gegenüber dem religiösen Gesetzgeber Moses und weitet sie sogar noch auf Mohammed, den größten Propheten des Islams, aus:

---

226 Restauration, tom. 2, p. 416.
227 Das Bürgerrecht erhielten die Juden erst anläßlich der Menschenrechtsdeklaration am 26.08.1789.
228 Cf. zu diesem Thema: GRAETZ, M.: Bossuets Schrift „Politique tirée des propres paroles de l'Écriture Sainte (1709) und deren Relevanz für das moderne Judentum, in: SCHULLER, F./VELTRI, G./WOLF, H. (eds.): Katholizismus und Judentum. Gemeinsamkeiten und Verwerfungen vom 16. bis zum 20. Jahrhundert, Regensburg, 2005, pp. 102-111.

„Les deux plus fameux législateur de l'univers, Moïse et Mahomet, furent plus que de rois [...]".[229]
Aber dabei beläßt er es nicht, sondern führt weiter aus:

„Les véritables législateurs ont tous senti que la raison humaine seule ne pouvoit se tenir debout, et que nulle institution purement humaine ne pouvoit durer. C'est pourquoi ils ont entrelacé, s'il est permis de s'exprimer ainsi, la politique et la religion, afin que la foiblesse humaine, forte d'un appui surnaturel, pût se soutenir par lui. Rousseau admire la loi judaïque et celle de l'enfant d'Ismaël qui subsistent depuis tant de siècles : c'est que les auteurs de ces deux institutions célèbres étoient tout-à-la-fois pontifes et législateur : c'est que, dans l'Alcoran comme dans la Bible, la politique est divinisée ; que la raison humaine, écrasée par l'ascendant religieux, ne peut insinuer son poison isolant et corrosif au milieu des ressorts du gouvernement : en sorte que les citoyens sont des croyans, dont la fidélité est exaltée jusqu' à la foi, et l'obéissance jusqu' à l'enthousiasme et le fanatisme".[230]

Diese These Maistres hat sich, ohne daß natürlich eine Absicht dahinterstand, fürwahr als prophetisch erwiesen. Mithin hat er schon weiland erkannt, welche Kraft und Bedeutung dem Glauben zukommt, der in seiner pervertierten Form zum Fanatismus mutiert. Die globalen Umwälzungen der Bedrohungsszenarien vermöge islamischer Fanatiker und die damit einhergehenden Kriege und politischen Gegenmaßnahmen unserer Tage sind die kruden Wirklichkeitswerdungen dieser Annahmen.

Doch in diesem Kontext wollte Maistre seine Äußerungen selbstredend nicht gedeutet wissen, statt dessen beabsichtigte er, in genau der gleichen Weise wie Bossuet, den Vernunftgebrauch, wie ihn Rousseau einfordert, ad absurdum zu führen; weist er doch darauf hin, daß auch Rousseau das beständige Permanieren sowohl des jüdischen als auch des islamischen Gesetzes bewunderte:

„La loi judaïaut; que toujours subsistante, celle de l'enfant d'Ismaël, qui depuis dix siècles régit la moitié du monde, annoncent encore aujourd'hui les grands hommes qui les ont dictées; et tandis que l'orgueilleuse philosophie, ou l'aveugle esprit de parti, ne voit en eux que d'heureux imposteurs, le vrai politique admire dans leurs institutions ce grand et puissant génie qui préside aux établissements durables. Il ne faut pas, de tout ceci, conclure avec Warburton que la politique et la religion aient parmi nous un objet commun; mais que, dans l'origine des nations, l'une sert d'instrument à l'autre".[231]

In der Tat zollt Rousseau den Legislatoren Moses und Mohammed seine Anerkennung, wobei es Maistre sicherlich amüsiert haben wird, daß er in diesem Diktum den philosophischen Hochmut und Parteigeist verurteilt. Allerdings di-

---

229 Souveraineté, p. 124.
230 Souveraineté, p. 136.
231 Contrat, lib. 2, cap. 7.

stanziert sich Rousseau, indem er Warburton[232] zitiert, ausdrücklich von der Vorstellung, daß Politik und Religion ein gemeinsames Ziel hätten. Maistre widerspricht dem Rousseauschen Warburton-Zitat und beschreibt damit deutlich, welchen Stellenwert er der Religion in Bezug auf die Politik einräumt:

> „Warburton, qui se comprenoit lui-même, n'a jamais dit que la politique et la religion eussent le *mêne but parmi nous*, se qui ne signifie rien. Mais il a pu dire avec grande raison que le but de la politique est manqué si la religion ne lui sert de base".[233]

Darin liegt das separierende Moment, das beide Denker voneinander trennt. Maistre nämlich sieht gerade in Moses und Mohammed „tout-à-la-fois pontifes et législateur", folglich werden Politik und Religion für ihn eins. Das ist der Grund, wessenthalben die Gesetze der Juden und Muslime so ewiglichen Bestand haben: Religions- und Staatsgesetz synthetisieren.[234]

Doch kehren wir zurück zu den geistigen Vorläufern Hallers und Maistres. Bevor wir zu ihrem Hauptwidersacher Rousseau gelangen, müssen wir uns zunächst demjenigen zuwenden, welcher die Lehren Lockes weiterentwickelt hat und durch dessen Studierzimmer bereits ein erster Hauch revolutionären Geistes weht: Charles-Louis de Secondat, Baron de La Brède et de Montesquieu.

3.10 Charles-Louis de Montesquieu: *De L'esprit des Lois* (1748)

Leider findet sich hier nicht der Raum, um die politische Theorie von Montesquieu *in extenso* darzustellen. Lediglich die Hauptcharakteristika, die für die nachfolgende ideengeschichtliche Entwicklung maßgeblich sein sollte, vermag kursorische Berücksichtigung zu finden.

Der aus dem Bordelais stammende Aristokrat entwickelte in seinem Hauptwerk *De L'esprit des Lois* (1748) die Lockesche Lehre von der Gewaltenteilung weiter.[235] Im Zentrum seiner politischen Theorie stand sie jedoch mitnichten.

---

232 William Warburton (1698 – 1779), Bischof von Gloucester, hat zwei Werke über das Verhältnis von Kirche und Staat geschrieben: *The Alliance between Church and State* (1736) und *The Devine Legation of Mose* (1737 – 1741).

233 Souveraineté, p. 119.

234 Noch heute bildet die Scharia, das islamische Religionsgesetz, die Grundlage für das kodifizierte Recht; so in Pakistan, Ägypten (Familienrecht), Saudi-Arabien, Iran etc. Des weiteren werden wir bei der jüngsten Verfassungsdiskussion im Irak daran erinnert, daß dem Islam auch bei der Gründung eines arabischen Staates im 21. Jahrhundert noch eine herausragende Bedeutung zukommt.

235 Dabei handelt es sich schlechterdings nicht um ein deskriptives Konkludieren der englischen Verfassung, wie gemeiniglich recht häufig angenommen wird.

Sein wissenschaftlicher Hauptfokus lag indes in der theoretischen Destruktion des Despotismus. Scharfe Kritik an der absolutistischen Monarchie und katholischen Kirche übt er in den *Lettres persanes* (1721), die er anonym in Amsterdam publiziert. Selbige beinhalten einen Briefwechsel unter Persern, die Recht, Staat und Kultur des Abendlandes mit dem Morgenland vergleichen. Darin heißt es für die europäischen Monarchien wenig schmeichelhaft, daß sie generell ein gewaltsamer Zustand seien, der immer zum Despotismus oder zur Republik verkommt. Den Grund sieht Montesquieu in der ungleichen Verteilung der Macht zwischen Fürst und Volk, der dem Ideal von Gleichgewicht und daraus resultierender Harmonie zuwiderliefe. Um diesem Mißstand eine konstruktive Alternative gegenüberzustellen, findet im *L'esprit des Lois* seine Lehre von der Gewaltenteilung ihre Ausformulierung. Dabei war dieses Werk in erster Linie vom Autor als eine wissenschaftliche Analyse über die Kohärenz von geographischer und klimatischer Umgebung, Produktionsweise sowie Sitten und Gebräuchen, Religion und politischen Institutionen intendiert. Mithin betrat Montesquieu in dieser Disziplin Neuland; denn seine Ausführungen können ob ihrer Theorien der Nationalcharaktere als eine materialistische Hypothese im Hinblick auf die Kausalitäten kultureller und politischer Differenzen oder als eine zyklische Geschichtsphilosophie und eine Untersuchung über den Ursprung von moderaten Konstitutionen und Despotien betrachtet werden. Man fühlt sich bei der Lektüre unweigerlich an den Gascogner Michel de Montaigne[236] erinnert, der in seinen Essays gleichergestalt die einzelnen Sitten, Gebräuche und religiösen Besonderheiten verschiedener Völker auf seine Gegenwart und Umgebung projizierte.[237] Natürlich lassen sich bei Montaigne bei weitem noch nicht die systematischen Strukturen wie bei Montesquieu nachweisen, doch kann auch sein Werk als erster Beitrag zur modernen Soziologie angesehen werden. Die gewichtige Bedeutung des Montesquieuschen Werkes für die weiland noch junge Disziplin Soziologie hat erstmals Emile Durckheim zu ästimieren gewußt:

> „Sans doute, dans cet ouvrage, Montesquieu n'a pas traité de tous les faits sociaux, mais d'un seul genre parmi ceux-ci, a savoir : des lois. Toutefois la méthode qu'il emploie pour interpréter les différentes formes du droit, est valable aussi pour les autres institu-

---

236 Montesquieu kannte Montaigne. Beide verbindet eine Vielzahl von Parallelen: Zum einen sind die Orte Montesquieu und Montaigne mitnichten weit voneinander entfernt, zum anderen waren sie in ihren „beruflichen Funktionen" der Stadt Bordeaux verbunden. Montaigne in seiner Eigenschaft als Bürgermeister und Montesquieu als *Président à Mortier* (Präsident mit der Mütze, einer der Vizepräsidenten des Obergerichts). Beide waren außerdem Vertreter der *Noblesse du Robe* und unternahmen ausgedehnte Reisen.

237 Cf. BURKE, P.: Montaigne. Zur Einführung, Hamburg, 3. überar. Edit., Hamburg, 2004, p. 67.

tions sociales et peut leur être appliquée d'une façon générale. Bien mieux, comme les lois touchent à la vie sociale toute entière, Montesquieu aborde nécessairement celle-ci à peu près sous tous ses aspects : c'est ainsi que pour exposer ce qu'est le droit domestique, comment les lois s'harmonisent avec la religion, la moralité, etc., il est obligé de considérer la nature de la famille, de la religion, de la moralité, si bien qu'il a, au vrai, écrit un traité portant sur l'ensemble des faits sociaux".[238]

Hierin wird deutlich, daß es sich bei Montesquieu um einen Theoretiker handelt, der zum ersten Mal auch externe Faktoren, wie Klima, Religion etc., in seine Reflektionen inkludiert und berücksichtigt.[239] So verficht Montesquieu die These, daß klimatische Gegebenheiten einen ganz entscheidenden Einfluß auf die politische Herrschaftsform des jeweiligen Landes ausüben.[240] So sei in Staaten, die sich in warmen klimatischen Gebieten befinden, der Despotismus wesentlich häufiger die vorherrschende Regierungsform als in Ländern, in denen eher kältere Temperaturen dominierend sind:

„Nous avons déjà dit que la grande chaleur énervait la force et le courage des hommes; et qu'il y avait dans les climats froids une certaine force de corps et d'esprit qui rendait les hommes capables des actions longues, pénibles, grandes et hardies. Cela se remarque non seulement de nation à nation, mais encore dans le même pays, d'une partie à une autre. Les peuples du nord de la Chine sont plus courageux que ceux du midi; les peuples du midi de la Corée ne le sont pas tant que ceux du nord.
Il ne faut donc pas être étonné que la lâcheté des peuples des climats chauds les ait presque toujours rendus esclaves, et que le courage des peuples des climats froids les ait maintenus libres. C'est un effet qui dérive de sa cause naturelle".[241]

Bis dahin waren die politisch-philosophischen Abhandlungen eher von abstraktem Charakter; ein bestimmtes Volk, Land oder Staat hatten die wenigsten Denker bei ihren Ausführungen vor Augen.

Aus dieser Perspektive ist auch der ambige Charakter des Wortes *Gesetz* bei Montesquieu explizierbar. Einmal verkörpert es Gesetz im politisch-juristischen Sinne und zum anderen die natürlichen beziehungsweise die sozialen Gesetzmäßigkeiten von Lebensweise, Sitten, Gebräuchen und rechtlichen Institutionen etc.

---

238 DURCKHEIM, É.: La contribution de Montesquieu à la constitution de la science sociale, in: IDEM: Montesquieu et Rousseau, précurseurs de la sociologie, Paris, 1966, p. 27.
239 Diese Aspekte greift auch Rousseau in seinem Discours sur l'origine et le fondemens de l'inégalité parmi les hommes auf: „La différence des terrains, des climats, des saisons, put les forcer à en mettre dans leurs manières de vivre" [ROUSSEAU, J.-J.: Discours sur l'origine et le fondemens de l'inégalité parmi les hommes, Amsterdam, 1755, part. 2, 165], sowie in seinem Contrat Social [cf. Contrat, lib. 3, p. 8].
240 Cf. Lois, lib. 17, passim.
241 Lois, lib. 17, cap. 2.

In einzelnen Fällen bedarf es darob einiger hermeneutischer Anstrengungen, um herauszufinden, welche Sinnentsprechung von „Gesetz" der Verfasser gerade im Auge hat.[242]

Am Anfang seines Hauptwerkes behandelt Montesquieu den Naturzustand; seiner Profession des Juristen entsprechend in Hinblick auf Gesetzmäßigkeiten. Das erste Naturgesetz leitet sich in Anlehnung an Hobbes aus der Furcht des Menschen ab.

„Un homme pareil ne sentirait d'abord que sa faiblesse; sa timidité serait extrême: [...] ".[243]

Allerdings resultiert daraus dann nicht, wie bei Hobbes, der Kriegszustand, sondern Frieden:

„Dans cet état, chacun se sent inférieur; à peine chacun se sent-il égal. On ne chercherait donc point à s'attaquer, et la paix serait la première loi naturelle. Le désir que Hobbes donne d'abord aux hommes de se subjuguer les uns les autres, n'est pas raisonnable. L'idée de l'empire et de la domination est si composée, et dépend de tant d'autres idées, que ce ne serait pas celle qu'il aurait d'abord. Hobbes demande *pourquoi, si les hommes ne sont pas naturellement en état de guerre, ils vont toujours armés, et pourquoi ils ont des clefs pour fermer leurs maisons.* Mais on ne sent pas que l'on attribue aux hommes avant l'établissement des sociétés, ce qui ne peut leur arriver qu'après cet établissement, qui leur fait trouver des motifs pour s'attaquer et pour se défendre.

Au sentiment de sa faiblesse, l'homme joindrait le sentiment de ses besoins. Ainsi une autre loi naturelle serait celle qui lui inspirerait de chercher à se nourrir".[244]

Das zweite und dritte Naturgesetz richtet sich auf die Nahrungssuche und das vierte auf die Vergesellschaftung des Menschen. Erst *nachdem* sich eine Gesellschaft formiert hat, beginnt, wie aus dem Zitat ersichtlich, die Zeit des Konfliktes und der Auseinandersetzung. Dabei handelt es sich um einen sehr wesentlichen Aspekt, da er von Rousseau in dessen *Contrat-Social* wieder Aufnahme findet und dort in größerer Ausführlichkeit elaboriert und diskutiert wird.[245]

Montesquieu unterscheidet drei Regierungsformen, wobei er von den klassischen Einteilungsmustern, begründet durch Aristoteles und Polybios, auf eigentümliche Weise abweicht: Die republikanische Staatsform teilt er in Demokratie und Aristokratie auf, die monarchische charakterisiert sich seinem Dafürhalten dadurch, daß ein einzelner im Einklang mit den Gesetzen herrscht, wohingegen in

---

242 Cf. FETSCHER, I.: Politisches Denken im Frankreich des 18. Jahrhunderts vor der Revolution, in: FETSCHER, I./MÜNKLER, H.: Pipers Handbuch der politischen Ideen. Neuzeit: Von den Konfessionskriegen bis zur Aufklärung, München, 1985, tom. 3, p. 444.
243 Lois, lib. 1, cap. 2.
244 Ibid.
245 Cf. Contrat, lib. 1, cap. 7 et cap. 8.

der despotischen zwar gleichergestalt ein einzelner die Macht besitzt, jedoch in der absoluten Willkür seiner selbst.[246] Auffallend ist hierbei, daß er einzig die Monarchie in ihrer Entartungsform weiter ausführt. Dies vermag seinen Grund darin zu haben, daß er selbst als Aristokrat seinen eigenen Stand mitnichten desavouieren wollte und sich außerdem eine Pervertierung der Volksherrschaft in Gestalt einer Ochlokratie, wie sie wenige Jahrzehnte nach seinem Dahinscheiden in der Französischen Revolution horrible Wirklichkeit werden sollte, nicht vorzustellen vermochte. In diesem Zusammenhang wird auf unerträgliche Weise stets die Frage aufgeworfen, ob Montesquieu Republikaner oder Monarchist gewesen ist. Insbesondere Mark Hulling[247] und Claus-Peter Clostermeyer[248], deren sophistisches Pneuma ganz und gar vom Gifte der Doxomanie durchtränkt ist, vermeinten uns jeweils mit einer Abhandlung zu diesem Sujet beglücken zu müssen. Abgesehen davon, daß die Irrelevanz dieser Fragestellung nicht mehr zu überbieten ist, da man ja doch niemals in der Lage sein wird, in das Herz des Autors der Gesetze zu blicken und seiner „inniglichsten" Überzeugung nachzuspüren, stellt sich bei einem gründlichen Durchdenken und einer Würdigung der Vita sowie seiner Lebensumstände diese Frage schlechterdings nicht. Gesetzt den Fall, Montesquieu hätte sich auf den Turm seines Wasserschlosses gestellt und lauthals hinausgeschrieen: „Ich bin ein Republikaner!"[249] Selbst dann würde ihm kein Lebewesen mit gesundem Menschenverstand Glauben geschenkt haben, schließlich hätte er sein 31 Bücher und 605 Kapitel umschließendes Hauptwerk niemals in der komfortablen Situation schreiben können, sofern nicht Leibeigene sein Gut La Brède bewirtschaftet hätten. Daraus muß, selbst auf die Gefahr hin, daß es den beiden obigen Ideologen gallig aufstößt, zwingend gefolgert werden: Montesquieu war, was er war: ein Feudalherr im Bordelais.[250] Dieserhalb sieht ihn Louis Althusser als einen ehrlichen Anwalt der Aristokratie an, der im Traditionsstrang eines Saint-Simon oder Boulainvilliers befindlich die alte französische Feudal-

---

246 Cf. Lois, lib. 2.

247 HULLING, M.: Montesquieu and the Old Régime, Berkeley, 1977.

248 CLOSTERMEYER, C.-P.: Zwei Gesichter der Aufklärung. Spannungslagen in Montesquieus „Esprit des Lois", Berlin, München, 1983.

249 Außerdem ist das damalige Republikverständnis alles andere als mit dem heutigen kommensurabel. Des weiteren hielt Montesquieu, wie alle Theoretiker bis zur Entstehung der Vereinigten Staaten von Amerika, daran fest, daß sich Republiken lediglich für kleine Staaten und mitnichten für Flächenstaaten eignen: „Il est de la nature d'une république qu'elle n'ait qu'un petit territoire: sans cela elle ne peut guère subsister" [cf. Lois, lib. 8, cap. 16].

250 Er verteidigt seinen Stand vehement, sogar die Ämterkäuflichkeit, von der er übrigens sehr profitiert hat [cf. Lois, lib. 1, cap. 2].

monarchie gegen den bereits bürgerliche Partikularinteressen berücksichtigenden Absolutismus verteidigt.[251] Ungeachtet dessen blieb sein politisches Ideal die Freiheit und seine Gegnerschaft galt dem Absolutismus, selbst wenn dieser unter bestimmten klimatischen Bedingungen als opportun erscheint.[252] Jedoch gehört zu einer seiner fundamentalen Thesen, daß Macht stets einer Beschränkung bedarf:

„Pour qu'on ne puisse abuser du pouvoir, il faut que, par la disposition des choses, le pouvoir arrête le pouvoir. Une constitution peut être telle que personne ne sera contraint de faire les choses auxquelles la loi ne l'oblige pas, et à ne point faire celles que la loi lui permet".[253]

Die Schranken sieht er in der Gewaltenteilung realisiert, die am besten in einer Verfassung verankert sein sollte. Er differenziert – im Gegensatz zu Locke[254] – zwischen Legislativ-, Exekutiv- und Judikativgewalt, die auf keinen Fall als Kumulation agieren sollten. Darob führt er die gravierenden Nachteile der Konzentrierung von einer oder gar zwei Gewalten in einer Hand aus. Eine Schlüsselposition kommt hierbei den sogenannten Zwischengewalten zu, die vor allem bei der Differenzierung zwischen Monarchie und Despotismus eine exzellierende Bedeutung aufweisen:

„Les pouvoirs intermédiaires subordonnés et dépendants constituent la nature du gouvernement monarchique, c'est-à-dire de celui où un seul gouverne par des lois fondamentales. J'ai dit les pouvoirs intermédiaires, subordonnés et dépendants: en effet, dans la monarchie, le prince est la source de tout pouvoir politique et civil. Ces lois fondamentales supposent nécessairement des canaux moyens par où coule la puissance: car, s'il n'y a dans l'État que la volonté momentanée et capricieuse d'un seul, rien ne peut être fixe, et par conséquent aucune loi fondamentale".[255]

In Frankreich ist diese wesentliche Zwischengewalt in Form der *noblesse du robe*, Montesquieus eigenem Herkunftsstand, verkörpert.[256] Das Lob für den eigenen Stand reicht sogar soweit, daß er im Adel einen mächtigen Schutzwall für die Erhaltung der Monarchie sieht.[257] Jedoch ist an dieser Stelle sein Adelsbegriff

---

251 Cf. ALTHUSSER, L.: Montesquieu, la politique et l'histoire, Paris, 1959; dagegen: Fetscher, der in völlig unverständlicher Weise eine Logik zwischen dem niederen Adel Montesquieus und dessen Sympathien für die Interessen des Großbürgertums konstruiert. Genau das Gegenteil war der Fall [cf. FETSCHER, op. cit., p. 454seqq.].
252 Cf. Lois, lib. 17, cap. 2.
253 Lois, lib. 5, cap. 8.
254 Cf. cap. 3.8, p. 68.
255 Lois, lib. 2 cap. 4.
256 Cf. Anm. 250, p. 79.
257 Cf. Lois, lib. 8, cap. 9.

zu weit gefaßt. Er meint damit mitnichten den einen Teil des Hochadels, der sich vorzugsweise in Versailles aufhält, sondern den Amtsadel und den Landadel[258], die beide, jeder auf seine Art, eine wesentliche und stabilisierende Stütze sowohl in der Administration als auch der Rechtsprechung und im Militärwesen darstellten.[259]

Es ist an dieser Stelle essentiell, darauf hinzuweisen, daß es sich bei der Montesquieuschen Theorie der Gewaltenteilung mitnichten darum handelt, drei Gewalten isoliert und losgelöst voneinander zu konstituieren. Statt dessen sollten die Staatsgewalten ineinander verschränkt und behindernd interagieren. Eine sollte die Macht der anderen „lähmend" kontrollieren. Unabhängig davon sollte natürlich auch zur Gewährleistung der rechtlichen und institutionellen Teilung *in realiter* eine Allokation der Macht an verschiedene einzelne soziale Gruppen und Personen im Staat, wie Monarch, Adel und Bürgertum, erfolgen. Ohne diese Diversifizierung auf Aufteilung in sozialer Hinsicht würde die Freiheits- und Kontrollintention der Gewaltenteilung ins Leere laufen.[260]

Abschließend kann als essentiell festgehalten werden, daß das beständige Beharren Montesquieus auf die Gewaltenverschränkung und deren mutuale Limitation, das sich wie ein roter Faden durch die *Gesetze* zieht, den Grundgedanken und die Entwicklung hin zum modernen Verfassungsstadt antizipierte, wobei er mit seiner herausragenden Beobachtergabe und soziologischem Realismus weit über die abstrakte, lediglich rein juristische Verfassungslehre hinausging. Das Rubrum, unter dem seine politische Theorie und sein Verfassungsideal befindlich sind, läßt sich am besten mit *modération* beschreiben, wobei noch ein weiteres Leitwort eng mit dem eben genannten einhergeht: die *médiocrité*. Darunter versteht Montesquieu[261] dies, was wir im heutigen Sprachgebrauch am ehesten als „Mittelstand" bezeichnen würden, wobei das Wort bei ihm mitnichten eine pejorative, sondern vielmehr eine positiv-stabilisierende Bedeutung hat. Gegensätzlich zu Rousseau[262] leitet er jedoch daraus nicht die irrige Annahme ab, daß man

---

258 Der Landadel teilte sich in Frankreich in den hochadeligen Schwertadel, der Land und Herrschaften besaß, und den niederen Adel, der keine eigene Herrschaft ausübte und meist in einem dienstabhängigen Verhältnis zum Hochadel oder König stand.

259 Cf. Lois, lib. 20, cap. 22.

260 Hervorragend herausgearbeitet von: EISENMANN, C.: La pensée constitutionelle de Montesquieu, in: Cahiers de philosophie politique du Centre de philosophie politique de l'Université de Reims, N° 2-3 (1985), pp. 58-63.

261 Neben ihm auch Rousseau und Aristoteles.

262 Rousseau schwebte eine künstliche, idealisierte Gesellschaft vor, in der es nur unabhängige, kleinbürgerliche Produzenten geben soll: „[...] quant à la richesse, que nul citoyen ne soit assez opulent pour en pouvoir acheter un autre, et nul assez pauvre pour être contraint de se vendre: ce qui suppose, du côté des grands, modération de

eine Nation – notfalls mit Gewalt – in eine homogene mittelständische Gesellschaft verwandeln solle, sondern ein ausgeglichenes, harmonisches System, bestehend aus den drei Ständen und Institutionen, allerdings mit gleichgewichtigen Rechten ausgestattet.[263]

Ohne Zweifel wird bei den oben genannten Ausführungen sehr schnell ersichtlich, daß Maistre, im besondern auf die Lehre der Gewaltenverschränkung bezogen, mitnichten mit den Vorstellungen Montesquieus d'accord geht. Allerdings teilt er dessen Auffassungen, daß die Freiheit nicht von allen Völkern erlangt werden kann und nicht alle für dieselbe Regierungsform geschaffen sind.[264] Er bezieht sich hier in einem Sekundärzitat auf Montesquieu, welches er aus dem Rousseauschen *Contrat-Social* entnommen hat, um dessen Kritik gegen die monarchische Staatsform zu entkräften. Denn Rousseau übernimmt die Montesquieuschen Thesen von den klimatischen Einflußfaktoren auf die Herrschaftsform fast vollständig:

„La liberté, n'étant pas un fruit de tous les climats, n'est pas à la portée de tous les peuples. Plus on médite ce principe établi par Montesquieu, plus on en sent la vérité; plus on le conteste, plus on donne occasion de l'établir par de nouvelles preuves. [...]
À toutes ces différentes considérations j'en puis ajouter une qui en découle et qui les fortifie: c'est que les pays chauds ont moins besoin d'habitants que les pays froids, et pourraient en nourrir davantage: ce qui produit un double superflu, toujours à l'avantage du despotisme [...]".[265]

Wenn Maistre an dieser Stelle glaubt, Rousseau unter Zuhilfenahme von dessen eigenem Montesquieu-Zitat widerlegen zu können, indem er versucht aufzuzeigen, daß sich Rousseau durch seine eigenen Argumente widerspräche, so erliegt er einem Irrtum. Denn Rousseau und damit auch Montesquieu haben in erklärter Absicht nachzuweisen versucht, daß sich gerade Staaten, die – wie Frankreich – nicht über ein wirklich warmes Klima verfügen, für den Despotismus als Regierungsform am wenigsten eignen.[266]

Maistre greift den Montesquieuschen Gedanken, daß nicht jede Regierungsform für jedes Land geeignet sei, abermals an anderer Stelle in einem Sekundärzitat durch Rousseau auf. Jedoch sieht er dort von Rousseau beziehungsweise Montesquieu selbst den vermeintlichen Beweis erbracht, daß der Gesellschaftsvertrag nur ein Hirngespinst sein könne. Schließlich würde es einen solchen ob-

---

biens et de crédit, et, du côté des petits, modération d'avarice et de convoitise"
[Contrat, lib. 2, cap. 11].
263 Cf. FETSCHER, op. cit., p. 456.
264 Cf. Souveraineté, p. 187.
265 Contrat, lib. 3, cap. 8.
266 Cf. cap. 3.10, p. 77.

solet machen, wenn jede Nation vermöge ihrer physischen, geographischen und wirtschaftlichen Lage apodiktisch vorgeschrieben bekäme, welche Regierungsform für sie die beste sei. Jede Form von Souveränität sei gleichermaßen wie die Souveränität im generellen das unmittelbare Ergebnis des Schöpferwillens. Mithin sei der Despotismus für diese Nation in gleicher Weise natürlich und legitim wie die Demokratie für jene.[267] In der Tat deckt Maistre hier, auf einen ersten, flüchtigen Blick hin, einen durchaus gravierenden Widerspruch in der Rousseauschen und Montesquieuschen Lehre auf. Allerdings verkennt er auch hier, daß es den beiden gerade um die Destruktion des Absolutismus ging, insofern heißen sie diese Regierungsform alles andere als erstrebenswert und gut, selbst wenn sie konzedieren, daß es in manchen Erdteilen durchaus angebracht sein mag, einen Staat auf diese Weise zu regieren. Ferner hätte auch sicherlich die Fiktion des Gesellschaftsvertrages bei Rousseau auf einen bestimmten Kulturkreis und einen bestimmten Kontinent präzisiert werden können, allerdings kann daraus nicht der Rückschluß gezogen werden, daß klimatische und physische Gegebenheiten über dem freien Willen des Individuums stehen. Selbst wenn die Temperaturen noch so hoch und das Land noch so weitläufig sein mögen, so kann es niemals die Menschen dahingehend determinieren, einen Vertrag oder eine Bestimmung über die von ihnen gewünschte Form der Herrschaft abzuschließen beziehungsweise einzugehen.

Ein weiterer Punkt, in dem die Thesen Maistres und Montesquieus erheblich voneinander divergieren, betrifft die Gewaltenteilung. Für Maistre ist jede Art von Souveränität ihrer Natur nach uneingeschränkt:

> „Toute espèce de souveraineté est absolue de sa nature ; qu'on la place sur une ou plusieurs têtes, qu'on divise, qu'on organise les pouvoirs comme on voudra : il y aura toujours, en dernière analyse, un pouvoir absolu qui pourra faire le mal impunément, qui sera donc *despotique* sous ce point de vue, dans toute la force du terme, et contre lequel il n'y aura d'autre rempart que celui de l'insurrection".[268]

Damit vertritt Maistre hier eine der Hauptthesen bezüglich seiner Auffassung von Souveränität, wobei deutlich wird, daß er eine strikte, isolierte Form von Gewaltenteilung vor Augen hat, in der wirklich jede Gewalt losgelöst von der anderen agiert, gleichsam eines autonomen Königs. Dies wird an nachfolgender Stelle noch signifikanter:

> „Partout où les pouvoirs sont divisés, les combats de ces différence pouvoirs peuvent être considérés comme les délibérations d'un souverain unique, dont la raison balance le

---

267 Cf. Souveraineté, p. 109.
268 Souveraineté, p. 179.

pour et le *contre*. Mais dès que le parti est pris, l'effet est le même de part et d'autre et la volonté du souverain quelconque est toujours invincible".[269]

Die konstruierte Gleichsetzung zwischen den einzelnen, separierten Gewalten und dem räsonierenden Herrscher, der das Für und Wider einer Entscheidung abwägt, erscheint insofern hinkend, da das Ergebnis in beiden Fällen mitnichten stets dasselbe ist. Verkörpert der Herrscher alle drei Gewalten in sich, dann findet eine Tripartitionierung seiner Person schlechterdings nicht statt – setzen wir einmal voraus, daß er nicht an Schizophrenie leidet. So würde er niemals eine Entscheidung treffen, zum Beispiel indem er einen Befehl erläßt, und sie dann, weil ihm sein anderes Ich die Eingebung gibt, daß er damit wider die gesetzlichen Bestimmungen handele, nicht ausführen. Dies wäre nur in einer wirklichen institutionellen Aufteilung und Verschränkung der Staatsgewalten nach dem Montesquieuschen Muster gegeben. Mithin ist es alles andere als gleichgültig, auf welche Weise man die Souveränität definiert. Nur nach Maistres Deutung des Souveränitätsbegriffes läßt sich die nachfolgende Schlußfolgerung erklären, daß bei Übereinstimmung der drei Gewalten man von nur einem Willen sprechen könne, dem von keinem legalen Willen mehr widersprochen werden dürfe:

„De quelque manière qu'on définisse et qu'on place la souveraineté, toujours elle est une, inviolable et absolue. Prenons pour exemple le gouvernement anglois: l'espèce de trinité politique qui le constitue n'empêche point que la souveraineté ne soit une, là comme ailleurs ; les pouvoirs se balancent ; mais dès qu'ils sont d'accord il n'y a plus qu'une volonté qui ne peut être contrariée par aucune autre volonté légale, et Blackstone a eu raison de dire que le roi et le Parlement d' Angleterre réunis *peuvent tout*".[270]

Warum sollte dann von einem legalen Willen Widerspruch kommen, wenn Legislative, Exekutive und Judikative durch den gemeinsamen Willen geeint werden? Obzwar er erkennt, daß sich die Gewalten in England im Gleichgewicht befinden, sieht er nicht, woraus dies resultiert. Die Souveränität lag und liegt noch heute in England ungeteilt beim König beziehungsweise der Königin. Lediglich die Macht ist vermöge der Gewaltenverschränkung nicht uneingeschränkt, sondern limitiert. Und genau darin liegt der frappierende Irrtum Maistres: Er verwechselt Souveränität mit Macht. Insofern ist sein oben zitiertes Axiom, daß die Souveränität stets uneingeschränkt ist, zwar grundsätzlich richtig, doch läßt sich daran mitnichten ein absolutistischer Machtanspruch ableiten. Seine Schlußfolgerungen verwundern um so mehr, da er den regulativen und Gegengewichte stiftenden Charakter der Gewaltenteilung durchaus erkannt hat:

---

269 Ibid.
270 Souveraineté, p. 179seq.

„Mais revenons à l'unité souveraine: si l'on réfléchit attentivement sur ce sujet, on trouvera peut-être que la *division des pouvoirs*, dont on a tant parlé, ne tombe jamais sur la souveraineté proprement dite qui appartient toujours á *un* homme ou à *un* corps. En Angleterre, le véritable souverain est le roi. Un Anglois n'est pas sujet du Parlement ; et quelque puissant, quelque respectable que soit ce corps illustre, personne ne s'avise de l'appeler *souverain*. Qu'on examine tous les gouvernemens possibles qui ont le droit ou la prétention de s'appeler *libres* : on verra que les *pouvoirs* qui semblent posséder une portion de la souveraineté ne sont réellement que des contrepoids ou de modérateurs qui réglent et ralentissent la marche du véritable souverain".[271]

Genau hierin offenbart sich das Mißverständnis Maistres: Er hält die Gewaltenteilung für unvereinbar mit der Herrschaft eines Menschen oder eines Körpers. Daher würden die einzelnen Gewalten auch nie herrschen, sondern lediglich ordnend und eindämmend gegenüber dem eigentlich Herrscher *und* Souverän interagieren. Darin sieht man, daß Maistre durchaus die Gewaltenverschränkung in ihrem kanalisierenden und verlangsamenden Charakter nach der Montesquieuschen Lehre geläufig war.[272] Jedoch spricht er ihnen die Ausübung von eigentlicher Herrschaft ab, was befremdlich wirkt, da beispielsweise in England das Parlament tatsächlich eigene Herrschaftskompetenzen besaß, welche die Macht des Königs einschränkten. Weder das Parlament noch der König oder die Pairs vermochten qua der Gewaltenverschränkung *souverän* zu herrschen. Das ändert nichts an der Tatsache, daß der König von England in uneingeschränkter Form der Souverän war; nur seine realpolitische Macht ist einer Einschränkung unterworfen gewesen, wessentwegen die englische Monarchie im Gegensatz zur französischen als nicht absolut eingestuft werden muß. Darin mag einer der Gründe zu finden sein, wessenthalben die englische Monarchie seit den Tagen Cromwells keine Revolution mehr gesehen hat. Bei seiner profunden Kenntnis sowohl der englischen als auch der französischen hätte Maistre dieser Umstand eigentlich auffallen müssen. Dem standen indes aller Wahrscheinlichkeit nach zutiefst konfessionelle und weltanschauliche Differenzen gegenüber.

Anders verhält es sich bei Rousseau: Er hielt zwar auch an der These der Unveräußerlichkeit der Souveränität fest, obschon er im Gegensatz zu Locke, Montesquieu und Maistre als Souverän das Gemeinwesen ansah, aber die Macht könne sehr wohl übertragen werden:

„Je dis donc que la souveraineté, n'étant que l'exercice de la volonté générale, ne peut jamais s'aliéner; et que le souverain, qui n'est qu'un être collectif, ne peut être représenté que par lui-même. Le pouvoir peut bien se transmettre, mais non pas la volonté".[273]

---

271 Souveraineté, p. 182.
272 Cf. cap. 3.10, p. 81.
273 Contrat, lib. 2, cap. 1.

Die Macht ist demnach delegierbar, der Wille hingegen nie. Dies hat seinen Grund darin, dass einzig der Gemeinwille (*volonté générale*) eine angemessene, am Gemeinwohl orientierte Herrschaft durativ und zuverlässig auszuüben im Stande ist.[274] Der Inhalt des Gemeinwillens ist mit dem Gemeinwohl identisch; denn im Gemeinwillen kommt die integrative Gemeinsamkeit der Gemeinschaft zum Ausdruck. Folglich vermag es nur der Gemeinwille, eine der Gemeinschaft zuträgliche und förderliche Herrschaft auszuüben, weil sich nur in ihm das originäre Selbsterhaltungsinteresse der Gemeinschaft verwirklicht.

Darüber hinaus ist die Souveränität nicht nur unveräußerlich, sondern auch unteilbar:

> „Par la même raison que la souveraineté est inaliénable, elle est indivisible. Car la volontè est générale, ou elle ne l'est pas; elle est celle du Corps du peuple, ou seulement d'une partie. Dans le premier cas, cette volonté déclarée est un acte de souveraineté, et fait loi. Dans le second, ce n'est qu'une volonté particulière, ou un acte de magistrature; c'est un décret tout au plus".[275]

Interessanterweise geht Rousseau hier vollständig d'accord mit Maistre – selbst wenn beide zu gänzlich unterschiedlichen Schlußfolgerungen gelangen. Für Rousseau erlangt nur der Allgemeinwille den Grad der Souveränität und mithin Gesetzeskraft; hingegen sei der Teilwille, welcher nur von einem Teil des Volkskörpers artikuliert wird, nicht mehr als ein Sonderwille und könne seinen Ausdruck lediglich in Verwaltungsakten oder Verordnungen finden. Man kann hier durchaus eine Abstufung der Qualität des Willens erkennen, die allerdings der soeben dargelegten Rousseauschen Logik von der Souveränität völlig zuwiderläuft, schließlich müssen auch Verordnungen oder Verwaltungsakte durch den Souverän legitimiert sein. Ansonsten würde man in der Tat einer Teilung der Souveränität in Form einer Hierarchisierung der Gesetze das Wort reden. Wirklich in sich schlüssig argumentiert Rousseau hierorts nicht.

An anderer Stelle stellt Maistre hingegen seine scharfsinnige Beobachtungsgabe unter Beweis: Aus einer Teilung der Macht kann wiederum nämlich keine Verurteilung des Souveräns, sprich des Königs, erfolgen. Genausowenig, wie man das „Volk" in der Demokratie als kollektiven Souverän nicht zu verurteilen und zu bestrafen vermag, kann man den König als Einzelsouverän vor ein Gericht stellen. Dann wäre in der Tat seine Souveränität eine Farce.[276]

---

274 Cf. zur Widersprüchlichkeit und Problematik des Begriffs „Gemeinwillen": RILEY, P.: A possible explanation of Rousseau's general will, in: The American Political Science Review, tom. 64 (1970), pp. 86-97.

275 Contrat, lib. 2, cap. 2.

276 Cf. Souveraineté, p. 180.

Auch Haller hat in seiner Restauration der Staatswissenschaften einige Seiten der Auseinandersetzung mit Montesquieu gewidmet. Jedoch beschränkt er sich auf den Hinweis, daß bei dem gascognischen Baron die revolutionären Konsequenzen des falschen Grundsatzes anfingen, beziehungsweise aus der Tradition Sidneys und Lockes heraus wieder aufgewärmt würden.[277] Eine inhaltliche Vertiefung mit den im *De L'esprit des Lois* dargelegten Theorien erfolgt indes nicht. Er kritisiert lediglich die Gewaltenteilung an sich und vermeint zu sehen, daß die Montesquieuschen Lehren bereits ein „tiefes Gift in sich enthalten".[278] Statt dessen befleißt sich Haller emsig mit einer Vielzahl von Literaturzitationen und enervierenden Berufungen auf wissenschaftliche Autoritäten, der Reputation Montesquieus den Boden zu entziehen, um die eigentlich epochale Bedeutung des Werkes deutlich zu minimieren.[279]

Dabei spart er auch nicht mit Hohn und Spott: „Von einer geistreichen Person ward es gleich Anfangs de *l'esprit sur les loix et non l'esprit des loix* (Witzeleyen über die Gesetze nicht der Geist der Gesetze) genannt".[280] Derartig stupende und vermeintlich komische Momente gereichen dem Gesamtwerk des großen Restaurators wahrhaftig schlechterdings nicht zum Ruhme, zumal er keine wirklich sinnstiftende Silbe zu einer inhaltlichen Auseinandersetzung in seinem 3000 Seiten umfassenden Werk beizusteuern weiß.

3.11 Synthese zwischen Demokratie und Königtum: d'Argenson und Saint-Pierre

Zur gleichen Zeit wie Montesquieu versuchte, etwas weitreichender als die Physiokraten und Voltaire, die lediglich die mangelnde Aufgeklärtheit und Rationalität der monarchisch-absolutistischen Herrschaftsform vorwiegend in Bezug auf die Ökonomie kritisierten, der Marquis René Louis d'Argenson (1694 – 1757) in seiner Denkschrift *Jusqu' où la démocratie peut-elle être admise dans un état monarchique?* (1737), die 1764 auf Anregung Rousseaus als *Considérations sur le Gouvernement de la France* publiziert wurde, einer Synthese aus absoluter Monarchie und demokratischen Elemente ein politisch-philosophisches Fundament zu geben. Darin beabsichtigte er den einzelnen Gemeinden durch demokratische Prozedere eine größere Autonomie zu verleihen, um auf diese Weise die behindernd-regulative Umklammerung durch die Zentralmacht in Paris abzu-

---

277 Restauration, tom. 1., p. 56.
278 Restauration, tom. 1., p. 57.
279 Cf. Restauration, tom. 1, pp. 56-60.
280 Restauration, tom. 1, p. 58.

schwächen. Des weiteren sah er eine komplette Veränderung des Steuerrechts und eine entschädigungsgeleitete Landreform vor, die den Adel zu mehr kommerziellem und manufakturellem Engagement motivieren sollte, sowie die gänzliche Abschaffung der adligen und klerikalen Privilegien. Seinem Dafürhalten nach findet der König weit besser mit einer in weiten Zügen egalitären und bürgerlichen Gesellschaft sein Auskommen als mit einer heterogenen und in sich zerstrittenen Gruppe wie dem Adel, der eher an seinem Thron sägt, als ihm eine Stütze ist.[281] Fraglos wird dies eine Stelle im Werk d'Argensons gewesen sein, die Rousseau besonders gefallen haben wird. Es sei dessenungeachtet darauf hingewiesen, daß d'Argenson sich zwar für ein Mehr an Gleichheit ins Mittel legte, jedoch mitnichten für ein künstliches Herstellen von Egalität, wie es Rousseau in gewisser Hinsicht in den Sinn gekommen ist. D'Argenson glaubte indes an die Unterschiede, wie sie die Natur nicht nur bei den Menschen ausbildete, vor allem aber, daß ein höheres Talent und eine größere Begabung zu einer unterschiedlichen Staffelung der Vermögen und des Besitzes führen werden.[282]

Ferner muß annotiert werden, daß d'Argenson nicht lediglich auf sozial- und innenpolitischem Gebiet ein Vordenker und wirklicher Avantgardist gewesen ist. Auch in seiner Funktion als Außenminister lag ihm sehr daran, den Frieden für eine gedeihliche Entwicklung seines Vaterlandes unter allen Umständen zu erhalten. Dieserhalb griff er die Ideen des Abbé Charles-Irénée Castel de Saint-Pierre (1658 – 1743) aus dessen Schrift *Projet pour rendre la paix perpétuelle en Europe* (1713) auf und formulierte eine Schiedsrichterfunktion für Frankreich in Europa.[283] Der Abbé Saint-Pierre schlug in besagter Schrift einen europäischen Bund mit Gesandtenkongreß und Gerichtshof vor, der die Besitzstände garantieren und bei Zwistigkeiten unter den Staaten friedlich intervenieren sollte. Er sah auch ein allgemeines Sanktionsrecht gegen Störer des Friedens vor. Somit war er aller Wahrscheinlichkeit nach der erste, der eine internationale Organisation zur Erhaltung des Weltfriedens vorsah. Darüber hinaus gehörte Saint-Pierre gleichsam wie d'Argenson zu den visionären Kritikern der politischen Institutionen und Prozesse und den rechtlichen und sozialen Erscheinungen sowie deren Auswüchsen in der ersten Hälfte des 18. Jahrhunderts. Im Zentrum seiner politischen Theorie steht die Rückkehr von der Ministerherrschaft zum Kollegialprinzip, das er in seiner Schrift *Discours sur la polysynodie* (1718) darlegte, und derentwegen er auch aus der Academie française exkludiert wurde. In diesem Werk empfahl er, daß sich die Berater des Königs nicht aus dem Adel, sondern vermöge einer

---

281 Cf. d'ARGENSON, R. L.: Considérations sur le Gouvernement ancien et présent de la France, Amsterdam, 1764, p. 305seq.
282 Cf. ibid., p. 306.
283 Cf. ibid., pp. 327-329.

ausführlichen und objektiven Prüfung aus den neuen Bildungs- und Mittelschichten zusammensetzen sollten. Dies hätte dann selbstredend zur Folge gehabt, daß das Bürgertum an Einfluß gewonnen hätte und dem Adel allmählich die Macht im Staate entzogen worden wäre. Deshalb kam es nicht von ungefähr, daß er großen Einfluß auf Rousseau ausübte, der seine Schrift zum europäischen Frieden trotz gewisser Vorbehalte im Jahre 1761 erneut publizierte.[284]

Beide Visionäre, sowohl d'Argenson als auch Saint-Pierre, sollten zu Lebzeiten kaum Gehör finden, doch hallte ihre Lehre in den Werken anderer Theoretiker, an deren Spitze sich Rousseau befand, noch lange und überaus wirkungsvoll nach.

Zum Marquis d'Argenson sei noch angemerkt, daß er stets die Größe und das prosperierende Voranschreiten Frankreichs im Zentrum und als maßgeblichste Aufgabe seines Wirkens sah. Dabei ist es um so bemerkenswerter, daß er als hoher Aristokrat im Stande war, „über seinen eigenen Schatten zu springen" und ohne Kalkül des eigenen Vorteils das beste für sein Vaterland zu wollen. Darob kann man ihn ruhigen Gewissens in einer Reihe mit den „Großen" Frankreichs, wie beispielsweise dem Duc de Talleyrand-Périgord, verorten.

Obschon dies nichts an der Tatsache ändert, daß es ihm bei seiner aktiven politischen Tätigkeit nicht anders erging als den vielen gescheiterten Reformministern, zu denken wäre hierbei an Maupeou, Turgot und Necker.[285]

3.12 Die politische Publizistik der Enzyklopädie: Denis Diderot und Louis de Jaucourt

Montesquieu, d'Argenson und der Abbé de Saint-Pierre können durchaus als die Bereiter des Weges angesehen werden, den die ihnen nachfolgenden Aufklärer und Enzyklopädisten weitergehen sollten. Dabei existierte noch kein homogenes politisches Aktionsprogramm, sondern es galt als vorrangiges Ziel, den Menschen durch ein aufgeklärtes und rationales Denken gegen die Herausforderungen des Jahrhunderts im Zuge der aufkommenden Technisierung und Ökonomisierung der Gesellschaft zu wappnen. Im Zentrum dieser Bemühungen stand das herausragendste publizistische Ereignis des 18. Jahrhunderts, die von der *Société*

---

284 Cf. weiterführend zum Abbé de Saint-Pierre: BACZKO, B.: Lumières de l'Utopia, Paris, 1978.

285 Cf. weiterführend zum Marquis d'Argenson: GESSLER, P.: René Louis d'ARGENSON. 1694 – 1757: seine Ideen über Selbstverwaltung, Einheitsstaat, Wohlfahrt und Freiheit im biographischen Zusammenhang, Basel, Stuttgart, 1957; sowie: HÖMIG, H.: Absolutismus und Demokratie. Das Reformprogramm des Marquis d'ARGENSON, in: Historische Zeitschrift, tom. 226 (1978), pp. 349-380.

de Gens de Lettres editierte *Encyclopédie ou Dictionnaire raisonné des Sciences, des Arts et des Métiers* (1751-1780). Das nach dem Alphabet angeordnete Nachschlagewerk umfaßte nicht nur das gesamte theoretische Wissen der Zeit, sondern auch eine Vielzahl von Artikeln und Illustrationen zu den Handwerkskünsten sowie Bergbau- und Manufakturwesen. Neben den originären Editoren Denis Diderot (1713 – 1784) und Jean Baptiste le Rond d'Alembert (1717 – 1783) partizipierte noch eine Reihe weiterer Geistesgrößen an der Entstehung dieses opus magnum, wie die Materialisten Claude-Adrien Helvétius (1715 – 1771), Paul-Henri Baron d'Holbach (1723 – 1789), Julien Offray de la Mettrie (1709 – 1751) sowie Voltaire, Montesquieu, Louis Chevalier de Jaucourt (1704 – 1779) und Jean-Jacques Rousseau. Allen *philosophes* gemeinsam ist ein Ideal des erfolgreichen erzieherischen Auftrages am Menschen, der bei den frühen Aufklärern zunächst im Hinblick auf die Edukation des Herrschers seinen Ausdruck fand.[286]

Ein weiteres einendes Element verkörperte ihre kollektive Ablehnung, allen voran Voltaires, gegenüber der ideellen Hegemonie der Priester und deren obskurantischem Einfluß.

Die bedeutendsten politischen Beiträge zur Enzyklopädie lieferten der Armenarzt Jaucourt und der Naturwissenschaftler Diderot. Letztgenannter hat in Anknüpfung an Locke die Schaffung von Privateigentum als staatskonstituierendes Moment formuliert. Daraus schlußfolgerte er, daß es mitnichten im Interesse der Menschen gelegen haben könne, ihren Souveränen eine absolute und unbegrenzte Macht einzugestehen. Auch das Prinzip der Gewaltenteilung adaptiert Diderot von Locke und erweitert es noch, inspiriert durch die französischen Versammlungen der *Ètats Généraux*, um die Theorie der Repräsentation, die später vom Abbé Sieyes aufgegriffen werden sollte. [287]

Sowohl Diderot als auch Jaucourt beurteilen das Verlassen des Naturzustandes wesentlich positiver als Hobbes oder Locke. Jaucourt sieht bereits vor Rousseau das Verlassen des Urzustandes als Abstieg an, indes Diderot in einem Regreß auf die aristotelische Lehre von der natürlichen Soziabilität des Menschen rekurriert.[288] Insofern verliert die Grundgestalt des Sozialvertrages an Gewicht und manifestiert sich bei Diderot nicht zwischen Individuen, sondern zwischen natürlichen Kooperationen. Trotzdaß verfügt der Staat über eine eigene Identität, Begriffe wie *volonté générale, volonté de tous, volonté particulière* werden bereits vor Rousseau vorgestellt und diskutiert. Chancengleichheit und Gleichheit

---

286 Die Wichtigkeit der gründlichen und soliden Ausbildung und Erziehung erkannten bereits die Griechen, wie sich anhand Xenophons Κούρου Παιδεία belegen läßt.
287 Cf. WILSON, A. M.: The development and scope of Diderot's political thought, in: Studies on Voltaire and the 18th century, tom. 27 (1963), pp. 1871-1900.
288 Cf. weiterführend: MORRIS, M.: Le chevalier de Jaucourt. Un ami de la terre (1704 – 1779), Genf, 1979.

vor dem Gesetz werden formuliert, traditionelle Legitimationstheorien wie von Filmer oder Bossuet verworfen und statt dessen machen Rechtsgarantie und eine den Gesetzen unterworfene Regierung den Unterschied zum Despotismus und der Tyrannei aus. Das Gewaltmonopol soll einzig beim Staat liegen. Die intermediären Gewalten, wie sie noch bei Montesquieu Bestand hatten,[289] verschwinden in den Konzepten Diderots und Jaucourts zur Gänze. Sie gehen jedoch noch nicht soweit wie Rousseau, der die vollständige Herstellung einer mittelständischen, egalitären und vor allem republikanischen Gesellschaft als Ideal postuliert.[290]

Dabei sei annotiert, daß es sich bei den Vertragslehren vorwiegend des 17. und 18. Jahrhunderts um einen *staatsphilosophischen Kontraktualismus* handelt, welcher den Vertrag zur unkonditionierten und – besonders in der Zeit nach Hobbes – qualifizierten Rechtfertigung staatlicher Herrschaft verwendet.

3.13 Jean-Jacques Rousseau und sein *Contrat-Social* (1762)

Richten wir also unseren Fokus der Betrachtung auf den Mann, der epochemachend in der Morgendämmerung der Revolution stand, welche gewisse Franzosen die „Große" nennen: Jean-Jacques Rousseau.

Auf Grund dessen, daß die Auseinandersetzung mit seinem Werk Bibliotheken füllt, vermag an dieser Stelle nur auf diejenigen im *Contrat-Social* skizzierte Theoriegebilde eingegangen werden, insofern sie für die Auseinandersetzung im Werk Maistres und Hallers von Relevanz sind.

Der in Genf geborene Hauptvertreter der Theorie des Gesellschaftsvertrages, dessen autodidaktische Studien ihn zu den Naturrechtslehren von Descartes, Leibnitz, Malebranche und der *Logique* des jansenistischen Port Royal sowie den Philosophen Pufendorf, Grotius, Burlamaqui und Barbeyrac führen, beginnt sein Werk sogleich mit einer Provokation:

„L'homme est né libre, et partout il est dans les fers. Tel se croit le maître des autres, qui ne laisse pas d'être plus esclave qu'eux. Comment ce changement s'est-il fait? Je l'ignore. Qu'est-ce qui peut le rendre légitime? Je croîs pouvoir résoudre cette question".[291]

Auf einen prima vista hin wäre man geneigt zu behaupten, die Aussage stamme von einem Anarchisten Bakuninscher oder Kropotkinscher Prägung. Doch dieser erste Eindruck führt in die Irre: Indem sich Rousseau auf die dem Men-

---

289 Cf. cap. 3.10, p.80.
290 Cf. cap. 3.10, p. 81.
291 Contrat, lib. 1, cap. 1.

schen qua Geburt zukommende Freiheit beruft, heißt das schlechterdings nicht, daß er die staatliche Herrschaft für illegitim erklärt und die politischen Institutionen zurückweist. Vielmehr geht der gesamte *Contrat-Social* von der Konstituierung einer legitimen Herrschaftsordnung aus. Mithin wird im Rousseauschen Gesellschaftsvertrag, gleichergestalt wie in allen politisch-philosophischen Vertragstheorien vor seiner Zeit, das unbedingte Postulat formuliert, daß der Naturzustand zu verlassen sei:

„Je suppose les hommes parvenus à ce point où les obstacles qui nuisent à leur conservation dans l'état de nature l'emportent, par leur résistance, sur les forces que chaque individu peut employer pour se maintenir dans cet état. Alors cet état primitif ne peut plus subsister; et le genre humain périrait s'il ne changeait de manière d'être".[292]

Gerade darin zeigt sich die Absicht, aus dem chaotischen und anarchistischen Naturzustand hinauszutreten und geordnete Verhältnisse zu suchen.

Daneben ist es keineswegs zufällig, daß das eigentliche Ziel, die Freiheit des einzelnen zu erreichen, nicht am Anfang seines Werkes steht, sondern die Rechtsgrundlagen zur Erlangung von gesicherten Verhältnissen und Ordnung. Dieserhalb wird auch das Recht des Stärkeren in Abrede gestellt, so ist ein Unterwerfungsvertrag nach Hobbesscher Lehre futil, auf Grund der Tatsache, daß das würdige Menschsein nur in Verbindung mit der Freiheit realisiert zu werden vermag.[293] Im Absolutismus sieht er die politische Version des Despotismus und der Sklaverei verwirklicht. Rousseau wirft daher seinen vertragstheoretischen Altvordern vor, die emanzipatorische Absicht des Vertragsgedankens auf Kosten der freiheitlichen Fundamente in sein Gegenteil verkehrt zu haben. Verträge, die einzig mit der Intention operationalisieren, die Friedenssicherung zu garantieren und ob der öffentlichen Ordnung und Ruhe willen die gänzliche Subordinierung aller postulieren, welche die Selbstversklavung eines ganzen Volkes in eine verbindliche Rechtsform zu pressen gedenken, seien Verräter an der Autonomie des Individuums, indem sie selbige zur Sanktionierung ihrer eigenen Abschaffung mißbrauchen. Damit offenbaren sie sich als kontradiktorisch. Das gälte für sämtliche Submissionsverträge, wie sie sich schon bei Grotius und Pufendorf, aber auch im Staatsvertrag von Hobbes nachweisen lassen, da sie das mit dem Freiheitsrecht begabte Individuum gleichergestalt rechtlich annihilieren würden. Abgesehen davon, daß Verträge dergestalt nicht nur der Gerechtigkeit und Nützlichkeit zuwiderliefen, seien sie auch, wie Rousseau expressis verbis betont, alles andere als klug, würde sich doch aus diesen Vertragskonzepten ein Selbstauslö-

292 Contrat, lib. 1, cap. 6.
293 Cf. Contrat, lib. 1, cap. 1-5.

schungsrecht ergeben. Somit belegt Rousseau ein Volk, das sich dem freiwillig unterwerfen würde, schlicht mit dem Adjektiv „wahnsinnig":

> „Dire qu'un homme se donne gratuitement, c'est dire une chose absurde et inconcevable; un tel acte est illégitime et nul, par cela seul que celui qui le fait n'est pas dans son bon sens. Dire la même chose de tout un peuple, c'est supposer un peuple de fous: la folie ne fait pas droit".[294]

Damit zeiht Rousseau seine vertragstheoretischen Vorläufer der Amoralität und sogar der mangelnden Rationalität.[295] Dem Element der Unterwerfung oder der Machteinschränkung des Souveräns stellt Rousseau das der Selbstbehauptung des Individuums gegenüber. In der nach seinem Dafürhalten Idealgesellschaftsform bleibt jeder einzelne mit allen im Verbund, trotzdaß gehorcht er nur sich selbst und bleibt mithin so frei wie vorher. Dies sieht Rousseau in seinem Konzept vom Sozialkontrakt als verwirklicht an: Jeder übereignet sich zur Gänze der Kommunität; auf Grund dessen, daß dies bei allen vermöge der gleichen Weise geschieht, gereicht dieser Vorgang niemandem zum Nachteil. Die oberste Dezesionsinstanz stellt demzufolge der *volonté générale*, der durch die vielen Einzelwillen entsteht, die dann eine Rechtsperson mit gemeinsamem Ich, Leben und Willen bilden; früher wurde die Stadt, doch dermalen Staat, und sofern sie aktiv tätig ist, Souverän genannt. Die einzelnen Mitglieder werden als Bürger bezeichnet, sofern sie an der Souveränität partizipieren, wohingegen sie Untertanen heißen, wenn sie den Gesetzen unterworfen sind:

> „À l'instant, au lieu de la personne particulière de chaque contractant, cet acte d'association produit un Corps moral et collectif, composé d'autant de membres que l'assemblée a de voix, lequel reçoit de ce même acte son unité, son *moi* commun, sa vie et sa volonté. Cette personne publique, qui se forme ainsi par l'union de toutes les autres, prenait autrefois le nom de *Cité*, et prend maintenant celui de *République* ou de *Corps politique*: lequel est appelé par ses membres *État* quand il est passif, *Souverain* quand il est actif, *Puissance* en le comparant à ses semblables. À l'égard des associés, ils prennent collectivement le nom de *peuple*, et s'appellent en particulier *citoyens*, comme participant à l'autorité souveraine, et *sujets*, comme soumis aux lois de l'État".[296]

Bei der Lektüre dieser Zeilen wird deutlich, daß Rousseaus Ausführungen durchaus von den antiken Polisvorstellungen geleitet werden, da ihm erst die Stadt und dann der Staat Modell für sein Konstrukt der Rechtsperson stand. Nicht vermöge Zufalls spricht er nämlich zunächst von Stadt und nicht sogleich von einem 40-Millionen-Einwohner-Staat wie Frankreich, da dieses doch etwas üppige

---

294 Contrat, lib. 1, cap. 4.
295 Cf. KERSTING, op. cit., p. 152seq.
296 Contrat, lib. 1, cap. 4.

Bild einer Bevölkerung die Imaginationsfähigkeit seiner Leser aller Voraussicht nach überfordert hätte.[297]

Aus obiger Formel kann entnommen werden, daß der Akt der Vereinigung eine synallagmatische Obligation von Gemeinschaft und einzelnen enthält und daß jeder einzelne, indem er quasi einen Vertrag mit sich selbst schließt, in doppelter Hinsicht verpflichtet ist, nämlich zum einen als Glied des Souveräns gegenüber den einzelnen und als Glied des Staates gegenüber dem Souverän.

Die so generierte Rechtsperson ist als Kollektiv gegenüber sich selbst an kein konstituierendes Gesetz gebunden, so selbstredend auch nicht an den Gesellschaftsvertrag, schließlich vermag man keine Verträge mit sich selbst einzugehen. Der einzelne Bürger ist jedoch gegenüber dem Staat nie mehr Dritter, sondern mit ihm identisch.

Weil nun der Souverän nur aus den einzelnen besteht, hat er kein Interesse, das dem seiner Mitglieder zuwiderlaufen könne, denn der Gesamtwille kann nicht zu sich selbst in Widerspruch befindlich sein. Rousseau hat dies pointiert ausgedrückt: „Le souverain, par cela seul qu'il est, est toujours tout ce qu'il doit être".[298]

Nun kann jedoch jedes Individuum über einen Sonderwillen verfügen, welcher dem Gemeinwillen zuwiderläuft oder sich ganz von diesem differenziert. Damit der Gesellschaftsvertrag nun aber nicht zur Leerphrase degeneriert, inkludiere er stillschweigend jene Formel, die allein die anderen autorisiere, daß, wer immer sich dem Gemeinwillen verweigern würde, von der Gesamtheit der Körperschaft gezwungen werde, was nichts anderes hieße, als „qu'on le forcera d'être libre".[299] Diese Sanktionsgewalt gegen den in seinem Willen abweichenden einzelnen erstreckt sich bis zum Recht über Leben und Tod hin, da sie auch integraler Bestandteil des Sozialkontraktes sei.[300]

Bei Rousseaus „Kunstgriff", daß man den Partikularinteressen Verfolgenden zwingt, frei zu sein, handelt es sich fraglos um einen transparenten Taschenspielertrick, der dem Rousseauschen Vertragskonstrukt alles andere als ein persuadierendes Zeugnis ausstellt. Aus unserer heutigen Perspektive wäre man fast geneigt,

---

297 Seine Vorliebe gegenüber dem antiken Polismodell findet seinen Ausdruck insbesondere im vierten Buch seines *Contrat-Social* [cf. Contrat, lib. 4, cap. 2-7].

298 Contrat, lib. 1, cap. 7.

299 Ibid.; cf. hierzu die recht eigenwillige, aber originelle Interpretation dieser Sentenz von John Plamenatz [cf. PLAMENATZ, J.: „Was nichts anderes heißt, als daß man ihn zwingen wird, frei zu sein", in: BRANDT, R./HERB, K. (eds.): Jean-Jacques Rousseau. Vom Gesellschaftsvertrag oder Prinzipien des Staatsrechts, Berlin, 2000, pp. 67-82.

300 Cf. Contrat, lib. 2, cap. 5.

dieser Theorie totalitäre Züge zu attestieren, schließlich bleibt dem einzelnen nur ein unbedingtes Selbstidentifikationsrecht mit dem allgemeinen Willen.

An dieser Stelle ist es maßgeblich darauf hinzuweisen, daß Rousseau zwischen dem Gesamtwillen (*volonté de tous*) und dem Gemeinwillen (*volonté générale*) scharf differenziert hat. So haben wir bereits an anderer Stelle gesehen,[301] daß dem Gemeinwillen das *bonum commune* immanent ist, es kann niemals irren, schließlich zielt es auf das für die Allgemeinheit Beste ab.[302] Nun kann natürlich auch der Fall eintreten, daß der Gemeinwille etwas irrtümlich für das Gemeinwohl hält, das heißt für etwas, was den Interessen des Staates, sprich der Allgemeinheit, zuwiderläuft. Dann handelt es sich aber nicht mehr um den Gemeinwillen, weil dieser, wie wir gesehen haben, niemals irren kann, sondern um den Gesamtwillen:

„[...] mais il ne s'ensuit pas que les délibérations du peuple aient toujours la même rectitude. On veut toujours son bien, mais on ne le voit pas toujours. [...] a souvent bien de la différence entre la volonté de tous et la volonté générale: celle-ci ne regarde qu'à l'intérêt commun; l'autre regarde à l'intérêt privé, et n'est qu'une somme de volontés particulières. Mais ôtez de ces mêmes volontés les plus et les moins qui s'entre-détruisent, reste pour somme des différences la volonté générale".[303]

Damit ist das Gemeinwohl nicht die Summe der Partikularinteressen, sondern eine Art Average der Gesamtzahl der Interessen. Rousseau legt nämlich genau dar, wie der Gemeinwille aus dem Gesamtwillen eruierbar ist. Mithin sollen vom Gesamtwillen die Extrempositionen subtrahiert werden und aus der Summe der Differenzen bilde sich dann der Gemeinwille. Rousseau konzediert allerdings, daß der Gemeinwille nur selten dem Gesamtwillen entspräche und die Mehrheit – wie oben dargelegt – nicht immer richtig dezidiert, da sich das Volk auch täuschen könne.[304]

Wie grotesk wirklichkeitsfern dieses arithmetische Ermittlungsprodukt indes ist, bemerkte dann sogar der von Idealismus angetriebene Rousseau.[305] Daher bringt er seine Idealform der politischen Tugend mit auf den Plan. So ist er überzeugt davon, daß sich beim Übergang des Menschen aus dem Naturzustand in

---

301 Cf. cap. 3.10, p. 86.
302 „Il s'ensuit de ce qui précède que la volonté générale est toujours droite et tend toujours à l'utilité publique; [...]" [Contrat, lib. 2, cap. 3].
303 Ibid.
304 Cf. Contrat, lib. 2, cap. 1 et 3.
305 Die „Unwissenheit" des Volkes versucht Rousseau damit auszugleichen, daß er ihm einen Geburtshelfer in Form eines „Verfassungsverfassers", wie zum Beispiel Lykurg, zur Seite stellt: Eine gesetzgebende Befugnis soll dieser „Ghostwriter der Verfassung" allerdings nicht erhalten, da nach dem Sozialkontrakt nur das Volk als Souverän berechtigt ist, Gesetze zu erlassen [cf. Contrat, lib. 2, cap. 7].

den zivilisierten Zustand, den er *état civil* nennt, eine sittliche Veränderung zur Tugend hin vollzieht, die auf der Einsicht in die Vernunft basiert:

> „Ce passage de l'état de nature à l'état civil produit dans l'homme un changement très remarquable, en substituant dans sa conduite la justice à l'instinct, et donnant à ses actions la moralité qui leur manquait auparavant. C'est alors seulement que, la voix du devoir succédant à l'impulsion physique et le droit à l'appétit, l'homme, qui jusque-là n'avait regardé que lui-même, se voit forcé d'agir sur d'autres principes, et de consulter sa raison avant d'écouter ses penchants".[306]

Mit dem Erwerb des bürgerlichen Standes gewänne der Bürger außerdem noch die sittliche Freiheit, die den Menschen tatsächlich zum Herrn seiner selbst macht. Denn der noch im Naturzustand vorhandene Trieb, alles zu begehren, sei Sklaverei; der Gehorsam wider das selbstauferlegte Gesetz hingegen die wirkliche Freiheit. Indes der Zustand der Tugend fortdauert, sei auch der darauf fundamentierte Gemeinwille unzerstörbar. Demzufolge ist der Rousseausche Staatsentwurf mitnichten ein wertneutraler, von technokratischen Überlegungen geleiteter Organisationsplan, sondern ein utopisch-idealistischer Appell an die menschliche Sittlichkeit.[307] Sein daraus resultierender Anspruch kann – wie bei seinem hochberühmten Erziehungsroman *Émile* (1762) – als durchaus megalonom taxiert werden, denn wer sich keine geringere Aufgabe gestellt hat, als „einen neuen Menschentyp" zu erschaffen, der sollte nach Möglichkeit zunächst dafür Sorge tragen, seine fünf Kinder nicht allesamt ins Findelhaus abzuschieben.[308]

Doch kehren wir zurück zu der eigentlichen Staatstheorie Rousseaus. Im dritten Buch seines *Contrat-Social* stellt er zunächst die drei klassischen Staatsformen Demokratie, Aristokratie und Monarchie vor, wobei er auch die Mischung aus den drei Vorgenannten nach polybischem Muster diskutiert. Seine Schlußfolgerung fällt jedoch gleichergestalt aus, wie er sie bereits in Bezug auf die beste Regierungsform formuliert hat: daß es auf den jeweiligen Individualfall ankäme, da sowohl die gemischten wie auch die reinen Regierungsformen ihre Vor- und Nachteile hätten:

> „Car les *maximum* de force et de faiblesse se trouvent également dans les Gouvernements simples; au lieu que les formes mixtes donnent une force moyenne".[309]

---

306 Contrat, lib. 1, cap. 8.
307 Cf. cap. 3.7, p. 58.
308 Daran ändert auch nichts, daß Robert Wokler rabulistisch versucht, den *Émile* als „ein Werk persönlicher Buße" darzustellen [cf. WOKLER, R.: Rousseau, Freiburg im Breisgau, 2001, p. 12seq.].
309 Contrat, lib. 3, cap. 7.

Dies ändert jedoch nichts an der Tatsache, daß letztendlich nur eine legitime Staatsform für Rousseau existiert, wie er im vierten Kapitel seines dritten Buches im *Contrat-Social* darlegt: die Republik. Ihm schwebt hierbei die Republik in der Reinform einer direkten Demokratie vor. Allerdings räumt er ein, daß es in der engumfaßten Definition von tatsächlicher Volksherrschaft diese *in realiter* niemals gegeben habe. Es würde sich nämlich gegen die natürliche Ordnung richten, daß die Majorität regiert und die Minorität regiert wird. Man könne sich nämlich nicht vorstellen, daß das Volk ununterbrochen versammelt wäre, um die öffentlichen Angelegenheiten zu entscheiden. Ferner könnte man keine Ausschüsse bilden, da man ansonsten wieder die direkte Demokratie *de facto* in eine indirekt-repräsentative transferieren würde.[310]

Rousseau führt noch eine Reihe weiterer Konditionen auf, die erfüllt sein müssen, damit eine demokratische Regierungsform schlechterdings einmal als realisierbar erscheint:

1.) „un État très petit, où le peuple soit facile à rassembler, et où chaque citoyen puisse aisément connaître tous les autres; [.]
2.) une grande simplicité de mœurs, qui prévienne la multitude d'affaires et les discussions épineuses; [.]
3.) beaucoup d'égalité dans les rangs et dans les fortunes, sans quoi l'égalité ne saurait subsister longtemps dans les droits et l'autorité; [.]
4.) peu ou point de luxe".[311]

Zu diesen vier aufgelisteten Punkten muß dem Dafürhalten Rousseaus nach noch ein weiteres unabdingbares, staatsleitendes Prinzip hinzutreten: das der Tugendhaftigkeit. Hierbei bezieht er sich auf einen „berühmten Autor der Republik", der allerdings noch nicht alle Bedingungen, die für die Etablierung dieser Staatsform notwendig seien, in aller Präzision umrissen habe; dabei ist Montesquieu gemeint und Rousseau spielt auf eine Stelle aus dem *De L'esprit des Lois* an:

„Mais, dans un État populaire, il faut un ressort de plus, qui est la VERTU.
Ce que je dis est confirmé par le corps entier de l'histoire, et est très conforme à la nature des choses. Car il est clair que dans une monarchie, où celui qui fait exécuter les lois se juge au-dessus des lois, on a besoin de moins de vertu que dans un gouvernement populaire, où celui qui fait exécuter les lois sent qu'il y est soumis lui-même, et qu'il en portera le poids".[312]

---

310 Cf. Contrat, lib. 3, cap. 4.
311 Ibid.
312 Lois, lib. 3, cap. 3.

Aus obiger Aufzählung, verbunden mit der hohen Anforderung an die Tugend, wird sehr schnell ersichtlich, daß in der Realität kaum alle Faktoren im Verbund auftreten, wessentwegen sich die demokratische Regierungsform in Gestalt der Republik fast nirgendwo etabliert hat. In diesem Sinne ist auch die berühmt gewordene Sentenz von Rousseau zu deuten:

„S'il y avait un peuple de Dieux, il se gouvernerait démocratiquement. Un Gouvernement si parfait ne convient pas à des hommes".[313]

Darin vermag auch der Grund zu suchen sein, daß Rousseau, ob der Vielzahl der zu erfüllenden Bedingungen, die erst den Weg frei machen, um eine Republik zu begründen, einzig Korsika für tatsächlich befähigt hielt, die im *Contrat-Social* dargelegten Grundgedanken in die Tat umzusetzen und Wirklichkeit werden zu lassen. Dieserhalb hat er, wohl auf ausdrücklichen Wunsch der Korsen hin, ein *Projet de constitution pour la Corse* (1765) elaboriert. Über den Status eines „Projektes" sollte der Verfassungsentwurf für Korsika allerdings bis zum heutigen Tage nicht hinausreichen.

Die mangelnde Umsetzbarkeit seiner im *Contrat-Social* dargelegten Reflexionen zeigt sich gleichergestalt auch beim zweiten Versuch, nämlich in der Schrift *Considérations sur le gouvernement de Pologne et sur sa réformation projettée* (1771), seine staatstheoretischen Ideen in Form eines konstitutionellen Entwurfs zu unterbreiten. Nicht nur, daß sich dieses Ansinnen aus politischen und sozialen Antezedenzien als weit schwieriger entpuppte als das vorangegangene, sondern gleichwohl auf Grund der geographischen Größe erscheint dieses Unterfangen *a priori* quästioniert. Schließlich hat Rousseau selbst geschrieben, daß eine solche Konzeption, wie in seinem Gesellschaftsvertrag skizziert, nur für kleine Staaten, am besten Stadtstaaten, in Betracht zu ziehen ist.[314] Außerdem hat er die Gleichheit als staatsstiftendes Element angesehen; diese wäre in Polen erst mit der Bauernbefreiung auf eine einigermaßen gefestigte Grundlage gestellt worden. Denn Gleichheit ist die Rousseausche Bedingung für Freiheit. Lediglich wenn keiner so reich ist, daß er den anderen „kaufen" kann, und in Entsprechung niemand so arm ist, daß er sich „verkaufen" muß, ist es möglich, einen Gemeinwillen ohne andere Abhängigkeit zu begründen.[315] Daß in dem agrarisch-feudalen Polen eine solche Idee von der herrschenden Aristokratie alles andere als mit Begeisterungsstürmen aufgenommen wurde, verwundert mitnichten, obschon Rousseau statt der direkten Demokratie für die Exekutive eine Wahlaristokratie vorge-

---

313 Cf. Contrat, lib. 3, cap. 4.
314 Cf. Ibid.
315 Cf. Anm. 262, p. 81.

schlagen hatte.[316] Ganz ohne Nachklang sollten die *Betrachtungen über die Regierung Polens* allerdings mitnichten verhallen, hatten sie doch einen ganz eklatanten Einfluß auf die Genese und Ausformung des Selbstverständnisses, das Polen sich selbst im Laufe des 19. Jahrhunderts angeeignet und der europäischen Öffentlichkeit nahegebracht hatte. Maßgeblich waren dafür die polnischen Romantiker responsabel, wie zum Beispiel Adam Mickiewcz (1798 – 1855), der den Rousseauschen Entwurf in ganzen Passagen auswendig zu rezitieren vermochte.

Abschließend kann trotz des unbestreitbaren und gravierenden Einflusses, den sein Werk auf die Revolution nahm, dennoch emphasiert werden, daß das Wort *Revolution* kein einziges Mal im *Contrat-Social* genannt wird. Rousseau dachte nie daran, daß man seine Staatstheorie auf revolutionäre oder gar gewaltsame Weise Realität werden lassen soll. Gerade das Bedürfnis nach Regelung und Ordnung schimmert allgegenwärtig durch seinen Gesellschaftsvertrag durch. Daher formuliert er auch kristallklar an mehreren Stellen, obschon er sich gegen den Absolutismus richtet und sowohl die monarchische als auch die aristokratische Staatsform scharf kritisiert,[317] daß nicht jede Regierungsform für jedes Land geeignet ist und daß sich die direkte Demokratie nach seiner Vorstellung nur realisieren läßt, wenn eine Vielzahl von Erfordernissen im Verbund mit einer wirklichen Bürgertugend erfüllt ist.[318]

Wenden wir uns nunmehr der Auseinandersetzung Maistres mit den oben skizzierten Hauptlehren aus dem *Contrat-Social* zu. Der savoyardische Graf hat sein ganzes Buch *De la souveraineté du peuple* der Widerlegung Rousseaus Thesen verschrieben. Dieserhalb sah er sich auch veranlaßt, seinem Werk, das im Lausanner Exil im Sommer 1794 begonnen wurde, als der Blutterror der Französischen Revolution seinen Zenit erreichte, und das er in den ersten Monaten des Jahres 1795 weiterführte, bis er die Arbeit daran im Juli desselben Jahres schließlich unvollendet abbrach, den Untertitel *Un Anti-Contrat-Social* zu geben.[319] Da-

---

316 Maistre spielt in seinem *Anti-Contrat-Social* auf die vergeblichen Bemühungen Rousseaus an, den wirren politischen Verhältnisse in Polen einen konstruktiven Ordnungsvorschlag gegenüberzustellen: „Certaines nations sont destinées, peut-être *condamnées* à la monarchie élective: la Pologne, par exemple, étoit soumise à ce mode de souveraineté. Elle a fait un effort en 1791 pour change sa constitution en mieux. Voyez ce qu'il a produit: on pouvoit en prédire l'issue à coup sûr: La nation étoit trop d'accord ; il y avoit trop de raisonnement, trop de prudence, trop de philosophie dans cette grande entreprise ; la noblesse, par un généreux dévouement, renonçoit au droit qu'elle avoit à la couronne" [Souveraineté, p. 188seq.].
317 Cf. vor allem: Contrat, lib. 3, cap. 4-6.
318 Cf. Contrat, lib. 3, cap. 4, lib. 2, cap. 11, lib. 4, passim.
319 Der Text wurde noch einmal vollständig von Maistre im Januar 1815 in Sankt Petersburg redigiert. Cf. zu der Entstehungsgeschichte des *Anti-Contrat-Social* weiter-

bei handelt es bei dieser Schrift schlechterdings nicht um eine direkte und abschließende Auseinandersetzung mit der Französischen Revolution, diese erfolgte
erst kurze Zeit später in seinen wesentlich bekannteren *Considérations sur la
France* (1797), sondern um eine politisch-philosophische Widerlegung des gesamten Sozialkontraktes Rousseauscher Prägung, die Maistre, gleichermaßen wie
Haller, als die Grundwurzel allen Übels in Frankreich und Europa ansah.

Bereits zu Beginn richtet sich Maistre gegen die These Rousseaus, daß der
Gesetzgeber weder Beamter noch Herrscher sei.[320] Er bezweifelt unter Berufung
auf die Weltgeschichte, daß ein Herrscher nicht in der Lage wäre, sinnvolle und
gute verfassungsgebende Gesetze zu geben. Maistre greift darin das von Rousseau aufgeführt Beispiel der Dezemvirn aus dem 7. Kapitel des 2. Buches des
Contrat-Social auf:

„Ici, il faut se taire: Rousseau parlant lui-même comme législateur, il n'y a plus rien à
répondre. Cependant il cite aussi l'histoire, et il n'est pas inutile d'examiner comment il
s'en acquitte.
     « Rome, dit-il, dans son plus bel âge ... se vit prête à périr pour avoir réuni sur les
mêmes têtes (les décemvirs) réunirent le pouvoir souverain et le pouvoir souverain »
     En premier lieu, le pouvoir législatif et le pouvoir souverain étant la même chose sui-
vant Rousseau, c'est tout comme s'il avoit dit que les décemvirs réunirent le pouvoir souverain.
     En second lieu, puisque, suivant Rousseau même, « les décemvirs ne s'arrogèrent ja-
mais le droit de faire passer aucune loi de leur propre autorité » et qu'en effet les lois
qu'ils avoient rédigées furent sanctionnées par l'assemblée des centuries, c'est encore
comme s'il avoit dit que les décemvirs eurent l'autorité législative et n'eurent pas
l'autorité législative".[321]

Hierin legt Maistre den Finger auf eine gewichtige Kontradiktion in diesen
Ausführungen. Selbstredend erkennt man die Intention Rousseaus, daß er den
Gesetzgeber im Sinne eines „Verfassers der Verfassungstexte" verstanden wissen
möchte, aber dann darf er nicht einerseits behaupten, die Dezimvirn verkörperten
sowohl die höchste Macht als auch die gesetzgebende Macht und daher sei Rom
dem Untergang geweiht gewesen, und andererseits, daß sich das Dezimvirat niemals das Recht angemaßt hätte, selbst und in eigener Autorität Gesetze zu verabschieden,[322] denn damit erscheint sein Beispiel alles andere als stringent und in
sich nicht schlüssig.

---

führend: DARCEL, J.-L.: Introduction, in: MAISTRE, J. de: De la souveraineté du
     peuple. Un anti-contrat-social, Paris, 1992, pp. 7-14; p. 89.
320 Cf. Anm. 305, p. 95.
321 Souveraineté, p. 114.
322 „Cependant, les Décemvirs eux-mêmes ne s'arrogèrent jamais le droit de faire passer
     aucune loi de leur seule autorité" [Contrat, lib. 2, cap. 7].

Im Gegenzug daran folgert Maistre unter Zuhilfenahme eines Plutarch-Zitates, daß gerade der Verfassungsgesetzgeber einer Nation über eine umfassende Macht verfügen müsse, schließlich sei er geboren, um zu befehlen, darüber hinaus von Natur mit einer wirksamen Gnade ausgestattet, Menschen dazu zu bringen, ihm freiwillig untertan zu sein, weil er von den Göttern geliebt wird und mehr Gott als Mensch sei.[323] Dadurch betont Maistre das sakrale und mystische Moment der Gesetzgebung, wie sie vielen großen Legislatoren beigegeben war, wie beispielsweise Lykurg, Moses, Mohammed. Entgegen der Rousseauschen These, der die Legislative lieber profanisiert, versieht sie Maistre mit dem Sakralen und Religiösen. Sah dieser sein Ideal doch in der Trinität Gott, Thron und Nation verwirklicht. Darob kommen Rousseau und Maistre, wie bereits oben dargelegt wurde, auch zu völlig unterschiedlichen Interpretationen der Schriften Warburtons, *The Alliance between Church and State* (1736) und *The Devine Legation of Mose* (1737 – 1741).[324] Rousseau kritisiert es nämlich, wenn Religion und Politik dasselbe Ziel verfolgen,[325] indes sieht Maistre die Religion als Fundament der Politik an.[326] Dies wird insbesondere deutlich, wenn man sich die Definition von Verfassung nach Maistre näher ansieht:

„Toute mode particulier de gouvernement est une œuvre divine, comme la souveraineté en général. Une constitution dans le sens philosophique n'est donc que le mode d'existence politique attribué à chaque nation par puissance au-dessus d'elle : et, dans un sens inférieur, une constitution n'est que l'ensemble des loix plus ou moins nombreuses qui déclarent ce mode d'existence".[327]

Daraus resultiert der providentielle Bezug Maistres bei der Verfassungsgebung. Seinem Dafürhalten nach ist jedwede Regierungsform göttlichen Ursprungs. Die philosophische Deutung, wie sie Rousseau weit eher vertreten hätte, sieht er als regulative Bestimmungen des alltäglichen Lebens, die von Menschenhand geschaffen, nicht einmal wirklich von Nöten seien. Daher schließt er diese Sicht der Verfassung auch mit einem Tacitus-Zitat ab: „Pessimæ reipublicæ plurimæ leges".[328]

---

323 Cf. Souveraineté, p. 117.
324 Cf. cap. 3.9, p. 74.
325 Nach Rousseau, obschon er wesentlich gläubiger als Montesquieu oder Hobbes war, sollte im Staat nur ein minimalreligiöser Konsens herrschen (*religion civile*), der eher die Funktion eines Sittenfundaments einnimmt als die einer spirituellen Quelle. Allerdings müßte, wer ihr nicht anhängt, mit dem Tode puniert werden, mitnichten jedoch aus religiösen, sondern aus politischen Motiven heraus [cf. Contrat, lib. 4, cap. 8].
326 Cf. Souveraineté, p. 119.
327 Souveraineté, p. 142.
328 Cf. ibid.

Wie sehr Maistre die geschriebenen Gesetze und Konstitutionen perhorreszierte, wird ersichtlich, wenn er den Menschen *in toto* die Fähigkeit abspricht, schlechterdings Verfassungen zu erlassen, da ein geschriebenes, also menschliches Gebot nichts anderes sei als ein Regreß auf ein früheres, ungeschriebenes, ergo göttliches Gesetz:

> „Toute constitution proprement dite est une *création* dans toute la force du terme, et toute *création* passe les forces de l'homme. La loi écrite n'est que la déclaration de la loi antérieure et non écrite. L'Homme ne peut se donner des droits à lui-même, il ne peut que défendre ceux qui lui sont attribués par une puissance supérieure, et ces droits sont les *bonnes coutumes*, bonnes parce qu'elles ne sont pas écrites, et parce qu'on ne peut en assigner ni le commencement ni l'auteur".[329]

Die Logik, daß ein Mensch unmöglich Schöpfer sei, da der Akt des Schöpfens eines Gottes bedürfe, dient Maistre als weiteres Indiz für die Richtigkeit seiner These. Dabei ist es ein wesentliches Element des Maistreschen Menschenbildes, daß der Mensch lediglich dazu im Stande ist, die von Gott erhaltenen Gesetze zu verteidigen, nicht aber sich selbst welche zu geben. Damit geht er sogar noch ein maßgebliches Stück weiter als Bossuet, der dem Volk im Verbund mit Gott zumindest eine grundsätzliche Partizipation am Gesetzgebungsprozeß konzediert.[330]

Geradezu vernichtend fällt dieserhalb sein abschließendes Urteil über die verfassungsgebenden Gesetze aus:

> „Toute loi constitutionnelle n'est qu'une déclaration d'un droit antérieur ou d'un *dogme politique*. Et jamais elle n'est produite que par la contradiction d'un parti qui méconnoit ce droit ou qui l'attaque : en sorte qu'une loi qui a la prétention d'établir *a priori* un nouveau mode de gouvernement est un acte d'extravagance dans toute la force du terme".[331]

Demzufolge versucht Maistre hier, die menschliche Exanimation dadurch hervorzuheben, daß für ihn ein menschliches Gesetz, das den Versuch unternimmt, a priori eine neue Regierungsart zu errichten, ein Unterfangen ist, welches fast schon verwegene Züge annimmt, da ein solches ohnehin stets auf ein früheres Recht oder politisches Dogma rekurrieren würde. Folglich sei es auch nicht durch den Widerspruch einer Partei entstanden, welche das ältere Recht in Abrede stellt. Natürlich besteht hierbei eine Differenz zu den rationalistisch-aufgeklärten Rousseauschen Überzeugungen, die größer nicht sein könnte.

---

329 Souveraineté, p. 145.
330 Cf. cap. 3.9, p. 72.
331 Souveraineté, p. 146.

Diese Tatsache findet ihren Ausdruck nicht zuletzt auch an der Stelle, an welcher sich Maistre mit den einzelnen Staatsformen auseinandersetzt. Interessant ist hierbei der Umstand, daß er in ähnlicher Weise wie Rousseau vorgeht. So behandelt er zunächst die Monarchie, dann die Aristokratie und schließlich die Demokratie. Selbst wenn Rousseau in genau umgekehrter Reihenfolge verfährt, so kumulieren seine Thesen aus diesen tripartiten Betrachtungsweisen auch in einem Kapitel, das die Frage nach der besten Regierungsform erörtert.

Wenn Maistre das erste Kapitel „Über die Monarchie" mit dem Satz: „On peut dire en général que tous les hommes naissent pour la monarchie"[332] beginnen läßt, beabsichtigt er dies als Antwort auf das berühmte Diktum Rousseaus „L'homme est né libre, et partout il est dans les fers"[333] verstanden zu wissen.

Darob greift Maistre die Vorverurteilungen Rousseaus gegenüber der Monarchie scharf an. Er wirft ihm dabei vor, auf der einen Seite mit Montesquieu konzediert zu haben, daß nicht alle Völker für dieselbe Regierungsform geschaffen seien, sondern daß jede Nation die für sie am besten passende habe,[334] er andererseits sich aber über die Erbfolge in den Monarchien beklagt, welche die Völker der Gefahr aussetzt, „Kinder, Monster und Idioten als Oberhäupter" zu erhalten.[335] Diesen „Einwand einer Kammerzofe" wischt Maistre mit einem Cislaweng vom Tisch, erst auf den nachfolgenden geht er argumentativ ein:

„Un roi mort, il en faut un autre; les élections laissent des intervalles dangereux; elles sont orageuses; et à moins que les citoyens ne soient d'un désintéressement, d'une intégrité que ce Gouvernement ne comporte guère, la brigue et la corruption s'en mêlent. [...] On a rendu les couronnes héréditaires dans certaines familles; [...]".

Dieses Rousseausche Argument wird von Maistre in sein Gegenteil verkehrt: Die Monarchien seien dermaleinst allesamt wählbar gewesen, und die Völker hätten nach vielerlei Unannehmlichkeiten, die aus dem Habitus der Wahlmonarchie resultierten, sich hiernach in ihrer Weisheit für die Erbmonarchie als die bessere Regierungsform entschieden. Als Beleg dient ihm die Erfahrung der Geschichte, wobei es wichtig ist darauf hinzuweisen, daß sich ein Volk niemals eine Regierung selbst gegeben habe, wessenthalben die Idee von Übereinkunft und Beratung eine Chimäre und jede Herrschaft eine Schöpfung ist.[336] Ob sich diese Sentenz vor dem Hintergrund der gerne auf seine Seite gezogenen „Erfahrung der Geschichte" wirklich als wahrhaftig erweist, darf als quästioniert angesehen werden, schließlich müßte, sofern man der Maistreschen Logik Folge leisten würde,

---

332 Souveraineté, p. 185.
333 Contrat, lib. 1, cap. 1.
334 Cf. cap. 3.10, p. 82.
335 Cf. Souveraineté, p. 188.
336 Cf. ibid.

jedwede antike Polis, die römische Republik und alle italienischen und helveti-
schen Stadtstaaten ihre Regierungen fremdbestimmt erhalten haben.

Rousseau weist fernerhin auf die ihm sehr wichtige Tugendhaftigkeit hin; daß
diese bei einem Monarchen mitnichten stets gewährleistet ist, selbst wenn die königlichen Politiker beständig darauf insistierten:

> „De cette même incohérence se tire encore la solution d'un sophisme très familier aux
> politiques royaux; [...] mais encore de donner libéralement à ce magistrat toutes les vertus
> dont il aurait besoin, et de supposer toujours que le prince est ce qu'il devrait être:
> [...]".[337]

Maistre hält dem entgegen, daß die Regierung eines einzelnen mit Sicherheit
diejenige sei, in welcher sich die Laster des Herrschers am wenigsten auf das regierte Volk auswirken würden. In den absoluten Regierungen würden die Fehler
des Königs schlechthin nicht alles auf einmal verderben, da sein Wille allein
nicht alles bewirken könne. Hingegen könne eine republikanische Regierung
durchaus im Stande sein, in einem verirrten Moment alles mit sich fortzureißen,
da der allgemeine Wille über eine ungleich stärkere Kraft verfüge. Denn in einer
Monarchie wird der Wille des Königs nur *betrachtet*, als bewirke er alles. Das sei
der große Vorteil dieser Regierungsform. Religion, Gesetze, Gebräuche und die
öffentliche Meinung sowie Privilegien der Orden und Körperschaften setzten
dem Herrscher Schranken und hinderten ihn daran, seine Macht zu mißbrauchen.
Dabei sei es sogar recht bemerkenswert, daß die Könige wesentlich häufiger an-
geklagt würden, nicht über genügende Willenskraft zu verfügen. Stets seien es
die Berater des Königs, die regieren würden.[338]

Diese Erläuterungen und Argumente erinnern an die Montesquieuschen Zwischengewalten, obzwar Maistre die Gewaltenteilung im Sinne der Lockeschen
oder Montesquieuschen Lehren abgelehnt hat.[339] Was seine Ansichten bezüglich
der Beschränktheit selbst des absoluten Herrschers konzerniert, so besteht neben
den bereits erwähnten Zwischengewalten in Form des Adels und der Orden sowie
sonstiger physischer Körperschaften durchaus eine Limitation, die der Absolutheit des monarchischen Wollens entgegensteht. Diese wäre insbesondere in den
metaphysischen Elementen wie der Moral und Religion zu suchen. Aber auch die
öffentliche Meinung ist ein wesentliches Steuerungsmoment in einer Monarchie,
obgleich noch nicht ganz so überzogen wie heutigentags, sollte es mitnichten als
zu gering taxiert werden.[340]

---

337 Contrat, lib. 3, cap. 6.
338 Cf. Souveraineté, p. 190seq.
339 Cf. Souveraineté, p. 179-184.
340 Man denke nur an die „Halsbandintrige", welcher der Königin Marie-Antoinette zum
    Verhängnis gereichte.

Die Maistreschen Betrachtungen über die Monarchie enden dieserhalb auch mit einem Appell an die Religion und den Glauben, welche den sophistischen Einflüsterungen der Vernunft und den theoretischen philosophisch-profanen Deliberationen entgegengestellt werden sollen:

> „Puissent aussi les peuples de l'Europe fermer l'oreille à la voix des sophistes, et, détournant les yeux de toutes les illusions théoriques, ne les fixer que sur ces loix vénerables qui sont rarement écrites, dont il n'est possible d'assigner ni les époques ni les auteurs, et que les peuples n'ont pas faites, mais qui ont les peuples.
> *Ces loix viennent de Dieu: le reste est des humains!*".[341]

So rekurriert Maistre erneut auf seine oben vorgestellte These von der göttlichen Ursprünglichkeit der Gesetze. Es wird, wie an so vielen Stellen seines Werkes, überdeutlich, daß sein wahrer Feind nicht die Revolution eo ipso ist, sondern die ihr vorausgegangenen Lehren, die Ausführungen und Reflexionen der sogenannten *philosophes*. In ihnen zeige sich der deistische oder gar atheistische Zeitgeist, an dessen erstem Triumph die Blutrevolution stand, die ihn ins Exil trieb und seine Existenzgrundlage vernichtete.

Ähnlich wie bei der Aristokratie divergieren die Ansichten von Rousseau und Maistre grundlegend. Beide bemerken ein und dasselbe Phänomen der aristokratischen Regierung, kommen aber zu völlig diametral entgegengesetzten Schlußfolgerungen. Die Definition der Aristokratie Maistres lautet:

> „Le gouvernement aristocratique es tune monarchie dont le trône est vacant. La *souveraineté y est en régence*".[342]

Im Anschluß daran annotiert er:

> „Les régents qui administrent la souveraineté étant héréditaires, elle est parfaitement séparée du peuple, et en cela le gouvernement aristocratique se rapproche du monarchique. Il ne peut cependant aristocratique se rapproche du monarchique".[343]

Daraus geht hervor, daß die Aristokratie nichts anderes sei, als eine Monarchie, deren Thron vakant ist. Möglicherweise hatte Maistre auch hier das aristokratische Regime von Polen vor Augen, das lange Jahre durch den dort ansässigen Adel ohne einen König regiert wurde. Eine Trennung der Funktion separiert das Volk, das beherrscht wird, von den Regenten, die herrschen. Da die Regenten, welche die Souveränität verwalten, ihre Funktion vermöge Erbschaft weitergeben und erhalten, verstärkt sich die Teilung der beiden Stände sogar noch zu-

---

341 Souveraineté, p. 206.
342 Ibid.
343 Ibid.

sätzlich und nähert sich der monarchischen an. Maistre geht sogar so weit, daß er die These aufstellt, daß

„[…] que tous les gouvernements non monarchique sont aristocratique, car la démocratie n'est qu'une aristocratie élective".[344]

In gewissem Sinne hat Maistre damit recht, daß es eine fast schon willkürliche Aussage treffen hieße, würde man ernsthaft behaupten, ab dieser oder jener Zahl spricht man von einer Demokratie und ab dieser oder jener Anzahl von Wählern oder Gewählten von einer Aristokratie. Dieses quantitative Merkmal für die Abgrenzung von Aristokratie zu Demokratie findet sich bereits bei Aristoteles, Platon und Polybios. Auch während der römischen Republik spielte die Quantität der Regierenden zum Verhältnis der Regierten besonders im Streit zwischen Optimaten und Popularen eine wesentliche Rolle.

Rousseaus Beobachtungen von dem Doppelcharakter der aristokratischen Staatsform sind bis zu diesem Punkt mit denen Maistres kommensurabel: „Nous avons ici deux personnes morales très distinctes, savoir, le Gouvernement et le souverain; […]".[345]

Dann allerdings spezifiziert Rousseau die „deux personnes morales":

„[…] et par conséquent deux volontés générales, l'une par rapport à tous les citoyens, l'autre seulement pour les membres de l'administration. Ainsi, bien que le Gouvernement puisse régler sa police intérieure comme il lui plaît, il ne peut jamais parler au peuple qu'au nom du souverain, c'est-à-dire au nom du peuple même: ce qu'il ne faut jamais oublier".[346]

Durch diesen dichotomen Gemeinwillen, dessen beide Glieder nach Rousseau absolut gleichberechtigt sind und sich lediglich durch ihre Funktionalität unterscheiden, gelangt er zu dem Schluß, daß die Aristokratie mehr zur Volksherrschaft tendiert, da die aristokratische Regierung nur im Namen des eigentlichen Souveräns, des Volkes in seiner Gesamtheit, Ordnung, also Gesetze im Inneren erlassen kann. Das heißt, die Aristokratie ist zwar vom regierten Volk zu unterscheiden, jedoch schlechthin nicht vermöge ihrer Wertigkeit. An dieser Stelle kommt das egalitäre Moment in der Rousseauschen Staatsauffassung recht deutlich zum Tragen. Folglich kann im Grundsatz durchaus der Rückschluß gezogen werden, daß Rousseau prinzipiell kein erklärter Feind der Aristokratie nach seinem Verständnis gewesen ist:

---

344 Ibid.
345 Contrat, lib. 3, cap. 5.
346 Ibid.

„Les premières sociétés se gouvernèrent aristocratiquement. Les chefs des familles délibéraient entre eux des affaires publiques. Les jeunes gens cédaient sans peine à l'autorité de l'expérience. De là les noms de *prêtres, d'anciens,* de *sénat,* de *gérontes.* Les sauvages de l'Amérique septentrionale se gouvernent encore ainsi de nos jours, et sont très bien gouvernés".[347]

Hierbei gibt Rousseau Aufschluß über seine Vorstellung bezüglich der ersten Gesellschaften, wobei sich bei dieser Beschreibung unweigerlich die Frage aufdrängt, ob eine solche Art des Zusammenlebens *vor* oder *nach* der Konstituierung des Sozialkontrakts Wirklichkeit gewesen ist. Indem er in seiner Skizzierung der weiteren Entwicklung der aristokratischen Frühgesellschaften fortfährt, zeigt er auf, wie es zu einer Korrumpierung der Macht kam und die Aristokratie zur Wahlaristokratie degenerierte.

Maistre hält dagegen, daß es sich bei den ersten Gesellschaften um überhaupt keine Wahlaristokratie handelte:

„Cela faux, si, par ces mots de *premieres* sociétés, Rousseau entend *les premiers peuples, les premières nations* proprement dites, qui furent toutes gouvernées par des rois. Toutes les observateurs ont remarqué la monarchie étoit le plus ancien gouvernement connu".[348]

Maistre trifft hier eine Unterscheidung zwischen den ersten Gesellschaften und den ersten Nationen, womit er die zivilisierte Form der Gesellschaft meint. Den späteren Einwand, daß die Wilden in Amerika sich selbst sehr gut aristokratisch regieren würden, läßt Maistre nicht gelten, da selbige seiner Meinung nach erst „halbe Menschen" seien, sprich die evolutionäre Stufe des „ganzen Menschsein" noch nicht erreicht hätten. Dies läge zum einen daran, daß sie sowohl physisch als auch moralisch dem modernen, zivilisierten Menschen des endenden 18. Jahrhunderts unterlegen seien.[349] Abgesehen davon, daß diese Sichtweise heute überholt scheint, hätte man auch zur damaligen Zeit dem hochchristlichen und ultramontanen Comte de Maistre vorhalten können, daß er in seinem individuellen Verständnis des Christentums entweder auf einem Auge blind ist oder den Bibeltext aus Genesis 1, 27 evident nicht begriffen hat. Besagt diese Stelle doch unmißverständlich, daß nicht nur der weiße Mensch ein Abbild Gottes sei.[350]

---

347 Ibid.
348 Souveraineté, p. 207seq.
349 Souveraineté, p. 208.
350 וַיִּבְרָ֨א אֱלֹהִ֤ים ׀ אֶת־הָֽאָדָם֙ בְּצַלְמ֔וֹ בְּצֶ֥לֶם אֱלֹהִ֖ים בָּרָ֣א אֹת֑וֹ זָכָ֥ר וּנְקֵבָ֖ה בָּרָ֥א אֹתָֽם
(„Gott schuf also den Menschen als sein Abbild; als Abbild Gottes schuf er ihn. Als Mann und Frau schuf er sie" [Gen 1, 27]). Von einem halben Menschen ist hier nicht die Rede.

Doch kehren wir wieder zu unserer Ausgangproblematik der unterschiedlichen Auffassungen von Aristokratie zurück. Maistre unterscheidet gleichergestalt wie Rousseau drei Arten von Aristokratie:

„En faisant abstraction de l'aristocratie naturelle qui résulte de la force physique et des talents, et dont il est fort inutile de s'occuper, il n'y a que deux sortes d'aristocraties, l'élective et l'héréditaire, comme l'observe Rousseau ; mais le mêmes notions étroites, les mêmes préjugés enfantins qui l'ont égaré sur la monarchie, l'ont fait déraisonner de même sur le gouvernement aristocratique".[351]

Mit dieser Differenzierung zwischen natürlicher, gewählter und erblicher Aristokratie gelangen beide zu einer gänzlich diametral entgegengesetzten Bewertung, welchen genannten Ausprägungen der Vorzug zu geben sei. Dabei wirft Maistre Rousseau dieselben Fehlschlüsse und Mißinterpretationen vor, denen dieser bereits im Hinblick auf die Monarchie erlegen sei. Für Rousseau ist die beste denkbare Form die Wahlaristokratie.

„Il y a donc trois sortes d'aristocratie: naturelle, élective, héréditaire. La première ne convient qu'à des peuples simples; la troisième est le pire de tous les Gouvernements. La deuxième est le meilleur; c'est l'aristocratie proprement dite".[352]

Dem widerspricht Maistre vehement, weil die Wahlmonarchie die schwächste und am wenigsten friedfertigste sei. Entsprechendes hat er bereits bei der Wahlmonarchie aufgezeigt.[353]

Dagegen argumentiert Rousseau, daß die Wahlaristokratie neben der Unterscheidung der zwei Gewalten dem Volk die Wahl der Regierungsbeamten beläßt. Außerdem sei die Wahl ein Mittel, bei dem Redlichkeit, Aufgeklärtheit und Erfahrung neben anderen Gründen ein Garant dafür seien, daß man weise regiert würde. Neben diesen inhaltlichen Vorteilen zählt Rousseau noch eine Reihe weiterer prozessualer Vorzüge auf.

Maistre wiederum sieht die von Rousseau aufgelisteten Vorzüge gerade und besonders in der Erbmonarchie verwirklicht, denn diese hätte besagte positive Eigenschaften allesamt in sich vereinigt, bevor das Zeitalter der Vernunft über Europa hereinbrach. Auch der Einwand Rousseaus, daß bei einer Erbaristokratie Kinder als Oberhäupter des Staates fungieren könnten, so wie es beispielsweise in Rom zwanzigjährige Senatoren gab, weist Maistre zurück, da die Unerfahrenheit der Jungen durch die Weisheit der Alten hinreichend kompensiert würde.[354]

---

351 Souveraineté, p. 209.
352 Contrat, lib. 3, cap. 5.
353 Cf. cap. 3.13, p. 103.
354 Maistre selbst wurde mit 21 Jahren für den savoyischen Senat tätig [cf. MAISTRE, H. de: Joseph de Maistre, Paris, 1990, pp. 63 et 163].

Überhaupt sei es desiderabel, sofern sich das Alte und das Neue fruchtbar und ersprießlich ergänzen.[355] Ein Gedanke, der für die damalige Zeit als besonders fortschrittlich erschien.

Rousseau und Maistre setzen sich in ihrer Kontroverse über die Vor- und Nachteile der Erb- und Wahlaristokratie auch mit Bern, der Heimatstadt Hallers, auseinander. Dabei räumt Rousseau ein, daß diese Stadt als beispielhafte Ausnahme für eine gut funktionierende Erbaristokratie herangezogen werden könne, wobei sie sich nur durch die äußerste Klugheit ihres Senates erhält.[356] Wenn Maistre darauf verweist, daß genau dieser Senat das Sinnbild für eine Aristokratie und das Hauptcharakteristikum der Staatsverfassung Berns war, so hat man dem nichts mehr hinzuzufügen:

„Mais le sénat de berne forme précisément l'essence du gouvernement Berne. C'est la tête du corps politique ; c'est la pièce principale sans laquelle ce gouvernement ne seroit pas ce qu'il est : c'est donc tout comme si Rousseau avoit dit: Le gouvernement aristocratique héréditaire est détestable ; l'estime de l'univers accordée depuis plusieurs siècle à celui de Berne ne contredit point ma théorie, car ce qui fait que ce gouvernement n'est pas mauvais, c'est qu'il est excellent. – O profondeur!".[357]

Betrachtet man sich diese zum Teil mit viel Esprit geführte Kontroverse, so kann man sich des Eindrucks eines gewissen „Nebelgefechtes" nicht erwehren. Denn weder Maistre noch Rousseau spezifizieren, was sie genau unter einer Wahlaristokratie verstehen, und vor allem, inwieweit und ob sie diese von einer repräsentativen Demokratie abgrenzen. Sie hätten beispielsweise bei ihrer tripartiten Differenzierung des Adelsbegriffs deutlich machen müssen, aus welchem Kreis und von wem die Aristokratie gewählt wurde. Es besteht nämlich ein erheblicher Unterschied darin, ob die Aristokratie nur aus ihren eigenen Reihen die Regierung wählt, oder ob das ganze Volk wahlberechtigt ist. Dies würde dann die Frage aufwerfen, ob wiederum nur Repräsentanten des Adels zur Wahl stünden, oder ob aus dem gesamten Volk Personen in die Regierung als Aristokraten gewählt werden können. Es wird ersichtlich, daß damit die Einteilung der beiden Theoretiker verschwimmt.

Ein ähnlich begrifflich-diffuses Bild zeigt sich auch bei der Auseinandersetzung Maistres und Rousseaus in bezug auf die Demokratie.

Maistre behauptet eingangs in seinem Kapitel *De la démocratie*, daß eine reine Demokratie so wenig existiere wie der absolute Despotismus.[358] Rousseau

---

355 Cf. Souveraineté, p. 210.
356 „[…] mais la seconde [sc. Bern] se maintient par l'extrême sagesse de son Sénat: c'est une exception bien honorable et bien dangereuse" [Contrat, Anm. **, lib. 3, cap. 5].
357 Souveraineté, p. 211.
358 Cf. Souveraineté, p. 216.

kommt, wenn gleichfalls in definitorisch etwas präziserer Form, zu einem ganz ähnlichen Ergebnis:

„A prendre le terme dans la rigueur de l'acception, il n'a jamais existé de véritable démocratie, et il n'en existera jamais. Il est contre l'ordre naturel que le grand nombre gouverne et que le petit soit gouverné. On ne peut imaginer que le peuple reste incessamment assemblé pour vaquer aux affaires publiques; et l'on voit aisément qu'il ne saurait établir pour cela des commissions, sans que la forme de l'administration change".[359]

Beide stimmen folglich darin überein, daß eine reine Form der Demokratie, in der tatsächlich das ganze Volk über jeden Belang qua Abstimmung befindet, so *in realiter* nicht existiert. Allerdings unterscheiden sie sich in ihren Begründungen ganz erheblich. Dies wird besonders signifikant, sofern man Maistres Definition von Demokratie in Betracht zieht: „Dans ce strict, je crois pouvoir définir la démocratie: *une association d'hommes sans souveraineté*".[360] Das heißt, wenn bei Rousseau gerade durch die Souveränität des Volkes Gesetze erst legitim werden, und er mithin eine Souveränität des Volkes ganz ausdrücklich bejaht, da nach seinem Dafürhalten der Gegenstand, über den befunden wird, so allgemein ist wie der Wille, der entscheidet, dann herrscht gegenüber der Maistreschen Sichtweise bezüglich Souveränität ein großer Dissens:

„Mais, quand tout le peuple statue sur tout le peuple, il ne considère que lui-même; et s'il se forme alors un rapport, c'est de. l'objet entier sous un point de vue à l'objet entier sous un autre point de vue, sans aucune division du tout. Alors la matière sur laquelle il statue est générale, comme la volonté qui statue. C'est cet acte que j'appelle une loi".[361]

Maistre indes bestreitet diese Definition von Gesetz, da kein Volk und kein Individuum eine Zwangsgewalt gegen sich selbst besäße; mithin ist es für ihn evident, daß es in einem demokratischen Staat keine Souveränität geben könne, selbst wenn man hypothetisch annähme, daß die Demokratie in ihrer reinen, streng definitorischen Form existiere. Dies begründet er wie folgt:

„[…] car il est impossible d'entendre par ce mot autre chose qu'un pouvoir réprimant qui agit sur le *sujet* et qui, lui, est placé hors de lui. De là vient que ce mot de *sujet*, qui est un terme relatif, est étrange aux républiques, parce qu'il n'y a point de souverain proprement dit dans uns république, et qu'il ne peut y avoir de *sujet* sans *souverain*, comme il ne peut y avoir de *fils* sans *père*".[362]

---

359 Contrat, lib. 3, cap. 4.
360 Souveraineté, p. 217.
361 Contrat, lib. 2, cap. 6.
362 Souveraineté, p. 218.

Darin greift Maistre wieder das Moment der Unteilbarkeit von Souveränität auf, das er in seinem ganzen *Anti-Contral-Social* mit allem Nachdruck vertritt. Er begründet dies damit, daß es in einer Republik keine Untertanen gäbe und mithin kein Herrscher existiere. Der im Zuge dieser Behauptung aufgestellte Vergleich mit dem Vater und den Söhnen hinkt jedoch, da es sich bei einer Republik nicht um eine Familienstruktur handelt, denn wie bereits Filmer und die Realität bewiesen haben, kann man sich seine Eltern nicht aussuchen oder gar durch Wahl bestimmen. Auch seine Logik, daß es sich bei dem aus dem Gemeinwillen resultierenden Beschluß nicht um ein Gesetz, sondern eine Vorschrift handle, will nicht so recht überzeugen. Für Maistre sind die Anordnungen, die auf diese Weise durch den Gemeinwillen konstituiert werden, weniger Gesetz, desto mehr es der Wille aller ist. Denn es würde aufhören, Gesetz zu sein, sofern es ohne Ausnahme das Werk all jener wäre, die ihm gehorchen müßten.[363] Da es aber nun keine reinen Demokratien gäbe, existiert auch kein auf freiwilliger Gemeinschaft begründetes Staatswesen. Souveränität entsteht insofern erst in dem Moment, in dem der Herrscher anfängt, nicht das ganze Volk zu sein, und sich in dem Maße verstärkt, indem sie weniger das ganze Volk verkörpert.[364]

Maistre greift auch die Fallibilität des Gemeinwillens an, indem er die schwärmerische Bewunderung Rousseaus für die politischen Konzepte der antiken Polis in ihre Schranken weist:

> „'La volonté générale', dit-il, 'est toujours droite et tend toujours à l'utilité publique ; mais les délibérations du peuple n'ont pas toujours la même rectitude ... Jamais on ne corrompt le peuple ; mais souvent on le trompe, et c'est alors seulement qu'il paroit vouloir ce qui est mal.›
> Bois, Socrates, bois ! et console-toi avec ces distinctions : le bon peuple d'Athènes *paroit* seulement vouloir ce qui est mal'".[365]

Mit diesen Vorhaltungen der demokratischen Verbrechen trifft Maistre selbstredend einen schmerzlichen Punkt, nämlich daß die Mehrheit des Volkes in bestimmten und wichtigen Situationen das Falsche und Schlechte zu tun im Stande ist. Fraglos wird dieses Schandmal der Demokratie noch nach Jahrtausenden trauriges Zeugnis ablegen. Doch seien wir eingedenk, zu welchen Ergebnissen wir gelangt sind, als wir den Tod des Sokrates in Hinblick auf den Gesellschaftsvertrag erörtert haben. Obzwar ihm von den Athenern in Form der Volksgerichtshöfe tödliches Unrecht zu teil wurde, gab er mitnichten der Regierungs-

---

363 Cf. Souveraineté, p. 218seq.
364 Cf. Souveraineté, p. 219.
365 Souveraineté, p. 231.

form, also der Demokratie die Schuld, denn sie hätte durchaus gerechte Gesetze hervorgebracht, sondern den Menschen, die sie mißbrauchten.[366]

Hieraus wird ersichtlich, daß Maistre und Rousseau mit zwei diametral entgegengesetzten Souveränitätsbegriffen operationalisieren. Für Maistre existiert die Volkssouveränität[367] schlichtweg nicht, indes sie für Rousseau die Grundlage für ein legitimes Regieren auf gesetzlicher Basis darstellt, obschon sie sich in ihrer reinen Form nur unter ganz bestimmten Umständen, wie bereits weiter oben dargelegt, zu konstituieren vermag.[368]

Abschließend kumulieren die drei Betrachtungsweisen der einzelnen Regierungsformen in die Frage, welche die beste Art von Herrschaft sei. Sowohl Maistre als auch Rousseau geben vordergründig zu, daß es sich bei dieser Frage um eine unlösbare und unentschiedene handelt:

> „Quand donc on demande absolument quel est le meilleur Gouvernement, on fait une question insoluble, comme indéterminée; ou si l'on veut, elle a autant de bonnes solutions qu'il y a de combinaisons possibles dans les positions absolues et relatives des peuples".[369]

Dagegen hat Maistre nicht das Geringste einzuwenden, er schließt jedoch daraus, daß wenn man behauptet, jedwedem Volk sei die Regierung gleichermaßen wie die Sprache immanent, es sich bei der Theorie des Gesellschaftsvertrages um nichts anderes handle als einen Schuljungentraum.[370] Man könnte hierbei einwenden, daß selbst die Sprache nichts auf ewig Statisches, sondern etwas Dynamisches darstellt, mithin sind Regierungsformen den gleichen Mutationsprozessen wie Völkerschaften und Nationen unterzogen. Dies haben wir bereits bei der Verfassungstheorie des Polybios anschaulich vor Augen geführt bekommen.[371]

Im weiteren Verlauf ihrer Darstellung kehren Rousseau und Maistre die originäre Fragestellung nach der besten Herrschaft in die Frage um, woran man erkennen könne, ob ein bestimmtes Volk gut oder schlecht regiert sei, da man dies durchaus beantworten könne. Rousseau läßt die Parameter einer guten oder schlechten Regierung, wie Ruhe und Ordnung, Sicherheit des Lebens und Besit-

---

366 Cf. cap. 3.1, p. 30.
367 Cf. zur derzeitigen Diskussion um den Volkssouveränitätsbegriff in der Aufklärung: MAUS, I.: „Volk" und „Nation" im Denken der Aufklärung, in: Blätter, tom. 5 (1994), pp. 602-612, sowie bezugnehmend darauf: FETSCHER, I.: Volk und Gesellschaftsvertrag bei Jean-Jacques Rousseau, in: Blätter, tom. 7 (1994), pp. 886-888.
368 Cf. cap. 3.13, p. 97.
369 Contrat, lib. 3, cap. 9.
370 Cf. Souveraineté, p. 234.
371 Cf. cap. 3.5, p. 47.

zes, Freiheit des einzelnen, Kriminalitätsbekämpfung und -prophylaxe nicht gelten. Für ihn scheint es nur einen wirklichen Gradmesser für die Taxierung einer Regierung zu geben:

> „Quelle est la fin de l'association politique? C'est la conservation et la prospérité de ses membres. Et quel est le signe le plus sûr qu'ils se conservent et prospèrent? C'est leur nombre et leur population. N'allez donc pas chercher ailleurs ce signe si disputé. Toute chose d'ailleurs égale, le Gouvernement sous lequel, sans moyens étrangers, sans naturalisation, sans colonies, les citoyens peuplent et multiplient davantage, est infailliblement le meilleur. Celui, sous lequel un peuple diminue et dépérit, est le pire. Calculateurs, c'est maintenant votre affaire; comptez, mesurez, comparez".[372]

Rousseau bewertet demzufolge die Güte einer Regierung an dem Vermehrungsgrad der Bevölkerung. Damit ist diejenige Regierungsform für ihn die beste, welche den höchsten Populationsanstieg zu verzeichnen hat. Diese fast schon aberwitzige Berechnungsgrundlage wird auch nicht weiter von ihm erläutert, da er wohl annimmt, daß ihre bloße Konstatierung für sich spräche. Selbst wenn man berücksichtigt, daß die damalige Zeit durch eine enorm hohe Kindersterblichkeit sowie kriegerische Auseinandersetzungen und flächendeckende Krankheiten gekennzeichnet war, so stieg selbst im absolutistischen Frankreich die Bevölkerungszahl von Jahr zu Jahr an. Ähnliches ließ sich in ganz Europa feststellen, wonach das Populationswachstum als besonders independentes Konstantum unter den jeweiligen Regierungen erscheint.

Ein wesentlich profunderes und vernünftigeres Konzept legt Maistre gleich zu Beginn des 7. Kapitels mit seiner Definition, was für eine Nation die beste Regierung ist, vor:

> „Le meilleur gouvernement pour chaque nation est celui qui, dans l'espace de terrain occupé par cette nation, est capable de procurer la plus grand nombre d'hommes possible, pendant le plus long tems possible".[373]

„Glück" und „Stärke" sind demnach die wesentlichen Merkmale für ein prosperierendes Volk. Daran muß sich nach Maistre eine Regierung messen lassen. Dieses Streben nach dem größtmöglichen Glück für die größtmögliche Zahl wurde wissenschaftlich erstmals von Jeremy Bentham (1748 – 1832) in dessen ökonomischer Theorie elaboriert;[374] ob Maistre die Schriften Benthams kannte, ver-

---

372 Contrat, lib. 3, cap. 9.
373 Souveraineté, p. 238.
374 „The greatest happiness of the geratest number", wie es in Benthams „A Fragment on Gouvernment" hieß, sollte rationales Kriterium zur Beurteilung von richtigen und falschen Handlungen sein. Es spricht einiges dafür, daß Bentham diese Formulierung bei John Priestley (1733 – 1804) aus dessen Schrift „The First Principles of Govern-

mag zwar nicht hundertprozentig nachgewiesen werden, doch spricht nach der obigen Formulierung zu urteilen einiges dafür. Maistre führt die einzelnen Punkte, die das Glück und die Stärke ausmachen, nicht en detail aus. Er sucht lediglich in der Geschichte nach Bespielen, die seine These von der längsten Dauer des Glückes und der Stärke für die meisten Menschen erhärten könnten. Gleichsam wie er den besten König arithmetisch zu ermitteln trachtete,[375] wendet Maistre, indem er die römische Republik bemüht, dermalen ein ähnliches mathematisches Verfahren an, um die mangelnde Perseveranz einer Republik dem dauernden Fortbestand einer Monarchie gegenüberzustellen.[376] Bezüglich der Staaten, deren Verfassung erst „läppische" hundert Jahre Bestand hatte, verhielt sich Maistre in bezug auf die Zukunft skeptisch. Wie wir heute wissen, waren seine Zweifel unbegründet. Dieserhalb lautet sein Credo auch, obschon er anfangs, ebenso wie Rousseau konzediert hat, daß die beste Regierungsform nicht aufzufinden sei:

„Non seulement de bons empereurs valoient mieux que la République pour la masse des hommes, mais je suis persuadé que, sous les empereurs vicieux et même détestables, les sujets furent, plus heureux que sous la République".[377]

Hierin offenbart Maistre am stärksten seine monarchistische Grundüberzeugung. Für ihn stand durch die Lehren, die er aus der Geschichte zog, unwiderruflich fest, daß kein Herrscher so schlecht zu sein vermochte, daß sich die Masse des Volkes nicht wohler unter seiner Herrschaft fühlte als unter einem republikanischen Regime. An dieser Stelle erscheint es fraglich, ob man eine derartige, fundamental generalisierende These aus der Geschichte heraus auf die Gegenwart und Zukunft transferieren kann. Vor allem auch vor dem Hintergrund, daß Maistre Rousseau der Oberflächlichkeit und Generalisierung zeiht und zu der unumstößlichen Erkenntnis gelangt, daß jeder Staat die Regierung besitzt, welche für ihn die beste ist.[378] Rousseau verhält sich in finaler Konsequenz nicht anders. Obschon er im 9. Kapitel des zweiten Buches die Frage nach der besten Regierung als unlösbar erklärt, gibt er darauf den ganzen *Contrat-Social* hindurch eine beständige Antwort. Ansonsten würde sich auch sein Ansinnen, dieses Buch überhaupt verfaßt zu haben, als wenig sinnstiftend erweisen.

---

ment" (1768) aufgegriffen hat, welche wiederum auf Cesare de Beccaria (1738 – 1794) rekurrierte [cf. BAUMGARDT, D.: Bentham and the Ethics of Today, Princeton, 1952, p. 33seqq.].
375 Cf. cap. 3.5, p. 47.
376 Souveraineté, p. 241.
377 Souveraineté, p. 253.
378 Cf. Souveraineté, p. 234seq.

Mithin kann zusammenfassend aus dem Vergleich des Contrat-Social mit dem Anti-Contrat-Social trotz grundlegender Differenzen in Prämissen und Schlußfolgerungen auch eine wesentliche Kongruenz in der Zielsetzung und Methodik festgestellt werden. Sowohl Rousseau als auch Maistre beabsichtigten die bestehenden politischen Verhältnisse qua ihrer stilistisch überragenden Schriften zu verändern, wobei beide mit dem gleichen, apokryphen Dezisionismus ihre widersprechenden Positionen vertraten. Maistre, um die von ihm favorisierte und idealisierte Trinität von Gott, Thron und Nation wiederherzustellen, Rousseau indes, um sie zu vernichten. Beiden fungierte die Fiktion des Sozialvertrags als Werkzeug ihres politischen Ansinnens.

Die Auseinandersetzung des Verfassers der Restauration der Staatswissenschaften mit Rousseau fällt erheblich knapper und weniger umfassend aus als bei dem savoyischen Aristokraten. Lediglich zwei zusammenhängende Seiten widmete er Rousseau und sparte dabei nicht mit Hohn und Spott. So diffamierte er ihn als „ungeselligen morosen Sophisten", über dessen *Contrat-Social* bereits Voltaire gewitzelt habe und ihn „le contrat social de l'insociable Jean-Jacques" nannte.[379] Haller wirft ihm vor, mit dem Sozialkontrakt derselben „Grille wie Hobbes" zu erliegen, nur daß er mit seinen falschen Hypothesen ohne Zurückhaltung noch wesentlich weiter als dieser ginge. Besonders der bei Rousseau erstmals ausformulierte Aspekt der unveräußerlichen und unteilbaren Volkssouveränität, gleichsam wie daß das Gesetz Ausdruck des allgemeinen Willens sei, der nie Unrecht tun könne, und der Fürst nur Beamter wäre, der mehr zu gehorchen als zu befehlen hätte und den man nach Belieben absetzen könne, und daß die Republik die einzig rechtmäßige Staatsform sei, und die höchsten Güter des Menschen Freiheit und Gleichheit[380] verkörperten, erregte Hallers Ingrimm.[381] Besonders jedoch stieß er sich an der Rousseauschen Forderung nach Abtretung aller Privatmacht und sämtlichen Privaturteils nicht an einen einzelnen oder mehrere, sondern nur an die Volksgemeinschaft *in toto*. Dies nimmt nicht wunder, da die Hallersche Staatstheorie schlechthin auf dem unbedingten Postulat nach absoluter Privatautonomie basiert.[382]

Gleichergestalt wie Maistre erkennt Haller auch eine Vielzahl von Inkohärenzen und Kontrakdiktionen im Rousseauschen Werk. Darob verweist er auf das Diktum, daß die Demokratie nur für Götter gemacht sei,[383] die Monarchie hingegen nur Tyrannei und Sklaverei sein könne und die Aristokratie die schlechteste

379 Cf. Restauration, tom. 1, p. 61.
380 Cf. zur Rousseauschen Auffassung von Gleichheit: STAROBINSKI, J.: Rousseau. Eine Welt von Widerständen, Frankfurt am Main, 2003, pp. 147-157.
381 Cf. Restauration, tom. 1, p. 61seq.
382 Cf. cap. 3.5, p. 54.
383 Cf. cap. 3.13, p. 98.

von allen bedeute. Interessanterweise interpretiert Haller die Wahlaristokratie, die von Rousseau gegenüber den anderen beiden Ausformungen Präferenz genießt, als Repräsentationsmodell.[384] Er wirft ihm zu Recht vor, einerseits dieses für die beste Art der Aristokratie auszugeben, andererseits jedoch es als unmöglich anzusehen, da sich die Souveränität nicht repräsentieren lasse und ein Volk von dem Augeblick an, da es sich Stellvertreter gegeben habe, aufhören würde, zu existieren:

„La souveraineté ne peut être représentée, par la même raison qu'elle ne peut être aliénée. Elle consiste essentiellement dans la volonté générale, et la volonté ne se représente point: elle est la même, ou elle est autre; il n'y a point de milieu. Les Députés du peuple ne sont donc, ni ne peuvent être, ses représentants; ils ne sont que ses commissaires; ils ne peuvent rien conclure définitivement. Toute loi que le peuple en personne n'a pas ratifiée est nulle; ce n'est point une loi".[385]

Somit definiert Rousseau die Rolle der Volksrepräsentanten nicht als Vertreter, sondern als Beauftragte, die von sich aus nichts selbständig beschließen können. Wessentwegen sie dann überhaupt als Repräsentanten gewählt wurden und man die Idee einer Wahlaristokratie überhaupt diskutiert, sei an dieser Stelle einmal anheim gestellt. Rousseau spricht auf diese Weise den Gesetzen, die vermöge Repräsentation, gleichgültig ob im Auftrage oder als Vertreter des Volkes, zu Stande gekommen sind, die Legitimität schlechterdings ab, da nur das Volk in der Lage befindlich ist, Gesetze rechtmäßig zu beschließen.[386]

In der Tat mangelt es der Rousseauschen Argumentation hier gravierend an Stringenz. Mithin ist es nicht nachvollziehbar und völlig unverständlich, daß das Volk zwar in den Vollbesitz der Souveränität gesetzt ist, aber nicht über die nötige Souveränität verfügt, selbige zu delegieren. Über die Auflösung dieses Widerspruchs hat sich – wie sooft – das Schweigen des Citoyen de Geneve gelegt.

Somit ist es Haller gänzlich unverständlich, weswegen die Schriften „eines solch unwissenden Sophisten wie Jean-Jacques Rousseau" eine derart hohe Auflage erlebten.[387] Der Grund vermag vielleicht darin zu finden sein, daß der Genfer, im Gegensatz zu seinem Landsmann aus Bern und dem savoyischen Grafen, den Menschen eine beschaulichere Perspektive eröffnete, indem er ihnen die Vorzüge der kollektiven Vereinigung vor Augen führte, als ihr Leben in Form privatautonomer Wesen selbstständig gestalten zu müssen, oder die Befehlsempfänger eines nach göttlichem Recht legitimierten Herrschers zu sein. Die süße und seduzierende Verlockung, nach der Gemeinschaft zu rufen, sobald die eige-

---

384 Cf. cap. 3.13, p. 109.
385 Contrat, lib. 3, cap. 15.
386 C. cap. 3.10, p. 86.
387 Cf. Restauration, tom. 1, p. 62seq.

nen Kräfte versagen, scheint sich, insbesondere im etatistischen Frankreich, bis in unsere Tage konserviert zu haben. Demzufolge könnte man geneigt sein zu vermeinen, die humanere Staatsauffassung sei auf jeden Fall auf Seiten Rousseaus zu finden. Wie sehr man sich mit dieser Vermutung im Irrtum befindet, vermag hier leider nicht Raum einer Erörterung zu sein.

4 Maistre und Haller im direkten staatstheoretischen Vergleich

In der nachfolgenden Gegenüberstellung sollen Divergenzen und Gemeinsamkeiten der Hallerschen Restauration der Staatswissenschaften und des *Anti-Contrat-Social* Maistres aus dem vorher Dargelegten ergänzend und erläuternd in Hinblick auf den Naturzustand, das Insurrektionsrecht und die jeweils präferierte Staatsform untersucht werden.

Dabei ist es wesentlich, daß der gänzlich differente historische Kontext berücksichtigt wird, in welchem die beiden Werke entstanden sind. Wie bereits weiter oben dargelegt, verfaßte Maistre den Antigesellschaftsvertrag, der erst mehrere Dekaden nach seinem Abfassen veröffentlicht werden sollte, noch unter den traumatischen Eindrücken der Französischen Revolution zwischen 1794 und 1796.[388] Weiland war an eine Zeit der Restauration nicht einmal im Ansatz zu denken, galt als vordringlichstes Ziel doch das Überleben und die eigene Sicherheit, wie sich an der bewegten Biographie Maistres trefflich nachweisen läßt. Als nämlich die französischen Truppen unter Montesquiou im September 1792 die Grenze Savoyens überschritten, um dann nach einigen Tagen in Chambéry einzuziehen, leisteten die königlichen Garden keinen Widerstand mehr, sondern flohen über den Sankt-Bernhard-Paß. Maistre folgte ihnen mit seiner Frau und den beiden Kindern nur 48 Stunden später nach.[389] Diese dramatische Flucht kann stellvertretend für die vieler französischer Emigranten stehen, die sich während und nach der Revolution sowie der Herrschaft Napoléons im Exil eine neue Existenz aufbauen mußten.[390]

Haller hat die Revolution in ihrer unmittelbaren kriegerischen Auswirkung nur während einer verhältnismäßig kurzen Zeit berührt, nämlich in der Endphase des alten Bern und bei seiner Emigration in Süddeutschland und Österreich.[391] In dieser unsteten Periode seines Lebens, in der sich Krieg und Frieden in rascher und wechselvoller Weise abwechselten, entstand das *Handbuch der Allgemeinen Staatenkunde* (1808), das bereit alle wesentlichen Grundgedanken der *Restauration der Staatswissenschaften* (1816) enthalten sollte. Die Rezeption der beiden Werke sollte eine scharf trennende Linie zwischen Beifall und Widerspruch in-

---

388 Cf. cap. 3.13, p. 99.
389 Cf. ROHDEN, op. cit., p. 56.
390 Cf. zur Vita Maistres die hervorragende Biographie von LEBRUN, R. A.: Joseph de Maistre. An Intellectual Militant, Kingston, Montreal, 1988.
391 Cf. PFISTER, op. cit., p. 152.

nerhalb der europäischen Geisteswelt ziehen.[392] Als der erste Band der *Restauration der Staatswissenschaften* 1816 publiziert wurde, befand sich Europa in einer fast schon diametral entgegengesetzten Situation zu 1794/95. Das revolutionär-bonapartistische Frankreich war bezwungen, die Bourbonen saßen wieder auf ihrem angestammten Thron und seit dem Wiener Kongreß standen die Zeichen auf Legitimität, Solidarität und Restauration. Das Wort, gebildet aus dem Spätlateinischen *restauratio*, bürgerte sich Mitte des 16. Jahrhunderts in der deutschen Sprache ein und bedeutete Erneuerung, Wiederherstellung, Ausbesserung von Kunstwerken, aber auch Heilung oder Erholung von Menschen. Erst in den Konfessionskriegen des 16. Jahrhunderts erhielt es eine politische Prägung. In dieser Epoche traf Haller mit dem ersten Band seines Hauptwerkes den Nerv der Zeit, wessenthalben es nicht sonders wunder tut, daß man dieser Epoche, die sich ganz der Wiederherstellung der alten Verhältnisse verschrieb, den Namen Restauration gab. Er selbst deutete die Worte Restauration der Staatswissenschaft als die Vernichtung der falschen oder usurpierten und als die Wiederherstellung der wahren oder rechtmäßigen Grundsätze. Damit erklärte er dem gesamten aus der Aufklärung hervorgegangenen Staatsdenken den geistigen Krieg.[393]

4.1 Der Naturzustand und die Souveränität

Die Frage, ob Haller einen Naturzustand wie beispielsweise Hobbes, Locke oder Rousseau seiner Staatstheorie zu Grunde gelegt hat, muß differenziert betrachtet werden. Denn grundsätzlich stellt er die Behauptung auf, daß „der Stand der Natur [...] niemals aufgehört"[394] hat. Würde es sich bei ihm doch um die ewige und unveränderliche Ordnung Gottes selbst handeln. Die Menschen würden sich vergeblich mühen, aus demselben heraustreten zu wollen.

Eine Unterscheidung zwischen dem Naturzustand und den geselligen Verhältnissen existiert für Haller gleichsam nicht.

„Sprechen wir also hier von dem Ursprung der geselligen Verhältnisse, gleichwie man auch von dem Ursprung der nicht geselligen reden könnte: so hat das nicht den Sinn, als

392 Cf. REINHARD, E.: Der Streit um Karl Ludwig von Hallers „Restauration der Staatswissenschaft". Zum 100. Todestag des „Restaurators", in: Zeitschrift für die gesamte Staatswissenschaft, tom. 111 (1955), p. 115.
393 Cf. FENSKE, H.: Restauration, in: Lexikon zu Demokratie und Liberalismus: 1750 – 1848/49, Frankfurt am Main, 1993, p. 276.
394 Restauration, tom. 1, p. 340.

ob sie zu einer gewissen Zeit entstanden wären, oder als ob es einen Zeitpunkt in der Welt gegeben hätte".[395]

Demzufolge gibt es für Haller einen Naturzustand, allerdings kein punktuelles Zustandekommen eines Sozialvertrages, wie die Aufklärer ihn annahmen. Statt dessen konstituieren sich bei Haller gesellige Kooperationen nicht nur durch die Vernunft und Erfahrung,[396] sondern auch durch Abhängigkeitsverhältnisse:

> „Gleichwie aber die Natur diese Bande der Menschen durch Verschiedenheit der Kräfte und wechselseitige Bedürfnisse knüpft: so schaffet sie auch nothwendiger Weise in jedem derselben Herrschaft und Abhängigkeit, Freyheit und Dienstbarkeit, ohne welch jene Verbindungen gar nicht bestehen könnten".[397]

Damit versucht Haller, wie wir oben bereits aufgezeigt haben, vermöge individueller Dependenzverhältnisse dem Kollektivgedanken aus individualistisch-privatautonomer Sicht etwas entgegenzusetzen, um gleichsam eine Gesellschaft theoretisch zu begründen.[398] Das patriarchalische Element seiner Staatstheorie kommt zum Tragen, wenn er das einzelne Individuum einen Vertrag mit dem, der wirklich die ganze Souveränität in sich vereinigt, schließen läßt: dem Landesfürsten:[399]

> „Das Volk ist ursprünglich nicht vor dem Fürsten, sondern im Gegenteil der Fürst existiert und sammelt die Untergebenen nach und nach durch mancherley Verhältnisse und sehr verschiedene Dienstverhältnisse um sich her, woraus auch folget, daß er über sie gesetzt ist, nicht aber sie über ihn gebieten".[400]

Daraus folgt, wie wir bereits bei der Untersuchung von Filmers *Patriarcha* bezüglich Haller gesehen haben, daß Monarchien und Fürstentümer ursprünglich die ersten Staatsformen aus verschiedenen Dienstverhältnissen begründeten.[401]

Mithin macht Rousseau im Gegensatz zu Haller zwischen dem Natur- und Gesellschaftszustand einen gravierenden Unterschied.[402] Haller indes geht den Schritt vom *status naturae* zum *status civilis* nicht, sondern verharrt in dem erstgenannten, was für ihn nichts anderes als ein Verbleiben in der privaten Sphäre bedeutet. Damit ist seine Lehre in Bezug auf das naturrechtliche Denken konsequenter als das Rousseausche, denn sie verändert den Naturzustand nicht, son-

---

395 Restauration, tom. 1, p. 344.
396 Cf. Restauration, tom. 1, pp. 347-351.
397 Restauration, tom. 1, p. 351.
398 Cf. cap. 3.5, p. 55.
399 Cf. ibid.
400 Cf. Restauration, tom. 2, p. 8.
401 Cf. cap. 3.5, p. 53.
402 Cf. cap. 3.13, p. 92.

dern bleibt bei ihm stehen. Am nächsten steht die Auffassung Hallers derjenigen von Maistre. Dieser wollen wir uns dermalen zuwenden.[403] Auch Maistre wendet sich gegen eine metaphysische Betrachtungsweise der Ursprünge der Gesellschaft, da diese von der Erfahrung und dem gesunden Menschenverstand verworfen würden. Denn indem man die Anfangsgründe der Gesellschaft problematisiere, würde man eine Voraussetzung annehmen, daß es in der Menschheitsgeschichte einen vorgesellschaftlichen Zustand gab, doch dies müßte erst bewiesen werden.[404] Genau diesen Umstand bestreitet Maistre allerdings:

> „[...] or la multiplication de l'homme entrant dans les vues du Créateur, il s'ensuit que la nature de l'homme est d'être réuni en grandes sociétés sur toute la surface du globe ; car la nature d'un être est d'exister tel que le Créateur a voulu qu'il existe, et cette volonté est parfaitement déclarée par les faits".[405]

Hierin zeigt sich bereits überdeutlich die Anlehnung an den Traditionalismus, der originär allerdings nur die ethisch-religiösen Begriffe auf eine Uroffenbarung Gottes reduzierte; bei Maistre indes erlangt er erstmals eine politische Konnotation.[406] Das heißt, er deutet die Gesellschaftswerdung als einen in der göttlichen Vorsehung bestimmten Vorgang. Somit entzieht er dem Menschen die Befugnis über den eigenen Willen zugunsten einer Determination vermöge eines göttlichen Planes. Darin liegt ein gewichtiger Gegensatz nicht nur gegenüber den klassischen Kontraktualisten wie Locke, Hobbes und Rousseau, sondern gleichermaßen zu Machiavelli.[407] Aber auch Haller geht von dem absolut-autonomen Willen des Individuums aus, dieserhalb kann man nicht einfach eine Unterscheidung treffen, die besagt, daß für Haller der Naturzustand ein privatrechtlicher und für Maistre ein staatsrechtlicher ist.[408] Statt dessen muß die Differenzierung sublimer getroffen werden; denn ein staatsrechtlicher Naturzustand könnte einer religiösen Begründung entbehren. Folglich müßte der Aspekt des Staatsrechts um die providentielle Komponente erweitert werden und man müßte von einem staatsrechtlichen Naturzustand auf Grundlage des politischen Traditionalismus sprechen.

Maistre führt sein Bild des Naturmenschen noch detailreicher aus als Haller. Für ihn ist der vereinzelt lebende Mensch schlechthin nicht der Naturmensch, da

---

403 Cf. WEILENMANN, op. cit., p. 59.
404 Cf. Souveraineté, p. 95.
405 Souveraineté, p. 96.
406 Cf. zum Maistreschen Traditionalismus: BONDY, op. cit., pp. 184-200; cf. zur Kritik, die sich besonders dagegen richtete, daß er den religiösen Vorstellungskomplex seinen Zielen dienstbar machen wollte: RHODEN, op. cit., pp. 267-273.
407 Cf. cap. 3.2, p. 33.
408 Cf. WEILEMANN, op. cit., p. 59.

das Menschengeschlecht selbst noch nicht das war, was es sein sollte. Weiland hätte es nur Familien gegeben, die zerstreut auf einer großen Fläche lebten und im Hinblick auf ihre dereinstige Vereinigung lediglich „des embryons de peuple" gewesen seien.[409] Daraus schließt Maistre, daß man die Frage bezüglich der Natur des Menschen nur aus dem historischen Gesichtspunkt heraus beantworten kann. Denn ein Philosoph, der aus Vernunftgründen beweisen will, was der Mensch sein soll, verdient kein Gehör, da er die Erfahrung durch Bequemlichkeitsgründe und den Willen des Schöpfers durch seine eigenen Entscheidungen permutieren will. Auch hier ist der Savoyer wieder ganz Traditionalist, erfüllt mit Ablehnung gegen die modernen Wissenschaften und vor allem die *philosophes*. Seine daraus gezogenen Folgerungen entbehren nicht der Konsequenz:

„Donc, à proprement parler, il n'y a jamais eu pour l'*homme* de tems antérieur à la société, parce qu'avant la formation des sociétés politiques, l'homme n'est point tout-à-fait homme, et qu'il est absurde, de chercher les caractères d'un être quelconque dans le germe de cet être".[410]

Dieser dichotome Begriff des Menschen evoziert in uns krude Vorstellungen an die völkische Anthropologie,[411] welche eine Klassifikation in Herrenmenschen und Untermenschen vornahm, doch wäre eine solche aus dem Gesamtkontext der Geistesgeschichte gerissene Bewertung weder sinnvoll noch hilfreich. Man muß akzeptieren, daß wir von einem nach heutigem Verständnis humanen Menschenbild noch zwei Jahrhunderte entfernt waren. Maistre beschließt seine Beweisführung mit dem Hinweis, daß die menschliche Gesellschaft schlechterdings nicht das Werk des Menschen, sondern das unmittelbare Ergebnis des Schöpferwillens sei, wessentwegen man sich den Gesellschaftsstand mitnichten als einen Zustand der Wahl vorzustellen habe, gegründet auf eine Übereinkunft menschlicher Wesen, wie sie sich Rousseau beispielsweise imaginierte, und auf einen Beschluß mit einem Urvertrag, da es diesen überhaupt nicht geben könne. Demgemäß würde man Unsinn reden, sofern man vom Naturzustand im Gegensatz zum Gesellschaftsstand spräche:

„La *nature* d'une vipère est de ramper, d'avoir une peau écailleuse, des dents creuses et mobiles qui distillent un venin mortel, etc. La *nature* de l'homme est d'être un animal intelligent, religieux et sociable. Une expérience invariable nous l'enseigne ; et je ne cois pas qu'il y ait rien à opposer à cette expérience. Si quelqu'un entend prouver que la nature de la vipère est d'avoir des ailes et une voix mélodieuse, et que celle du castor est de

---

409 Cf. Souveraineté, p. 96.
410 Souveraineté, p. 97.
411 Zu denken wäre beispielsweise an *Die Grundlagen des 19. Jahrhunderts* (1899) von Houston Stewart Chamberlain (1855 – 1927).

vivre isolé sur le sommet des plus hautes montagnes, c'est à lui de prouver. En attendant nous croirons que ce qui est doit être et a toujours été".[412]

Mit diesen drastischen Anleihen aus der Zoologie legt Maistre seine Überzeugung von der Immanenz der Religion und Gesellschaftsfähigkeit in Bezug auf die menschliche Natur dar. Hieraus wird ersichtlich, daß sich die menschliche Natur nie verändert hat, sondern indes der Mensch großjährig wurde, er immer gesellschaftsfähig war, da dies in der Urabsicht des Erschaffers aller Dinge lag. Vereinzelt mögen zwar noch einige „Kindvölker" in der Welt verstreut umherwandern, doch handele es sich dabei eindeutig um Exzeptionen, die noch nicht das sind, was sie sein sollen:[413]

„L'*état de nature* pour l'homme est donc d'être ce qu'il est aujourd'hui et ce qu'il toujours été, c'est-à-dire *sociable* : toutes les annales de l'univers établissent cette vérité. Parce qu'on a trouvé dans les forêts de l'Amérique, pays nouveau sur lequel on n'a pas encore tout dit, des hordes vagabondes que nous appelons *sauvages*, il ne s'ensuit pas que l'homme ne soit naturellement sociable : le sauvage est une exception et par conséquent ne prouve rien ; il est déchu de l'*état naturel*, ou il n'y est point encore arrive".[414]

Aus dieser Stelle geht ganz eindeutig hervor, daß der Naturzustand auch bei Maistre nie ein Ende fand, gleichergestalt also wie bei Haller, und daß der Mensch von Natur aus die gesamte Gesellschaftsfähigkeit mitbrachte, wessenthalben ein Sozialkontrakt in der Tat obsolet ist. Maistre expliziert dies damit, daß der Gesellschaftsvertrag auf Grund seines philosophischen und nichtreligiösen Ursprungs die originäre Natur des Menschen verleugnen würde.[415] Der theologische Ursprung der Sprache liefert ihm, ebenso wie bei Bonald, den letzten Beweis der natürlichen Gesellschaft und richtet sich gegen den Sozialvertrag und die Vorstellung, daß der Mensch sich und seine Gesellschaft zu erschaffen vermag.[416]

Zusammenfassend läßt sich also konstatieren, daß sowohl Haller als auch Maistre von der Prämisse ausgehen, daß der Naturzustand des Menschen nie aufgehört hat zu existieren. Lediglich in der Begründung der Sozietätsbildung divergieren die Theorien: Bei Maistre ist es der providentielle, bei Haller der privatrechtlich-autonome Impetus. Bei diesem nämlich sind Gott und Natur nicht wesensgleich, beziehungsweise, um es genauer zu formulieren: die Natur ist in ihrer Wirklichkeitsausprägung nicht in dem Sinn dem göttlichen Willen unterworfen,

---

412 Souveraineté, p. 99.
413 Cf. Souveraineté, p. 96.
414 Souveraineté, p. 102.
415 Cf. Souveraineté, p. 100.
416 Cf. BONDY, op. cit., p. 111.

daß er alles vorbestimmt hätte; insofern schließt sich Haller weder dem Gottesgnadentum Maistrescher Prägung an[417] noch hält er es wie die Aufklärer mit ihrem Modell des Gesellschaftsvertrags. Schließlich sieht er die Majorität auch als
Macht an, die das Individuum wie jeder Tyrann unterdrücken kann:

„Bliebe aber auch nur die höchste Gewalt bey der ganzen Genossenschaft oder dem
sogenannten Volk: so wäre dadurch der speculative Zwek, die Freyheit der Einzelnen
noch weniger gesichert. Denn die Majorität ist auch eine Macht, deren man vorher nicht
unterworfen war und die das Individuum eben so gut beleidigen oder unterdrücken
kann".[418]

Sein aufgezeigter Weg liegt also nicht wie bei Rousseau in der Bildung eines
Gemeinwillens aus dem Sozialvertrag, der von den einzelnen Individuen unter-
einander geschlossen wird, sondern in der Vielzahl von diversen Privatverträgen
zwischen zwei autonomen Einzelpersonen, die auf ihren eigenen Vorteil jeweils
achtend beim Vertragsabschluß nichts von ihrer Freiheit abgeben.

In direkter Linie von Bodin[419] über Bossuet bis Maistre und sogar Rousseau[420] erachtet Haller die Souveränität als unteilbar. Dieserhalb nimmt es nicht
wunder, daß er auch die Gewaltenteilung sowohl in bezug auf die Monarchie als
auch die Republik strikt ablehnt.[421]

Wir können also die Eigenschaften der Souveränität bei Haller wie folgt zusammenfassen:

1.) Der Souverän, gleichgültig ob es sich um eine Republik oder eine Monarchie handelt,
herrscht *iure proprio*, nicht *de legato*.
2.) Souveräne sind nicht durch das Volk erschaffen oder von diesem eingesetzt. Vielmehr
haben sie das Volk um sich versammelt und in ihren Dienst aufgenommen. Damit
sind sie die Stifter oder Väter dieses wechselseitigen Verbandes.
3.) Der Monarch ist nicht mitnichten ein Beamter oder gar Diener des Staates, geschweige denn nur bloßes Staatsoberhaupt, sondern eine privat-autonome Person, ein unab-
hängiger Herr, der nur seine eigene Sache regiert.
4.) Damit sind die Befugnis und die Ausübung des Regierens in seinen Händen ein Recht
und keine Pflicht.
5.) Gleichergestalt wie der Monarch nicht vom Volk erschaffen wurde, ist er auch nicht
allein für das Volk gemacht, sondern vor allem aus und wesentlich für sich selbst, wie
jeder Mensch und damit auch wie jedweder seiner Untertanen.

---

417 Cf. Restauration, tom. 1, p. 87.
418 Restauration, tom. 1, p. 323seq.
419 Cf. Anm. 113, p. 47.
420 Cf. cap. 3.10, p. 86.
421 Cf. Restauration, tom. 6, pp. 446-453.

Daraus resultiert, daß Hallers Auffassung von Souveränität, vor allem in Hinblick auf die Monarchie, ihrem Charakter nach hauptsächlich die Suprematie über die eigene, autonome Privatexistenz sowie einen Dienstverband verkörpert.[422]

Stellt man dermalen diese Zusammenfassung Hallers den wesentlichen Punkten, die das Maistresche Souveränitätsdenken bestimmten, gegenüber, finden sich, obzwar die Formulierungen und Schwerpunktsetzungen durchaus gewisse Divergenzen aufweisen, wie beispielsweise die Tatsache, daß Maistre eine Republik in seine Betrachtungen nicht inkludiert hat, doch erhebliche Konvergenzen:

1.) „Le roi est souverain, personne ne partage la souveraineté avec lui, et tous les pouvoirs émanent de lui.

2.) Sa personne est inviolable ; nul n'a le droit de le déposer ni de le juger.

3.) Il n'a pas le droit de condamner à mort, ni même à aucune peine corporelle. Le pouvoir qui punit vient de lui, et c'est assez.

4.) S'il inflige l'exil ou la prison dans des cas dont la raison d'état peut interdire l'examen aux tribunaux, il ne sauroit être trop réservé, ni trop agir de l'avis d'un conseil éclairé.

5.) Le roi ne peut juger au civil ; les magistrats seul, au nom du souverain, peuvent prononcer sur la propriété et sur les conventions.

6.) Les sujets ont le droit, par le moyen de certains corps, conseils ou assemblées différemment composées, d'instruire le roi de leurs besoins, de lui dénoncer les abus, de lui faire passer légalement leurs *doléances* et leurs *très humbles* remontrances".[423]

Auch bei Maistre herrscht der Souverän, in seinem Fall der König, nicht durch Delegation einer höher stehenden Macht. Er ist zwar nicht Stifter eines Dienstverbandes, aber alle Gewalt im Staat geht von ihm aus, selbst wenn er nicht das Recht hat, zum Tode zu verurteilen oder in die Zivilrechtsprechung einzugreifen. Das bedeutet, daß auch bei Maistre das Privateigentum und die Rechtssicherheit eine exzellierende Rolle spielen. Folglich herrscht der Souverän trotz seiner uneingeschränkten Souveränität nicht willkürlich oder gar tyrannisch. Einzig die Beamten können im Namen des Herrschers über zivilrechtliche Belange wie den Besitz und Verträge ein Urteil fällen. Damit ist die Judikative zwar nicht vollständig vom Herrscher getrennt, doch sind einer direkten Einflußnahme seinerseits Grenzen gesetzt.[424] Nur in Ausnahmefällen kann er die Verbannung

---

422 Cf. DOCK, A.: Revolution und Restauration über die Souveränität. Eine weitere Quellensammlung über den Begriff der höchsten Gewalt und zugleich ein Beitrag zur Geschichte der Staatstheorien, Aalen, 1972, p. 128seq.

423 Souveraineté, p. 201seq.

424 Dabei ist es charakteristisch, daß sich Maistre in seiner Eigenschaft als Jurist für eine delegierte Justizgewalt einsetzte [cf. BAYLE, F.: Les Idées Politiques de Joseph de Maistre, Paris, 1945, p. 113].

oder das Gefängnis anordnen. Den Untertanen steht kein direktes politisches Partizipationsrecht zu, sondern lediglich ein Konsultativrecht. Nur in der Begründung der Herrschaft, bei Maistre durch den Gottesbezug und bei Haller durch die Privatautonomie des Individuums, separieren sich die beiden Theoretiker voneinander.

4.2 Insurrektionsrecht oder bedingungslose Subordination?

Wie man bereits den Ausführungen weiter oben entnehmen kann, wurde das Insurrektionsrecht bei den einzelnen Staatstheoretikern recht unterschiedlich beurteilt. Sokrates negiert ein Widerstandrecht gegen den Staat durch die konsequente Haltung gegenüber dem arrangierten Fluchtversuch seines Freundes Kriton zur Gänze,[425] im Gegensatz zu Hobbes, der bei Verhaftung oder Verletzung des Selbsterhaltungsrechts Widerstand zwar nicht nach dem Buchstaben des Gesetzes, so doch aber konkludent bejaht; wenn der Staat nämlich seiner Sicherungspflicht nicht mehr nachzukommen im Stande ist, läßt er ein Insurrektionsrecht grundsätzlich gelten.[426] Konträr dazu betrachtet Filmer, vermöge seiner Gleichsetzung von *potestas patria* mit *potestas regia*, Widerstand gegen den Souverän als nichts anderes als den Bruch des Dekalog-Gebotes, seinen Vater zu lieben; einen König gar abzusetzen, käme für ihn einem Vatermord gleich.[427] Die Monarchomachen wie Althusius, Milton, Melanchthon, La Boétie, Bellarmin und Buchanan sahen den Regizid, im völligen Gegensatz zu Filmer, als eine legitime Form des Widerstandes an, teils aus konfessionellen, teils aus politischen Erwägungen heraus.[428] Gänzlich anders argumentiert Locke in seiner Lehre vom Widerstandsrecht, das er ähnlich wie Hobbes für legitim erklärt und in zwei verschiedene Ebenen teilt: die rechtsphilosophische und die rechtssoziologische. Jedwedem, der eines seiner Rechte beraubt wurde oder auch nur in der Gefahr schwebt, beraubt zu werden, steht das Insurrektionsrecht wider ungesetzliche oder gesetzwidrige Handlungen zu. Da er eine Rebellion für unwahrscheinlich hielt, solange nur einige wenige betroffen sind, erklärte er es für zulässig, daß nicht nur das Gesamtvolk, sondern auch der einzelne Bürger das Recht besitzt, gegen Unrecht Widerstand zu leisten.[429]

Wie wir bereits bei der Auseinandersetzung Hallers mit dem Lockeschen Widerstandrecht gesehen haben, verurteilt er ein solches nicht. Auf Grund seiner

---

425 Cf. cap. 3.1, p. 30.
426 Cf. cap. 3.3, p. 38.
427 Cf. cap. 3.5, p. 52.
428 Cf. cap. 3.4, p. 40.
429 Cf. cap. 3.8, p. 68.

stark individualistisch geprägten Staatstheorie gesteht er jedweder autonomen Einzelpersonen das „Recht des Widerstandes erlaubter Selbsthülfe"[430] zu, das selbiger die Möglichkeit einräumt, sich gegen Willkürakte des Souveräns zu wappnen. Selbst Gewalt erscheint nach seinem apodiktischen Gerechtigkeitsverständnis als ein billigenswertes Mittel gegen Ungerechtigkeit:

„Wird man von einem solchen Herren in wirklichen eigenen Rechten, schwer, fortdauernd und unerträglich beleidiget, zieht er statt der Eigenschaft eines Beschützers und Wohlthäters, die Natur eines Feindes und Unterdrückers an, nüzen alle Vorstellungen nichts, ist keine andere Hülfe zu finden: so läßt sich zwar nach der gesunden Vernunft und dem natürlichen Recht im Allgemeinen unmöglich behaupten, daß jeder gewaltsame Widerstand absolut unerlaubt sey, daß zwischen einem Fürsten und seinen Unterthanen nicht auch ein rechtmäßiger Krieg entstehen könne. Wer nur sein eigen Recht beschützt, der beleidigt niemand; **der ungerechten Gewalt darf rechtmäßige Gewalt entgegengesetzt werden** [Hervorhebungen durch den Verfasser], die Pflichten sind wechselseitig, es kann nicht die Ungerechtigkeit erlaubt, und der Widerstand allein verboten seyn".[431]

Hierdurch wir deutlich, daß sich Haller gegen Filmer wendet und vor allem mit Hobbes und den Monarchomachen für ein gewaltsames *ius resitendi* eintritt, das ab dem Moment, in dem der Souverän vertragsbrüchig wird, mithin nicht mehr seinen Vertragsbestandteil als Beschützer erfüllt und dadurch fortdauernd die Rechte des Untertanen injuriiert, rechtmäßig wird. Haller geht indes nicht so weit, expressis verbis ein gewaltsames Insurrektionsrecht, das den Königsmord inkludiert, auszuformulieren. Dieserhalb läßt er es offen, ob er den Regizid grundsätzlich für legitim erachten würde. Seiner eigenen Logik Folge leistend, müßte er es gleichergestalt wie Hobbes in einer *ultima ratio* für legitim erklären. Schließlich sieht er wie dieser den *tyrannus absque titulo* als permanenten Feind des Volkes an.[432] Möglicherweise ließ sich Haller von der monarchomachischen Schrift *Vindiciae contra tyrannos* (1579) von Hubert Languet inspirieren,[433] die er 1811 kennenlernte, und die er durchaus mit anerkennenden Worten ästimiert

---

430 Restauration, tom. 1, p. 414.
431 Restauration, tom. 2, p. 453seq.
432 Cf. cap. 3.3, p. 38.
433 Diese Schrift erschien erstmals in Basel unter dem Pseudonym *Stephanus Junius Brutus* und es herrscht bis heute eine anhaltende Debatte darüber, wem die tatsächliche Autorenschaft zuzusprechen sei. Dabei schwankt die Wissenschaft zwischen Hubert Languet und seinem Freund Philippe Duplessis-Mornays oder beiden zusammen [cf. YSSELSTEYN, G.T. van: L'auteur de l'ouvrage Vindiciae contra tyrannos, in: Revue Historique, tom. 167 (1931), pp. 46-59; sowie: ZIMMERMANN, G.: Politische Theorie und Heilige Schrift in der „Vindiciae contra tyrannos", in: ZRG KA, tom. 76 (1990), pp. 286-309].

hat; im *Handbuch der Allgemeinen Staatenkunde* von 1808 wird ein Widerstandsrecht nämlich noch nicht thematisiert.[434]

Ferner ist es bemerkenswert, daß Haller das *ius resistendi* nicht nur jeder Person für die Gegenwart zugesteht, sondern noch weiter geht, indem er sogar eine Abwehr zur Sicherung für die Zukunft für rechtmäßig erklärt:

> „[...] wem ist dann je verboten gewesen oder noch verboten gegen versuchten Mord, gegen den Beleidiger seiner Person und seines Körpers, den Schänder seines Weibes und seiner Kinder, den Räuber seines Eigenthums, auf der Stelle Gewalt zu gebrauchen, nicht nur vor der Verübung des Verbrechens, sondern auch nachdem es vollendet ist, nicht nur zur Abwendung der Gefahr, **sondern auch zur Sicherheit für die Zukunft?** [Hervorhebungen durch den Verfasser]“.[435]

Haller legitimiert dieses Recht zur Selbsthilfe noch zusätzlich, indem er es nach göttlichem und menschlichem Recht sowie der allgemeinen Erfahrung für rechtens erachtet, sofern der sich selbst Helfende „in gerechten Sachen und gerechten Schranken“ [436] tätig wird.

Doch selbst wenn er expressis verbis ein Widerstandsrecht, sogar ein gewaltsames und auf dereinstige Begebnisse gerichtetes den Untertanen zubilligt, so unternimmt er doch in den darauffolgenden Ausführungen große Anstrengungen, seinen vorher getroffenen Aussagen die Schärfe zu nehmen und sich gegenüber den Fürsten als konziliant zu erweisen. Somit verweist er auf die zahllosen Schwierigkeiten und den Mangel an Kräften, die einen Aufstand gemeinhin verhindern würden;[437] des weiteren auf die mangelnde Klugheit solcher Unternehmungen, da Insurrektionen in dem überwiegenden Teil der Fälle weiteres Übel nach sich zögen.[438] Darüber hinaus soll die Ausübung des Widerstandsrechtes vermöge der Liebe und Menschlichkeit sowohl der Herrschenden als auch der Beherrschten gemäßigt werden.[439]

Es sei jedoch darauf verwiesen, daß sich in der Selbsthilfelehre Hallers auch Begriffe der von ihm so nachdrücklich bekämpften naturrechtlichen Theorie einschleichen, die seinen Darlegungen eine gewisse ambige Deutung verleihen. Dies zeigt sich insbesondere dorten, wo Haller abgesehen von seinem Postulat individuell-ständischer Selbsthilfe die Frage des Insurrektionsrechts der Völker erörtert und bejaht.[440] Die Kontradiktion zwischen diesen originär in der Tradition der

---

434 Cf. WEILENMANN, op. cit., p. 80.
435 Restauration, tom. 1, p. 418seq.
436 Restauration, tom. 1, p. 418.
437 Cf. Restauration, tom. 2, pp. 461-465.
438 Cf. Restauration, tom. 2, pp. 465seq.
439 Cf. Restauration, tom. 2, p. 467.
440 Cf. Restauration, tom. 2, pp. 450-461.

revolutionären Widerstandslehren befindlichen Ausführungen und seinen privat-
rechtlich-ständischen Grundüberzeugungen erscheint ihm von der einheitlichen
Rivalität gegen den monarchischen Absolutismus überlagert.[441]

Wenn wir uns dermalen dem Widerstandsrecht bei Maistre zuwenden, so
müssen wir gleich zu Beginn feststellen, daß ein solches im *Anti-Contrat-Social*
schlechthin nicht existiert. Denn wie wir bereits bei Sokrates gesehen haben, negiert Maistre das *ius resitendi* zur Gänze.[442] Noch radikaler äußert er sich in einem Brief, der während der Schreckensrevolution verfaßt wurde, und der den ersten schriftlichen Beleg zu dieser Thematik darstellt:

> „[...] contre notre légitime souverain, fût-il même un Néron, nous n'avons pas d'autre
> droit que celui de nous laisser couper la tête, en disant respectueusement la vérité".[443]

Deutlicher vermag man seine ablehnende Haltung gegenüber dem Widerstand
nicht zum Ausdruck zu bringen. Allerdings steht diese Haltung der völligen Subordination, die sogar mit dem Abschneiden des Kopfes nicht endet, im Widerspruch zu dem, was Maistre im Antigesellschaftsvertrag den Untertanen immerhin noch zubilligt:

> „Quand je serois forcé de convenir qu'on a *droit* de massacrer Néron, jamais je ne
> conviendrai qu'on ait celui de le juger: car la loi en vertu de laquelle on le jugeroit seroit
> faite par lui ou par un autre, ce qui supposeroit ou une loi faite par un souverain contre
> lui-même, ou un souverain au-dessus du souverain : deux suppositions également inad-
> missibles".[444]

Daraus vermag man zu entnehmen, daß der Mord am Tyrannen Nero als rechtens konzediert werden kann. Wir sehen hier sehr deutlich, daß gewisse Auffassungen Maistres in der Tat einer Wandlung unterzogen waren. Seine Intention ist
an dieser Stelle indes eine andere, so beabsichtigt er mitnichten, die Rechtmäßig-
keit des Tyrannenmordes zu thematisieren, sondern durch die drastische Gegenüberstellung von Königsmord und Königsverurteilung die Legitimität eines Ge-
richtsurteils über den Souverän für schlicht unmöglich zu erklären. Seine Logik
entbehrt an dieser Stelle durchaus nicht an Überzeugungskraft, da es seinem Dafürhalten nach weder eine dem Souverän übergeordnete Macht gibt, die Rechts-
vorschriften gegen ihn verabschieden könnte, noch daß der Herrscher ein Gesetz

---

441 Cf. KÖHLER, M.: Die Lehre vom Widerstandsrecht in der deutschen konstitutionel-
      len Staatsrechtstheorie der 1. Hälfte des 19. Jahrhunderts, Berlin, 1973, p. 111.
442 Cf. cap. 3.1, p. 31.
443 Corr., N° 431, in: Œuvres complètes, 3. Edit., Lyon, 1863, tom. 13, p. 164.
444 Souveraineté, p. 183.

gegen sich selbst erließe. Das Ergebnis dieser Ausführungen mutet allerdings beträchtlich kurios an: Der Tyrann darf ermordet, aber nicht verurteilt werden.

Aus dieser Sichtweise heraus muß auch sein Postulat verstanden werden, daß die Untertanen nur ein Konsultativrecht in Form von Räten und Verbänden besitzen und lediglich befugt sind, ihre *„doléances* et leurs *très humbles* remontrances"[445] vorzubringen, wie wir bereits bei der Gegenüberstellung der Souveränitätsauffassungen Hallers und Maistres gezeigt haben.[446] Doch auch diese Stelle zeigt deutliche Widersprüchlichkeiten zu der Konzession, daß man Nero zwar töten, aber nicht verurteilen dürfe. Das hieße, wenn man Maistres Vorstellungen konsequent zu enden denken würde, daß man zwar berechtigt wäre, den König zu beraten und ihm Beschwerden und eigene Vorstellungen untertänigst vorzutragen, aber ansonsten zu keiner weiteren Insurrektion berechtigt wäre, abgesehen von der nicht weiter bemerkenswerten Tatsache, daß man dann doch irgendwann mit dem Recht versehen wäre, den Tyrann zu massakrieren.

Diese Kontradiktion in der Maistreschen Staatsphilosophie wird man wohl nie im Stande sein aufzulösen. Es kann jedoch erhellend sein, um zu einer abschließenden Beurteilung des Widerstandsrechts bei den beiden Staatstheoretikern der Konterrevolution zu gelangen, seinen Blick auf das der Staatstheorie Maistres zugrundeliegende Menschenbild zu richten; denn die Anthropologie Maistre lehrt: Die Fehlbarkeit der Vernunft ist vor allem die Fehlbarkeit des Menschen; und sofern der Mensch fehlbar ist, hat er bereits gefehlt. Die menschliche Natur ist folglich vermöge der Ursünde verderbt. Die Machtlosigkeit der Vernunft wäre demnach auch eine Machtlosigkeit des Willens. Mithin würde die Duplizität des menschlichen Willens definitiv das Ideal der Autonomie des Individuums diskreditieren. Demnach kann sich der Mensch nicht selbst regieren und das Ideal der Autonomie würde sich eo ipso widerlegen und damit gleichergestalt das Ideal der Volkssouveränität, denn: „[...] le peuple qui *commande* n'est pas le peuple qui *obéit*"[447]. Die Schlußfolgerung daraus ist radikal: Der Mensch ist für die Knechtschaft geboren. Auf der einen Seite ist er zu boshaft, um frei zu sein, auf der anderen ist er nicht frei geboren. In Wirklichkeit ist der Mensch grundsätzlich ein abhängiges Wesen: von der Staatszugehörigkeit und von der Sprache, welche beide nicht dem individuellen Willen unterworfen, sondern ihm vorgeben sind und dieserhalb nicht zu seiner Disposition stehen.[448] Darob hieße es auch einer gravierenden Illusion erliegen, zu denken, das Individuum „[...] c'est par un effet de son choix qu'il est ce qu'il est"[449].

---

445 Souveraineté, p. 202.
446 Cf. cap. 4.1, p. 126.
447 Souveraineté, p. 91.
448 Cf. PRANCHERE, op. cit., p. 59.
449 Souveraineté, p. 101.

Mit dieser von mediävalen Glaubensgrundsätzen durchtränkten Anthropologie greift Maistre weit hinter den Voluntarismus eines Machiavellis zurück. Gegen derartig dogmatisch-religiöse Ankerpunkte in seiner politischen Theorie kann schlechterdings kein vernunftmotivierter Einwand Gültigkeit besitzen. Spricht er der individuellen Vernunft doch alle Fähigkeiten ab, etwas Konstruktives hervorzubringen, und schreckt auch nicht davor zurück, sie mit einem unreinen Insekt zu vergleichen, das die Wohnungen verschmutzt.[450]

Daher nimmt es nicht wunder, daß die Auffassungen vom Widerstandsrecht bei Haller und Maistre sich in einem ganz erheblichen Maße unterscheiden. Maistre ist ein radikaler Gegner jeglicher Form des Widerstandes gegen die von Gott eingesetzte Legitimität, sieht er im Individualismus doch einen der Hauptverursacher sämtlicher Revolten und Revolutionen. Selbst den Protestantismus zeiht er als einen Akt der individuellen Selbstverwirklichung. Mit den separatistischen Tendenzen des Gallikanismus geht er, wie wir aufgezeigt haben, gleichergestalt schwer ins Gericht. Demzufolge schließt er sich den mittelalterlichen anthropologischen Vorstellungen vom Untertanen an und kennt für diesen lediglich die Subordination unter die gottgefällige Ordnung. Dem läuft selbstredend die ultraindividualistische Vorstellung Hallers mit der absolut freien Privatautonomie jedes einzelnen zuwider. Gerade in dem Bindungsverhältnis zwischen Untertan und Fürst sieht Haller ein großes Maß an Freiheit verwirklicht. Deswegen erscheinen ihm die Vertragspartner auch völlig gleichberechtigt. Mithin sieht er ein Widerstandsrecht in Form von Selbsthilfe, sobald es zum Vertragsbruch von Seiten des Souveräns kommt, als auf jeden Fall gerechtfertigt an.

4.3 Die Frage nach der besten Staatsform

Wie wir bereits bei der Auseinandersetzung mit Rousseau gesehen haben, schließt sich Maistre dessen Sichtweise von der definitorischen Unmöglichkeit einer besten Regierung *per se* an, doch gelangt er sehr wohl – wie auch Rousseau – zu Überzeugungen, welche Staatsform wohl für das regierte Volk die beste ist. Maistre vertrat dabei die Ansicht, wie bereits oben ausgeführt worden ist, daß der Mensch sich nicht aussuchen könne, von wem er regiert werde. Sie ist ihm wie die Staatsangehörigkeit oder die Sprache immanent.[451] Trotz der Inkonsequenz, daß er in seinem historischen Relativismus die Vielfalt der Regierungen legitimiert und gleichzeitig von der Monarchie als der idealen Regierungsform spricht und sogar den arithmetischen Beweis antritt, indem er vorrechnet, wie nach der

---

450 Cf. Souveraineté, p. 167.
451 Cf. cap. 4.1, p. 124.

Vorgabe seiner Parameter diese Staatsform die beste sei, lohnt eine Überlegung bezüglich seiner theoretischen Grundlagen.

Im Zentrum der politischen Philosophie Maistres steht die fundamentale These von der Unfehlbarkeit der Souveränität: Nur sie verhindert den Kampf aller gegen alle und bildet die konstituierende Bedingung für die Gesellschaftsordnung.[452] Aus dieser Grundprämisse leitet er die Suprematie der Monarchie ab: Mithin hat es den Anschein, die Monarchie lasse sich mit der Souveränität gleichsetzen; denn wenn jede Regierung ihrer Natur nach uneingeschränkt ist, dann verkörpert die Monarchie die natürlichste aller Regierungen. Nun ist aber jede Regierung monarchisch, da es sich bei der Demokratie um eine Monarchie des Volkes handelt, indes sie in ihrer reinen Form ohnehin unmöglich ist, wie bereits Rousseau bewiesen hat, und überhaupt eine Gesellschaft ohne Souveränität wäre,[453] und die Aristokratie eine Monarchie mit vakantem Thron darstellt,[454] ist insofern allein die Monarchie eine Regierung.[455] Diese doch sehr eigene Logik weist eher Züge von Ideologie und Dogmatik auf als ein in sich schlüssiges theoretisches Konstrukt. Man wäre fast geneigt zu sagen, es handele sich um aus Wunschvorstellungen motivierte Behauptungen und Postulate. Aus seiner durchaus eigenwilligen Herleitung der Monarchie als der besten Regierungsform folgert er auch die Unwahrheit des revolutionären Projekts: Dessen Ansinnen ist nutzlos und sündhaft zugleich, weil es sich verweigert, die Souveränität in ihren tatsächlichen Daseinskonditionen zu akzeptieren.[456] Folglich ist Maistre davon überzeugt, daß sich eine Regierungsform wie die Monarchie, die sich über so lange Zeit bewährt hat, mitnichten vermöge einer menschlichen Fiktion, die darüber hinaus noch im Irrtum befindlich ist, ersetzen läßt. Damit leugnet er, der ansonsten immer die Geschichte in den Zeugenstand bemüht, die Französische Revolution als Faktum. Statt dessen betrachtet er sie als eine „Panne", einen tristen „Unfall" im historischen Gesamtkontext.[457]

Dieserhalb läßt sich konstatieren, daß Maistre sein Ideal eindeutig in der Monarchie sieht, beziehungsweise, um es zu konkretisieren: in der Trinität von Gott, Thron und Nation.[458]

Bei Haller läßt sich eine solche Aussage mitnichten so dezidiert treffen. Selbst wenn man bei der Gesamtwürdigung seiner *Restauration der Staatswissenschaften* sich des Eindrucks nicht erwehren kann, daß er die Monarchie als die

---

452 Cf. cap. 3.9, p. 72.
453 Cf. cap. 3.13, p. 110.
454 Cf. cap. 3.13, p. 105.
455 Cf. PRANCHERE, op. cit., p. 60.
456 Cf. ibid., p. 61.
457 BONDY, op. cit., p. 155.
458 Cf. cap. 3.13, p. 101.

natürlichste Form der Vereinigung des Volkes ansieht, schließlich ist sie aus den Familienverbänden der Urzeit hervorgegangen,[459] muß berücksichtigt werden, daß auch der große Restaurator in seinem sechs Bände umfassenden Hauptwerk einer dynamischen Weiterentwicklung seiner Theorien unterzogen war. Im ersten Band teilt er die Staaten noch in Fürstentümer und Republiken ein, wobei er an der Einteilung Montesquieus in Monarchien, Demokratien und Aristokratien Kritik übt.[460] Montesquieu scheidet, wie aufgezeigt, die Republiken in Demokratien und Aristokratien.[461] Je mehr sich die Aristokratie der Demokratie annähert, desto trefflicher und vollkommener wird sie, und je weniger demokratisch sie ist, desto mehr nähert sie sich seinem Dafürhalten nach der Monarchie an.[462] Bei der Darstellung der Entartungsformen wie Oligarchie, Ochlokratie und Tyrannis knüpft Haller hingegen doch wieder an die antiken Lehren des Polybios an.[463] Wohingegen er im zweiten Band die Monarchie in drei Ausprägungen weiter spezifiziert:

1.) die Patrimonialstaaten oder die unabhängigen Erb- und Grundherren,
2.) die militärischen Staaten oder die unabhängigen Feldherren (das Generalat) und
3.) die geistlichen Staaten (Hierarchien, Theokratien) oder die unabhängigen geistlichen Herren.[464]

Den Patrimonial- und Militärstaaten hat er je einen Band und den Priesterstaaten zwei Bände seines Werkes gewidmet. Diese Einteilung hat er aus den in der Realität vorkommenden Prinzipien der Oberherrschaft abgeleitet: der Überlegenheit

- an Eigentum,
- an Mut oder Tapferkeit und
- an Geist oder Wissenschaft.

---

459 Diesen Vergleich des Staates mit der Familie hetzt Haller den ganzen zweiten Band seines Werkes hindurch zu Tode. Es gibt schließlich keine staatliche Institution mehr, wo er nicht entsprechende Parallelen im Familienleben aufspürt [cf. REINHARD, E.: Karl Ludwig von Haller. Ein Lebensbild aus der Zeit der Restauration, Köln, 1915, p. 44].
460 Cf. Restauration, tom. 1, pp. 495-498.
461 Cf. cap. 3.10, p. 78.
462 „Plus une aristocratie approchera de la démocratie, plus elle sera parfaite; et elle le deviendra moins, à mesure qu'elle approchera de la monarchie" [Lois, lib. 2, cap. 4].
463 Cf. Restauration, tom. 1, pp. 498-503.
464 Cf. Restauration, tom. 2, pp. 11-19.

Verbunden mit den allgemeinen Bedürfnissen des Lebensunterhaltes, des Schutzes und der Belehrung sowie dem zufälligen Glücksgut persönlicher Independenz entstehen die drei oben aufgeführten Ausformungen der Monarchie.[465]

Der letzte Band setzt sich mit der Republik auseinander. Indes kann Haller sich diese Staatsform nur in Ausgestaltung einer Aristokratie vorstellen, da eine Demokratie für ihn undenkbar wäre, schließlich vermögen niemals alle Menschen unabhängig zu sein. Der Republik steht an der Spitze die „collektive Person" vor, die wie der Fürst Grundeigentum, Macht und Unabhängigkeit, also *summa fortuna* ihr eigen nennt. Der Staat ist das Eigentum dieser Kooperation und doch laufen die Republiken dem individuellen Freiheitssinn nach Hallerschem Verständnis zuwider, da in ihnen der Majoritätsbeschluß Geltung hat. Der einzelne ist folglich verpflichtet, sich der Mehrheit, welche die Macht in sich vereint, zu subordinieren. Auf Grund dieser Tatsache schwelt ein immerwährender Konflikt zwischen dem Individuum und der Kooperation. Demgemäß muß das einzelne Individuum seine Macht gegenüber der Kooperation einschränken. Gleichergestalt verhält es sich auch mit seiner Freiheit und Eigentum.[466]

Im letzten Band seines Hauptwerkes führt er noch einmal die Nachteile der Republik gegenüber der Monarchie auf:

„Allein gleichwie die Natur alle Vortheile mit Nachtheilen compensirt, so können die Republiken auf der anderen Seite auch nichts erben, nicht erheyrathen, und sich dadurch weder Freunde machen noch schnelle Reichthümer erwerben. Sie sind im Allgemeinen zu Führung des Krieges und zu glücklichen Negotiationen nicht so gut geeignet wie die Fürsten, und können, durch unkluge Leitung des einen oder der anderen, leicht um ihre Unabhängigkeit, ihr kollektives Fürstenthum gebracht werden. In Verträgen werden sie noch eher als in Schlachten besiegt, durch List und Erregung von Zweytracht leichter als durch offene Gewalt bezwungen, indem man wohl viele unter einander, aber nicht leicht einem Einzelnen mit sich entzweyen kann".[467]

Diese doch sehr generalisierende Darstellung bezüglich der Nachteile der Republik gegenüber einer Monarchie muß vor dem Hintergrund einer abschließenden Entwicklung Hallers gesehen werden, der sich in diesem letzten Band zunehmend von der republikanischen Idee distanziert. So arbeitet er gerade im Kapitel der staatlichen Entstehungsgeschichte den künstlichen Charakter der Republik heraus, da die Natur ein Verhältnis, in dem gleiche Kräfte gleichen Bedürfnissen gegenüberstehen, nirgends geschaffen hat. Dies widerstrebt seiner ureigensten Vorstellung, daß die Natur den Menschen mit unterschiedlichen Bega-

---

465 Cf. DOCK, op. cit., p. 150.
466 Cf. WEILENMANN, op. cit., p. 73seq.
467 Restauration, tom. 6, p. 271.

bungen, Macht und Vermögen ausgestattet hat und daher auch mit einer ungleichen Gewichtung ihrer Rechte versah.[468]

Diesergestalt ausgeprägt waren seine Vorbehalte gegen die Republik im letzten Kapitel des ersten Bandes, in dem er sich ausdrücklich mit der Frage auseinandersetzt, ob dermalen der Republik oder der Monarchie der Vorzug zu geben
sei, noch nicht. Darin heißt es:

> „Frägt man hingegen welche Herrschaft die monarchische oder die republikanische
> (individuelle oder collective) im allgemeinen für das Wohl der Unterthanen die
> bessere sey: so läßt sich zwar antworten:, daß eine jeder derselben ihre in der Natur der
> Sache liegenden Vortheile und Nachtheile hat, welche gewöhnlich mit einander compen-
> sirt sind“.[469]

Signifikanterweise gibt Haller keinen direkten Hinweis darauf, welche der
beiden Regierungsformen er präferieren würde. Damit befindet er sich in Gesellschaft von Maistre oder Rousseau, die fast eine deckungsgleiche Antwort erteilen
und gleich ihm auf das Wohl der Bürger in Bezug auf die Staatsformfrage abzie-
len.[470] Wie bei Maistre und im Gegensatz zu Rousseau räumt Haller der Legitimität eine weit höhere Präferenz als der spezifischen Ausformung einer Regierung ein:

> „Sobald man aber, nach den bisher entwikelten Grundsätzen, Fürsten und Republiken
> nicht als Inhaber delegirter Volksgewalt, nicht als bloße Formen einer willkürlich ge-
> setzten Regierung, sonder als selbständige Personen, als freye Individuen und freye
> Communitäten betrachtet, deren Herrschaft nicht auf anvertrauter, sondern auf eigener
> Macht beruht und auch durch eigene Rechte begränzt ist; sobald mithin erwiesen wird,
> daß der Naturzustand nie verlassen worden ist, sondern noch jetzt existirt: so fällt jene be-
> rüchtigte Frage ganz weg, oder doch zu einer elenden unnüzen Spizfindigkeit herab“.[471]

An dieser Stelle wird ersichtlich, wie eng verwoben die Hallerschen Vorstellungen vom Naturzustand und privatrechtlicher Autonomie mit der Auffassung
von Legitimität sind. Es kann als zentrales Moment seiner Staatsauffassung angesehen werden, daß die Macht des Souveräns aus eigenen und nicht delegierten
Rechten resultiert. Demzufolge setzte er Legitimität mit Machtautonomie gleich.
Aus dieser Tatsache leitet er auch die Irrelevanz der Auseinandersetzung über die
richtige Staatsform für die regierten Untertanen ab. Denn sobald die Herrschaft

---

468 Cf. GUGGISBERG, K.: Carl Ludwig von Haller. Die objektive Würdigung des Restaurators und Staatstheoretikers von europäischem Ansehen, Frauenfeld und Leipzig, 1938, p. 92.
469 Restauration, tom. 1, p. 506.
470 Cf. cap. 3.13, p. 112.
471 Restauration, tom. 1, p. 504.

rechtmäßig ist und dieserhalb auf eigenem Recht beruht, haben „die Unterthanen über die Natur derselben, ob sie aus einem oder aus mehreren bestehe, nicht zu entscheiden, sondern sie sollen die Rechte desjenigen ehren, dem sie gebühren".[472] Damit weist er das regierte Volk aus einem ständischen Verständnis heraus klar in seine Schranken und permutiert die Frage nach der besten Staatsform in eine Frage nach der Legitimität der Regierung. Dabei ist er ganz und gar ein Kind seiner Zeit, denn gerade die Epoche der politischen Restauration legte nach den kruden ochlokratisch-revolutionären Erfahrungen größten Wert darauf, die legitimen Herrscherfamilien wieder zu inthronisieren.[473]

Somit kann festgehalten werden, daß er im ersten Band seiner *Restauration der Staatswissenschaften* keiner der beiden Regierungsformen den Vorzug gibt. Obschon im zweiten Band den Patrimonialstaaten eine gewisse Präferenz eingeräumt wird, die sich dann bis zum sechsten Band in Form einer Demonstration der republikanischen Schwachpunkte kontinuiert. Doch wäre das Bild mitnichten vollständig, würde man die mit exzellierendem Aufwand betriebene Darstellung der Priesterstaaten nicht in eine Gesamtwürdigung der Frage nach der idealen Staatsform inkludieren.[474] Denn in der katholischen Kirche findet er den Ausgleich der beiden Staatsformen in vollendeter Form. Sie weist republikanische Elemente auf, da in ihr alle Gläubigen gleich sind und das Herrschen im Dienen und Nützen besteht, die Kirchengüter nicht an Individuen vererbbar sind und mithin der ganzen Gemeinschaft auf Generationen gehören. In ihrem hierarchischen Aufbau findet sich indes ein monarchisches Grundelement. Somit glaubt er in ihr die ideale Staatsform gefunden zu haben:

> „[…] sie sind älter und fortdauernder, edler in ihrer Grundlage und in ihrem Gegenstand, viel ausgedehnter als die weltlichen Staaten; zwangloser und der Freyheit günstiger, die Krone ist das Bindemittel aller Völker, aller Herrschaften und Gemeinden; endlich auch die populärste von allen, monarchisch nur in ihrer Entstehungsart und äußeren Form, aber durchaus republikanisch in dem Zweck und der Ausübung ihrer Gewalt".[475]

Somit erhebt Haller die Institution der katholischen Kirche zur Supra-Staatsform; über den weltlichen Staaten, den Monarchien und Republiken, stehend fungiert sie als einendes und aussöhnendes Moment gegenüber den Gegen-

---

472 Restauration, tom. 1, p. 508.
473 Cf. cap. 4.1, p. 120.
474 Es hat den theologisch ungeschulten Haller viel Mühe gekostet, sich die theoretischen Grundlagen, auf denen seine beiden Bände von den Priesterstaaten basieren, anzueignen. Die Beschäftigung mit religiösen Themen stand bereits im Zeichen seiner bevorstehenden Konvertierung zur katholischen Kirche 1820 [cf. GUGGISBERG, op. cit., p. 89].
475 Restauration, tom. 4, p. 324.

sätzen.[476] Die Frage, ob er hierbei den Einfluß und die Möglichkeiten einer geistlichen Institution nicht gravierend überschätzt, wäre sicherlich wert, einer weiteren Prüfung unterzogen zu werden, alldieweil schon weiland der Machtbereich
der Kirche in deutlicher Verringerung begriffen war.

Ein weiteres Indiz für sein Bedürfnis nach Konfliktfreiheit stellt die ausdrückliche Negierung eines in der damaligen Zeit noch üblichen Auswanderungsverbo-
tes dar. Haller tritt vehement dafür ein, daß jedweder Untertan das Recht haben
sollte, sofern er mit der in seinem Staat vorherrschenden Staatsform und den politischen Realitäten nicht einverstanden ist, das Land zu verlassen:

> „[…] aber in Hinsicht auf die Natur des Verhältnisses bleibt ihnen nur die rechtliche
> Freyheit übrig, das Verband zu verlassen, wenn sie damit nicht zufrieden sind, und in ein
> anderes zu treten, das ihren Wünschen mehr entspricht. Wer lieber einen Einzelherren hat
> der suche einensolchen, wer aber vorzieht unter einem Rath von vielen zu leben, der be-
> gebe sich in den Dienst oder auf das Gebiet einer Corporation: […] Auswanderungs-
> Verbote sollen daher […] niemals Platz haben, wie sie dann nach den Regeln der Gerech-
> tigkeit gegen freye Menschen schlechterdings nicht gerechtfertigt werden können
> […]“.[477]

Damit wären wir wieder am Ausgangspunkt unserer Darstellung angelangt:
dem Emigrationsrecht jedes Athener Bürgers beim Eintritt in die Großjährig-
keit.[478] Auch an dieser Stelle wird deutlich, daß sich Haller mitnichten in eine
mediävale Ordo-Gesinnung einordnen und stigmatisieren läßt. Denn dagegen
steht seine Auffassung von der totalen Privatrechtsautonomie des Individuums,
was auch bei der Beantwortung der Frage nach dem *ius resistendi* von Belang
war.[479]

Darüber hinaus muß abschließend annotiert werden, daß entgegen der weit-
verbreiteten und häufig kolportierten Meinung, Haller sei ein moroser und ultra-
reaktionärer Monarchist mit patrimonialer Grundattitüde, sich im Verlauf seines
sechs Bände umfassenden *opus magnum* ein nach Harmonie und Ausgleich be-
mühter Geist entpuppt, der darauf bedacht ist, das Einende, Ausgleichende zu suchen und nicht mit aller Macht der Kontroverse und dem Trennenden nachzuspüren. Diese herkömmlichen Vorverurteilungen resultieren aller Wahrscheinlichkeit
nach aus einer leidlichen Unkenntnis des Gesamtwerkes. Es ist nämlich bereits zu
Lebzeiten Hallers nur der erste Band, in dem er sich noch sehr polemisch gegen
den Gesellschaftsvertrag und revolutionär-republikanische Konstrukte ausspricht,
einem größeren Leserkreis zur Kenntnis gelangt. So verkaufte sich bereits der

---

476 WEILENMANN, op. cit., p. 116seq.
477 Restauration, tom. 1, p. 508seq.
478 Cf. Anm. 47, p. 30.
479 Cf. cap. 4.3, p. 132.

zweite deutlich schlechter als der erste und von den übrigen Bänden waren noch in den 1840er Jahren so viele übrig, daß sie als Makulatur verkauft werden mußten.[480] Wären auch die restlichen in ein breiteres Bewußtsein seiner Zeitgenossen gelangt, wäre das Urteil, selbst wenn nicht unbedingt grundlegend anders, so doch wohl ein wenig differenzierter ausgefallen. Aber die Menschen, ganz allgemein gesprochen, neigen dazu, sich gerne auf einen prima vista hin ein finales Urteil zu bilden. Schließlich ist etwas leichter und schneller in eine Schublade gesteckt, als wieder daraus umsortiert.

Vergleicht man nun eingedenk dieser Ausführungen die Haltung der beiden Theoretiker bezüglich der besten Staatsform, so kann konstatiert werden, daß sie auf die direkte Frage hin zunächst eine abschlägige Antwort erteilen, daß es nämlich unmöglich ist, die beste Regierung *per se* zu finden, wohingegen die trefflichste Staatsform für die Bürger durchaus eruierbar ist. Maistre ist hierbei dezidiert als Monarchist auf der Grundlage des sakralen Gottesgnadentums zu verorten, wobei er der Aufklärung minimale Avancen in Form einer delegierten Judikative macht. Bei Haller vermag man eine solch klare Taxierung nicht vorzunehmen; denn seine Sichtweise zu den einzelnen Staatsformen ist einem Veränderungsprozeß unterworfen,[481] der sich nicht in einem statischen Moment fassen läßt. Folglich ist es notwendig, die chronologische Publikationsreihenfolge der einzelnen Bände im Verbund mit den dort getroffenen, kontextualen Aussagen zu berücksichtigen. Daraus ergibt sich eine Tendenz hin zu einer eher skeptischen bis ablehnenden Haltung gegenüber der Republik und eine Präferenz in bezug auf die in seinen Augen natürlichere Regierungsform, die Monarchie. Die einzelnen Spezifikationen dieser Regierungsform, wie Patrimonialherrschaft, Generalat und Theokratie, erlangen dabei nur periphere Bedeutung. Mithin sieht er seinen idealen Staat weder in der Republik noch in der Monarchie, wie allgemein fälschlich angenommen, sondern in der Theokratie der katholischen Kirche verwirklicht. Selbst wenn sie differente legitimatorische Grundmuster in ihren Lehren aufweisen, bei Maistre das Religiöse und bei Haller das Rationale, so begegnen sich der privatrechtliche Individualist und der ultramontane Royalist in ihrer Verehrung und Idealisierung der römischen Kirche wieder. Man könnte sogar soweit gehen, die Institution des Katholizismus als „Schnittmenge" der beiden Theorien anzusehen, mehr noch: als kristallisierenden Identifikationspunkt.

---

480 Cf. ROGGEN, op. cit., pp. 21 et 43.
481 Zum Teil auch in sich widersprüchlich, sieht er im dritten Band noch den Patrimonialstaat als „das Ideal eines vollkommen geselligen Zustandes" an [cf. Restauration, tom. 3, p. 169].

5 Schlußbetrachtung

Betrachtet man die Staatstheorien Hallers und Maistres vor dem Hintergrund der hier kursorisch dargestellten geistesgeschichtlichen Entwicklung, wird man sehr schnell gewahr, daß es sich bei den beiden schlechterdings nicht um eine Anknüpfung oder Weiterentwicklung der vorangegangenen politischen Philosophie handelt. Die traumatische Erfahrung der Französischen Revolution verkörpert eine solcherart aversabele Zäsur in der Vita der beiden Aristokraten, daß sie nahezu ihr gesamtes wissenschaftliches Wirken auf die Auseinandersetzung mit der Lehre vor und während dieses fundamentalen und alle Gesellschaftsbereiche konzernierenden Umsturzes verschrieben haben. Dabei geht zumindest Maistre weit über die politischen Vorstellungen und Konzepte der Status-quo-Konservativen, wie beispielsweise Chateaubriand, Burke, Gentz, Minghetti und Pobedonoscev, hinaus. Insbesondere in seiner Anthropologie lehnt er sich an mittelalterliche und zum Teil sogar biblische Sichtweisen an, die den Menschen entindividualisiert als subordiniertes Wesen unter die universelle Suprematie der Kirche und die partikulare des jeweiligen Thrones stellen. Hierbei bedient er sich einer Modifikation des Traditionalismus, welchen er um die eigenen politischen und staatsrechtlichen Ansichten erweitert und umformuliert. Es nimmt daher nicht wunder, daß er die gesamte rational geprägte Aufklärungsphilosophie Lügen straft und versucht, den in seinen Augen „Hauptschuldigen" derselben, Jean-Jacques Rousseau, unter Zuhilfenahme einer recht eigenwilligen Geschichtsinterpretation und zum Teil fast schon an bloße Meinungen grenzenden Argumenten zu widerlegen und dessen Thesen ins Lächerliche zu ziehen. In seinem tiefreligiösen Denkmuster lehnte er alle individuellen Attribute des Menschen wie den freien Willen *in toto* ab und betrachtet das menschliche Wüten in der Französischen Revolution als Akt höchster Hybris, der vom Fortgang der Geschichte nicht ungesühnt bleiben wird. In seiner providentiellen Haltung vertritt Maistre die These, der Mensch unterliege allein dem stets obwaltenden Willen Gottes, wessentwegen er auch eine Unterscheidung zwischen Natur- und Gesellschaftszustand ablehnt und dem Menschen die Fähigkeit zu einem staatskonstituierenden, eigenständigen Vertragsabschluß schlechterdings abspricht.[482] Damit begründet Maistre einen noch wesentlich weitergehenden absolutistischen Anspruch des Souveräns als bei Hobbes Leviathan, da der Monarch an überhaupt

---

482 Cf. 3.13, p. 101.

keine vertragliche Vereinbarung gebunden ist und demzufolge auch keine Obligation des Gewährleistens einer Sicherheitsgarantie für das Volk eingegangen ist. Der Souverän ist nach dem Maistreschen Dafürhalten keiner irdischen Macht verpflichtet und herrscht folglich absolut. Daran ändert auch die kleine Beschränkung des Herrschers durch die delegierte Ziviljudikative nichts, wie er sie dem Untertan zum Schutze von dessen Privateigentum immerhin zubilligt.[483] Einzig das *sacerdotium* steht noch über dem weltlichen Fürsten. Allerdings hat er diese pontifikale „Übersouveränität" Gottes,[484] beziehungsweise dessen Stellvertreters auf Erden, noch nicht in seinem *Anti-Contrat-Social* ausgeführt. Diesem fragmentarischen Frühwerk liegt noch wesentlich mehr die Intention zugrunde, gegen die „Irrlehren" des Gesellschaftsvertrags und den Geist des Republikanismus zu Felde zu ziehen. Maistre unterzieht sich jedoch nicht wie Haller der Mühe, auf die einzelnen Wegbereiter der Aufklärung, wie Hobbes, Locke, Montesquieu oder die Enzyklopädisten, einzugehen, sondern pauschalisiert sie mit der von ihm ausnehmend pejorativ gebrauchten Bezeichnung *philosophes*. Der Grund hierfür ist nicht minder generalisierend, da Maistre alles, was mit dem Vernunftterminus in Verbindung gebracht werden kann, wie zum Beispiel den Sozialkontrakt und die Gewaltenteilung, als ketzerischen Anschlag auf die sakrosankte, gottgefällige, ständische Ordnung betrachtet; denn wie bereits aufgezeigt wurde, reiht sich in dieses Denkschema die völlige Ablehnung jedweder Insurrektion und Repräsentation nahtlos ein.[485] Schließlich widerstrebt einer solchen Maistres apodiktische Auffassung von der uneingeschränkten und unteilbaren Souveränität, die ihn zu erheblichen logischen Fehlschlüssen verleitet hat. Mithin nimmt seine politische Philosophie Züge einer politischen Theologie an, die in ihrem Unbedingtheitsanspruch fast schon dogmatischen Charakter aufweist. Demgemäß läßt sich mit Fug und Recht die Behauptung aufstellen, daß Maistre in seiner politischen Theorie fast ein halbes Millennium geistesgeschichtlicher Entwicklung extinktiert hat. Insofern stellt seine Verortung als Status-quo-ante-Konservativer, zumindest in Bezug auf den *Anti-Contrat-Social*, fast schon eine Untertreibung dar, alldieweil seine Vorstellungen vom sakralen Königtum weit über die Bonalds und des frühen Lamennais hinausgehen. Denn eine solcherart strikte und uneingeschränkte Königsherrschaft, wie sie Maistre vorschwebt, war

---

483 Cf. cap. 4.1, p. 126.
484 Cf. MAISTRE, J. de: Du Pape, in: Œuvres complètes, 3. Edit., Lyon, 1863, tom. 3, p. 169.
       Der schon von Gregor VII. (um 1020 – 1085) formulierte Anspruch auf päpstliche Suprematie über jede weltliche Gewalt fand seine tatsächliche Erfüllung unter Innonzenz III. (um 1170 – 1241), der sicherlich mit lebhafter Freude der Maistreschen Theorie von der „Übersouveränität" zugestimmt hätte.
485 Cf. cap. 4.2, p. 131.

zu keiner Zeit in der Geschichte Frankreichs, selbst unter Ludwig XIV. nicht, politische Realität;[486] denn abgesehen davon, daß das Königtum im Mittelalter und noch bis Heinrich IV. auf Grund der mangelnden Einheit des Reiches und eines sehr dominanten Hochadels sowie vermöge des Hundertjährigen Krieges und konfessioneller Auseinandersetzungen erheblich geschwächt war und auch im Anschluß daran die Macht des Klerus und vor allem des landbesitzenden Adels so beschaffen war, daß der König dessen Willen durchaus nicht zu ignorieren vermochte und Reformen nie oder nur ausnehmend halbherzig und schleppend umgesetzt wurden, kann von einem Monarch als uneingeschränktem Souverän kaum gesprochen werden.[487] Es wäre also zu prüfen, ob Maistres staatstheoretische Reflexionen wirklich unter den Status quo ante zu taxieren sind, ohne daß man deren fast schon utopistisch-überzeichnende Form einer gewünschten Realität wirklich kenntlich gemacht hat.

Insbesondere der Absolutheitsanspruch, der aus der Lehre von der ungeteilten und uneingeschränkten Natur der Souveränität resultierte, und die von ihm häufig beschworene nationale Vernunft[488] erlangten in Hinblick auf seine geistesgeschichtliche Weiterentwicklung triste Adaption in der ideologischen Ausformung der national-antisemitisch gesinnten *Action Française.* Charles Maurras berief sich in seinen konservativ-revolutionären Beschwörungsformeln häufig auf den savoyischen Grafen, obschon die nationalkirchliche und anti-papale Rebellion der *Action* mitnichten Gnade vor den Augen des ultramontanen Royalisten gefunden hätte.[489] Schließlich verurteilte Maistre bereits den Gallikanismus scharf als schweres und sündhaftes Vergehen wider den universellen Einheitsgedanken der heiligen katholischen Kirche. Gleichergestalt zeihte er den Protestantismus und Jansenismus als Vorläufer des verderblichen, separierenden „Giftes", das sein diabolisches Werk in der Revolution voll zu entfalten vermochte. Alles, was wider die absolutistische Ordnung gerichtet war, vor allem Teilungsbestrebungen, die den Individualismus verkörperten, perhorreszierte Maistre zutiefst. Daher weist die patriarchalische Theorie Robert Filmers noch die meisten Kommensurabilitäten zu Maistre auf; denn für Filmer galt das, worin er sich auch mit dem Savoyer einig war: In jedem Staat muß es eine souveräne Gewalt geben. Diese Gewalt verkörpert der König. Der Souverän kann niemals zu etwas gezwungen

---

486 Cf. MALETTKE, K.: Ludwig XIV. 1643 – 1715, in: HARTMANN, P. (ed.): Französische Könige und Kaiser der Neuzeit. Von Ludwig XII. bis Napoleon III., München, 1994, p. 221seq.
487 Cf. TULARD, J.: Frankreich im Zeitalter der Revolutionen 1789 – 1851, Stuttgart, 1989, p. 80seq.
488 Cf. Souveraineté, p. 168.
489 Cf. BEYME, op. cit., p. 348.

werden, denn dies verhielte sich widersprüchlich zu seiner Souveränität.[490] Abgesehen von der Beurteilung des Papstes und der originären Herleitung der Souveränität weist der Absolutheitscharakter derselben bei beiden Theoretikern gravierende Übereinstimmungen auf. Indes behauptete sich die durchschlagende Wirkung Filmers in den ultaroyalistischen Kreisen nur wenige Jahrzehnte, alldieweil sie weiland bereits im Begriff war, nicht mehr dem Zeitgeist der aufkommenden Aufklärungsepoche zu entsprechen. Das bedeutet, wenn Filmer schon kurze Zeit nach seinem Dahinscheiden mit den Attributen „vorzeitlich" und „rückwärtsgewandt" belegt wurde, vermag man zu ermessen, als wie radikal die Theoreme Maistres über hundert Jahre danach aufgefaßt wurden.

Nichtsdestotrotz wäre es verfehlt, würde man Maistre auf einen konservativen Phantasten reduzieren, der eine auf Gottesgnadentum basierende Monarchie, die sich in die „geheiligte Trinität" von Gott, Thron und Nation einfügt, in anachronistischer Verblendung zu restaurieren gedenkt. Fraglos hat er einen gewichtigen und reputierlichen Beitrag zur Entmystifizierung des *Contrat-Social* Rousseaus geleistet. Denn auch noch in unseren Tagen wird der Sozialkontrakt Rousseauscher Prägung in den Geschichtsbüchern als eines der exzellierendsten Werke der politischen Philosophie gefeiert. So erscheint es, als habe Rousseau den Gesellschaftsvertrag auf dem Sinai direkt vom Gott der Aufklärung empfangen und kein Einwand könne vor ihm Bestand haben. Die krude Revolution, die in ihm ihren geistigen Ahnvater sah, hat mit dieser fast schon ans Propagandistische grenzenden Verehrung nachhaltigen Erfolg gehabt. Um so mehr meritierte es Maistre, wie kein anderer die Thesen Rousseaus auf ihre Schwachpunkte und Widersprüchlichkeiten hin bloßgestellt zu haben.[491]

Mithin kann die finale Aussage getroffen werden, daß er seinen Platz in der ultramontanen und erzreaktionären Staatstheorie mit idealisierendem Gehalt gefunden hat. Keiner vor oder nach ihm ist mit solch einer Vehemenz für das absolutistische Gottesgnadentum und die mediäval-ständische Ordnung eingetreten. Niemand vermochte mit zwingenderer Logik die Lehre des Gesellschaftsvertrages in Frage zu stellen. Trotzdaß die Einwendungen gegen denselben in unseren Tagen scheinbar über keinerlei Relevanz mehr verfügen, übt er auf die wissenschaftlichen Kreise – wie wir in der Einleitung gesehen haben – noch immer ein Faszinosum aus, das eine Beschäftigung mit seinem Werk in jedem Fall fruchtbar erscheinen läßt.

Ähnlich verhält es sich auch mit Haller, dessen Hauptwerk einen erhellenden Eindruck von den geistesgeschichtlichen Kontroversen aus einem strikt rationalen Winkel ermöglicht.

---

490 Cf. cap. 3.5, p. 46.
491 Cf. cap. 3.13, p. 100, passim.

Zumeist wird Haller den Status-quo-ante-Konservativen zugerechnet, wozu bereits der Titel seines Hauptwerkes auf einen prima vista hin notwendig Anlaß zu geben scheint.[492] Allerdings sollte eine solche Kategorisierung nicht als obligat angesehen werden. Der Verfasser der *Restauration der Staatswissenschaften* läßt sich nämlich schlechterdings nicht mit Brandes, Rehberg oder Jarcke in einer gemeinsamen Gruppe zusammenfassen. Dafür bietet sein *opus magnum* zu viel dynamische Veränderung. Wie bereits im Kapitel, das sich mit der Frage nach der besten Staatsform bei Haller und Maistre auseinandergesetzt hat,[493] ersichtlich wurde, veränderte Haller seine Haltung bezüglich der republikanischen und monarchischen Staatsform. Dabei ist klar eine Präferenz der Monarchie gegenüber erkennbar, doch billigt er ganz im Gegensatz zu Maistre der Republik ein grundsätzliches und legitimes Existenzrecht zu. Schon allein vermöge dieses Faktums unterscheidet er sich nachhaltig von vielen konservativen Zeitgenossen. Dies hat zur Folge, daß die allgemeine Ansicht, Haller sei ein Verfechter des mittelalterlichen Ständestaates auf patriarchalischer und privatrechtlicher Grundlage so nicht haltbar ist. Gerade er, der den Patriarchismus grundsätzlich bejaht, richtet sich gegen Filmer. Haller konzediert ihm zwar eine richtige, wenn auch zu enge Grundidee, auf Grund der Tatsache, daß er das Bild der väterlichen Gewalt ostentativ übertreiben würde, indem er seine ganze Staatstheorie darauf reduziere, und ferner, daß er Republiken grundsätzlich als illegitim zurückweist und ausdrücklich nur die Monarchie, gleichergestalt wie Maistre, zur rechtmäßigen Staatsform erklärt, da diese dem Bild von der Familie und dessen Oberhaupt am nächsten komme. Dabei unterliegt Haller jedoch nicht dem Irrtum Filmers, der die Familie als undurchlässiges soziales Gefüge betrachtet, in welchem die Rollenverteilung einerseits generationenbedingt rotierend, indes andererseits, transferiert man das Modell auf die Makroebene Staat, kein Wechsel an der Spitze Staatsmacht möglich ist, da die gesamte politische Macht bei der Herrscherfamilie oder einer kleinen Gruppe verbleibt. Im weiteren Gegensatz zu Filmer und Maistre erkennt der Restaurator die Existenz von Verträgen sehr wohl an, schließlich bilden selbige für ihn das staatstiftende Moment auf privatrechtlicher Basis.[494] Dieser völligen Privatrechtsautonomie des Individuums liegt ein zutiefst egalitärer Grundanspruch zu Grunde. Das heißt, im Gegensatz zu Maistre, obzwar dieser auch die Durchlässigkeit des sozialen Gefüges der Monarchie für den Untertan betont,[495] billigt Haller *expressis verbis* jedem Bürger ein solch hohes Maß an Privatautonomie zu, daß es dem einzelnen – bei günstigen Konditionen –

---

492 Cf. BEYME, op. cit., p. 394.
493 Cf. cap. 4.3, p. 138.
494 Cf. cap. 3.5, p. 49.
495 Cf. Souveraineté, pp. 192-195.

sogar möglich ist, selbst in den Rang eines Fürsten emporzukommen, also qua totale materielle Independenz das höchste Glücksgut (*summa fortuna*) zu erlangen. Demnach steht nicht mehr der das Land regierende Souverän im Vordergrund, verpflichtet einzig Gott und seinem Gewissen, sondern der Fürst als autonom agierende Person, die nicht mehr fremde, sondern nur noch private Angelegenheiten regiert. Dabei ist es wichtig, daß sich die Bürger ihre Befugnisse aus eigenen Privatrechten ableiten, vorwiegend dem Eigentum. Demzufolge sind die Fürsten wie jeder andere Mensch auch nicht „von" und „für" das Volk, sondern vor allem für „sich selbst" geschaffen. Die Untertanen sind ergo nicht für den „Nutzen" des Fürsten existent, weil sie ansonsten mit Sklaven oder Leibeigenen gleichzusetzen wären. Die Obligation existiert statt dessen in gegenseitiger Form eines Dienstvertrages, in welchem jeder Vertragspartner gewillt ist, seinen Vorteil zu finden, und sich verpflichtet, den im Vertrag dargelegten Pflichten nachzukommen. Aus rechtlichen Gesichtspunkten ist „jeder für sich selbst" geschaffen, zur eigenen Sinn- und Zweckstiftung. Haller betont dadurch in fast schon diametraler Gegensätzlichkeit zu Maistre und den übrigen Status-quo-ante-Konservativen die absolut egalitär-individualistische Privatautonomie eines jeden Bürgers qua Natur. Dabei spielen die Sozialisation, der Stand und das Vermögen schlechterdings keine Rolle.[496] Mithin offenbart sich Haller in bezug auf seine politische Anthropologie überhaupt nicht als Konservativer. Sein Ansinnen, jedes Verhältnis *im* und jede Beziehung *zum* Staat in einem privatrechtlichen Vertragskonstrukt zu regeln, muß vielmehr als libertär kategorisiert werden. Denn selbst wenn er sich mit allem erdenklichen Nachdruck gegen jede Form von Gesellschaftsvertrag und Revolution richtet, so liegt dem mitnichten eine konservativ-reaktionäre Sichtweise zu Grunde, sondern die Sorge um die unbedingte Freiheit des einzelnen, die als Garant für seine absolut gesetzte Souveränitäts- und Privatautonomielehre unabdingbar ist. Denn sowohl der Sozialkontrakt als auch der daraus in seinen Augen vorbestimmte Umsturz richten sich wider die Sicherheit des Eigentums und schränken die von Natur unbedingte Freiheit des einzelnen ein. Dies spiegelt sich auch in seiner Souveränitätslehre wider, die bei ihm als einzigem Theoretiker potentiell von jedwedem Bürger erlangbar und somit transferabel ist. Einzige Voraussetzung ist die tatsächliche Unabhängigkeit und Stärke desjenigen, der souverän zu sein gedenkt. Gleichermaßen eine solche Lehre von der möglichen Übertragbarkeit von Souveränität widerspricht den übrigen antirevolutionären Denkern derart fundamental, daß Haller in diesem Punkt erneut eine Exzeption darstellt.[497]

---

496 Cf. cap. 3.5, p. 54.
497 Cf. cap. 3.5, p. 55.

Ein weiterer, überaus gewichtiger Punkt der Divergenz zum Berner Restaurator stellt außerdem die Filmersche – und auch Maistresche – Totalnegierung eines Insurrektionsrechts dar.[498] Auch hierin offenbart sich kein streng konservatives Denkmuster. Haller erklärt es ohne Zweifel für legitim, sich gegen einen unrecht gebärdenden und die private Unversehrtheit einschränkenden Herrscher insurrektionell zu verhalten.

Selbstredend wäre es unangebracht, trotz der vielen Abweichungen zu den traditionell-konservativen Theorien, Haller zum Liberalen zu stilisieren, doch ihn als Status-quo-ante-Konservativen zu klassifizieren, erscheint gleichsam in gewissem Maße sinndefizitär. Hat sich doch gezeigt, daß in seiner Staatstheorie der Legitimität, neben dem privatautonomen Absolutheitsanspruch und der unteilbaren Souveränität, eine herausragende Bedeutung zukommt. Unter diesem Gesichtspunkt expliziert sich auch der Name seines Hauptwerkes, der Wiederherstellung der *legitimen* Souveränität. Somit kann seine Lehre durchaus als reaktionär in Hinsicht auf die Widerlegung der nach seinem Dafürhalten „irrigen Revolutionsthesen" und Begründung einer eigenen, wahrhaftigen Staatswissenschaft eingestuft werden. Indes möchte er nicht einfach an bestehende Verhältnisse im Sinne eines direkten nahtlosen Anschlusses anknüpfen, sondern er stellt verschiedene Modelle zur Disposition, wie Patrimonialstaat, Generalat, Priesterstaat *und* Republik, die alle mit dem einigenden Band der unbedingten, individuellen Privatrechtsautonomie verbunden sind. Das heißt, er bejaht sehr wohl die unterschiedlichen Ausprägungen der einzelnen Herrschaftsformen, doch konstituiert er eine Vielzahl von entscheidenden und nicht abdingbaren Grundvoraussetzungen, die in fast keinem einzigen Staat des *Ancien Régime* in besagter Form Realität waren. So gab es weder ein Insurrektions- noch ein Emigrationsrecht, und auch die Souveränität war mitnichten transferabel; geschweige denn herrschte eine absolute Privatrechtsautonomie für jeden einzelnen Untertanen.

Ein Vorschlag für eine Taxierung Hallers, ausgehend von seinem epochalen Werk der *Restauration der Staatswissenschaften*, wäre ihn als libertären Legitimisten mit streng autonom-privatrechtlicher Grundattitüde einzuordnen. Wohlgemerkt verkörperte er aller Voraussicht nach den einzigen Ordnungspunkt in dieser Kategorie, was das Vorhaben zweifelhaft erscheinen läßt, ihn schlechterdings in irgendeiner Form zu kategorisieren. Möglicherweise ist es geboten, sich einfach damit abzufinden, daß sich der Berner Patrizier selbst in 3000 Seiten einer mehrfachen „Umordnung" unterzog. Denn ihm war durchaus bewußt, daß sein Ideal, eine Theokratie nach römisch-katholischem Glaubensvorbild, auf Erden wohl niemals Wirklichkeit zu werden vermag.[499]

---

498 Cf. cap. 3.5, p. 52; sowie: cap. 3.1, p. 31; sowie: cap. 4.2, p. 131.
499 Cf. cap. 4.3, p. 137.

Wenn wir den Vergleich zwischen der Staatstheorie Maistres und Hallers nunmehr konkludieren, so lassen sich die Hauptmerkmale der beiden wie folgt beschreiben: Hallers Theorie basiert auf durchweg rationaler Grundlage eines absolut gesetzten Souveränitätsbegriffs, der transferabel und potentiell jedwedem Individuum zugänglich ist, und einer unbedingten Privatrechtsautonomie, die zweifelsohne libertäre Züge aufweist. Sein zentrales Anliegen ist die Restauration der legitimen Souveränität, wobei er es offen läßt, um welche Staatsform es sich dabei handelt. Wichtig ist indes festzuhalten, daß er weder der Republik noch der Monarchie und ihren einzelnen Ausformungen einen klaren Vorzug gibt. Statt dessen läßt sich in einzelnen Passagen des Werkes eine gewisse Präferenz für die Monarchie herausinterpretieren. Der Staat konstituiert sich bei Haller durch keinen kollektiv geschlossenen Sozialkontrakt, sondern lediglich durch eine nicht bezifferbare Zahl an privatrechtlichen Verhältnissen, an denen auch der Souverän – direkt oder indirekt – partizipiert.

Im Gegensatz hierzu erklärt Maistre die Monarchie ausdrücklich zur besten und legitimen Staatsform. Sein Staatsverständnis ist tief religiös geprägt und basiert auf der von ihm konstituierten politischen Ausprägung des Traditionalismus. Hinzu treten eine stark providentielle Auffassung und ein auf der mittelalterlichen Ordo-Gesinnung gründendes Menschenbild, das den Untertan im originären Sinn des Wortes definiert und selbigem politisches Partizipations- oder Insurrektionsrecht gewährt. Der Gesellschaftsvertrag wird als häretischer Angriff auf die gottgewollte Ordnung aufgefaßt und strikt verworfen. Die Souveränität ist uneingeschränkt und unveräußerlich.

Beide Theoretiker bedienen sich der geschichtlichen Empirie sowie soziologischer und kulturanthropologischer Erklärungsmuster, um ihre Thesen zu stützen. In der Ablehnung des Sozialkontrakts beschreiten sie denselben Weg, gleichermaßen wie in der Negierung der Gewaltenteilung oder -verschränkung. Bezüglich der Vorstellung von einer patriarchalischen Gesellschaft sind ihre Ansichten zum Teil kommensurabel, weisen allerdings in ihrem divergierenden Absolutheitsanspruch, den Haller verneint und Maistre in Form des Absolutismus bejaht, Differenzen auf. Für beide hat der Naturzustand nie aufgehört, wobei er bei Haller einen privatrechtlichen Charakter auf der Basis von Abhängigkeits- und Dienstverhältnissen und bei Maistre eine staatsrechtliche Wesensart auf Grund der göttlichen Uroffenbarung annimmt.[500] Die Hauptkonvergenz der beiden verkörpert die idealisierte Auffassung vom Regime der katholischen Kirche, wobei auch hier in der Motivation grundlegende Unterschiede feststellbar sind. Für Haller besteht dessen besondere Anziehungskraft in der Tatsache, daß sie über republikanische Elemente verfügt, da in ihr alle Gläubigen gleich sind und

---

500 Cf. cap. 4.1, p. 122.

das Herrschen im Dienen und Nützen besteht, indes ihr hierarchischer Aufbau ein monarchisches Grundelement aufweist. Dieser Aspekt ist für Maistre allerdings nur minder relevant, statt dessen stimmt er mit der Erhebung der Institution katholische Kirche zur Supra-Staatsform überein, die über den weltlichen Staaten, den Monarchien und Republiken, stehend, als einendes und aussöhnendes Moment gegenüber den Gegensätzen fungiert.[501]

Der unerschütterliche Glaube an die Kraft der Institution katholische Kirche baut demnach eine Brücke zwischen dem individualistischen Konvertiten Haller und dem ultramontanen Traditionalisten Maistre. Mithin steht fest, daß der Papst – trotz aller durchaus gravierenden Differenzen zwischen den beiden – seinem Namen als Pontifex alle Ehre macht. Ein Phänomen, das wir auch in unseren Tagen wiederholt beobachten können.

---

501 Cf. cap. 4.3, p. 137.

Bibliographie

I. Quellen

D'ARGENSON, R. L.: Considérations sur le Gouvernement ancien et présent de la France, Amsterdam, 1764

AQUIN, Th.: Sententia Libri Ethicorum. Cura et studio fratrum praedicatorum, in: Opera Omnia, tom. XLVII, Rom, 1969

ARISTOTELES: Metaphysik. Übersetzt von Hermann Bonitz, Hamburg, II tom. 3. Edit., 1991

–: Hermeneutik. Übersetzt von Hans Günter Zekl, Hamburg, 1998

–: Politik. Übersetzt von Eugen Rolfes, Hamburg, 1958

BENTHAM, J.: A Fragment on Gouvernment, London, 1776

DIE BIBEL: Nach der Übersetzung Martin Luthers, Stuttgart, 1985

CHAMBERLAIN, H. S.: Die Grundlagen des 19. Jahrhunderts, 10. Edit., München, 1912

CICERO: De re publica, Stuttgart, 1971

DARCEL, J. L. (ed.): Joseph de Maistre: De la souveraineté. Un anti-contrat-social, Paris, 1992 (zit. Souveraineté)

FILMER, R.: Observations Concerning the Original of Government upon Mr Hobbes's Leviathan, Mr Milton against Salmasius, and H. Grotius' De jure belli ac pacis, London, 1652

–: Patriarcha or the Natural Power of Kings, London, 1680 [zit. Patriarcha]

GUICCIARDINI, F.: Ricordi politici e civili, Padua, 1977

HALLER, C. L. v.: Restauration der Staatswissenschaften, 2. Edit, Winterthur, 1820 – 1834 (zit. Restauration)

HOBBES, Th.: Leviathan or the Matter, Forme, and Power of a Commonwealth Ecclesiasticall and Civil, London, 1651 (zit. Leviathan)

–: De cive, London, 1651

LUTHER, M.: Von weltlicher Obrigkeit : Schriften zur Bewährung des Christen in der Welt, München, Hamburg, 1965

LOCKE, J.: Two Treatises of Government, London, 1688 (zit. Treatises)

MAISTRE: J. de: Œuvres complètes, XIII tom., 3. Edit., Lyon, 1863

MANDEVILLE, B. de: A Modest Defence of Public Stews: or, an Essay upon Whoring, as it is now practised in these kingdoms, London, 1724

–: Die Bienenfabel oder Private Laster, öffentliche Vorteile, 3. Edit., Frankfurt am Main, 2002 (zit. Bienenfabel)

MILLER, E. F. (ed.): David Hume: Essays: Moral, Political and Literary, Indianapolis, 1987

MONTESQUIEU, C.-L. de: L'esprit des Lois, Genf, 1748 (zit. Lois)

PLATON: Sämtliche Werke in 4 Bänden. Übersetzt von Friedrich Schleiermacher und Hieronymus Müller, Hamburg, 1994

POLYBIOS: Historiae. Ins Englische übersetzt von W. R. Paton, IV tom., Cambridge (Mass.), 2000

PRIESTLEY, J.: The First Principles of Government and the Nature of Political, Civil and Religious Liberty, Leeds, 1768

ROUSSEAU, J.-J.: Du Contrat Social ; ou Principes du Droit Politique, Amsterdam, 1762 (zit. Contrat)

SENECA: Philosophische Schriften in 4 Bänden. Übersetzt von Otto Apelt, Hamburg, 1993

TACITUS: Agricola. Germania. Übersetzt von Alfons Städele, Darmstadt 1991

WARBURTON, W.: The Alliance between Church and State, London, 1736

–: The Devine Legation of Mose, London 1737 – 1741

XENOPHON: Cyropaedia, II tom. Ins Englische übersetzt von Walter Miller, Cambridge (Mass.), 1989

II. Literatur

ADAM, A.: Despotie der Vernunft? Hobbes, Rousseau, Kant, Hegel, 2. Edit., Freiburg im Breisgau, München, 2002

ALBERT, H.: Ethik und Meta-Ethik. Das Dilemma der analytischen Moralphilosophie, in: –: Konstruktion und Kritik. Aufsätze zur Philosophie des kritischen Rationalismus, Hamburg, 1972

–: Kritischer Rationalismus. Vom Positivismusstreit zur Kritik der Hermeneutik, in: –/SCHNÄDELBACH, H./SIMON-SCHÄFER, R. (eds.): Renaissance der Gesellschaftskritik? Bamberg, 1999, spez. pp. 15-23

ALEMANN, U./FORNDRAN, E.: Methodik der Politikwissenschaft. Eine Einführung in die Arbeitstechnik und Forschungspraxis, VI. veränd. Edit., Stuttgart, 2002

ALTHUSSER, L.: Montesquieu, la politique et l'histoire, Paris, 1959

APEL, K.-O.: Diskurs und Verantwortung, Frankfurt, 1988

BACZKO, B.: Lumières de l'Utopia, Paris, 1978

BAUMGARDT, D.: Bentham and the Ethics of Today, Princeton, 1952

BAYLE, F.: Les Idées Politiques de Joseph de Maistre, Paris, 1945

BERMBACH, U.: Widerstandsrecht, Souveränität, Kirche und Staat: Frankreich und Spanien im 16. Jahrhundert, in: **FETSCHER**, I./**MÜNKLER**, H. (eds.): Pipers Handbuch der politischen Ideen. Neuzeit: Von den Konfessionskriegen bis zur Aufklärung, München, 1985, tom. 3, pp. 101-162

BEYME, K. v.: Politische Theorien im Zeitalter der Ideologien. 1789 – 1945, Wiesbaden, 2002

–: Politische Theorie, in: **NOHLEN**, D. (ed.): Kleines Lexikon der Politik, München, 2001, pp. 396-401

BONDY, B.: Die reaktionäre Utopie. Das politische Denken von Joseph de Maistre, Diss. Univ. Köln, 1982

BRADLEY, O.: A modern Maistre : the social and political thought of Joseph de Maistre, Lincoln et. al., 1999

BRANDT, H.: Landständische Repräsentation im deutschen Vormärz. Politisches Denken im Einflußfeld des monarchischen Prinzips, Neuwied, Berlin, 1968

– (ed.): Restauration und Frühliberalismus 1814 – 1840, Darmstadt, 1979

BUBNER, R.: Gedanken über die Zukunft der Philosophie, in: Deutsche Zeitschrift für Philosophie, tom. 5 (1996), pp. 743-757

BUCHANAN, J. M.: Freedom in Constitutional Contract. Perspectives of a Political Economist, College Station, London, 1977

BURKE, P.: Montaigne. Zur Einführung, Hamburg, 3. überar. Edit., Hamburg, 2004

CLOSTERMEYER, Claus-Peter: Zwei Gesichter der Aufklärung. Spannungslagen in Montesquieus „Esprit des Lois", Berlin, München, 1983

DARCEL, J.-L.: Introduction, in: **MAISTRE**, J. de: De la souveraineté du peuple. Un anti-contrat-social, Paris, 1992, pp. 7-88

DENZER, H.: Spätaristotelismus, Naturrecht und Reichsreform: Politische Ideen in Deutschland 1600 – 1750, in: **FETSCHER**, I./**MÜNKLER**, H.(eds.): Pipers Handbuch der politischen Ideen. Neuzeit: Von den Konfessionskriegen bis zur Aufklärung, München, 1985, tom. 3, pp. 233-273

DOCK, A.: Revolution und Restauration über die Souveränität. Eine weitere Quellensammlung über den Begriff der höchsten Gewalt und zugleich ein Beitrag zur Geschichte der Staatstheorien, Aalen, 1972

DRUWE, U.: Politische Theorie, 2. Edit., Neuried, 1995

DURCKHEIM, É.: La contribution de Montesquieu à la constitution de la science sociale, in: –: Montesquieu et Rousseau, précurseurs de la sociologie, Paris, 1966

DUSSINGER, John A.: The lovely system of Lord Shaftesbury, in: Journal of the history of ideas, tom. 42 (1981), N° 1, pp. 151-158

EISENMANN, C.: La pensée constitutionelle de Montesquieu, in: Cahiers de philosophie politique du Centre de philosophie politique de l'Université de Reims, N° 2-3 (1985), pp. 58-63

EUCHNER, W.: Die Vertragstheoretiker und deren Kritiker. Thomas Hobbes, in: **FETSCHER, I./MÜNKLER, H.**: Pipers Handbuch der politischen Ideen. Neuzeit: Von den Konfessionskriegen bis zur Aufklärung, München, 1985, tom. 3, pp. 353-421

–: Versuch über Mandevilles Bienenfabel, in: **MANDEVILLE, B.** de: Die Bienenfabel oder Private Laster, öffentliche Vorteile, 3. Edit., Frankfurt am Main, 2002

–: Naturrecht und Politik bei John Locke, Frankfurt am Main, 1969

EWALD, R.: Der Streit um K. L. von Hallers „Restauration der Staatswissenschaft". Zum 100. Geburtstag des „Restaurators", in: Zeitschrift für die gesamte Staatswissenschaft, tom. 111 (1955), pp. 115-130

FENSKE, H./MERTENS, D./WOLFGANG, R./ROSEN, K.: Geschichte der politischen Ideen. Von der Antike bis zur Gegenwart, 5. Edit., Frankfurt am Main, 2000

FETSCHER, I.: Politisches Denken im Frankreich des 18. Jahrhunderts vor der Revolution, in: –/**MÜNKLER, H.** (eds.): Pipers Handbuch der politischen Ideen. Neuzeit: Von den Konfessionskriegen bis zur Aufklärung, München, 1985, tom. 3, pp. 423-528

–: Volk und Gesellschaftsvertrag bei Jean-Jacques Rousseau, in: Blätter, tom. 7 (1994), pp. 886-888

–: Rousseaus politische Philosophie. Zur Geschichte des demokratischen Freiheitsbegriffs, 8. Edit., Frankfurt am Main, 1999

FEYERABEND, P.: Wider den Methodenzwang, Frankfurt am Main, 2003

FRITZ, L.: Illegitimität des Staates? Bemerkungen zu Hans-Hermann Hoppes Vision einer Privateigentumsgesellschaft, in: Politische Vierteljahreszeitschrift, tom. 1 (2005), pp. 144-157

FUHRMANN, H.: Konstantinische Schenkung und abendländisches Kaisertum, in: DA 22 (1966), pp. 63-178

GADAMER, H.-G.: Wahrheit und Methode. Grundzüge einer philosophischen Hermeneutik, 4. Edit., Tübingen, 1975

–: Hermeneutik und Historismus, in: Philosophische Rundschau, vol. IX (1961), p. 241-276

GESSLER, P.: René Luis d'Argenson. 1694 – 1757: seine Ideen über Selbstverwaltung, Einheitsstaat, Wohlfahrt und Freiheit im biographischen Zusammenhang, Basel, Stuttgart, 1957

GIERKE, O.: Johannes Althusius und die Entwicklung der naturrechtlichen Staatstheorien, 2. Edit., Breslau, 1902

GOLDIE, M.: Absolutismus, Parlamentarismus und Revolution in England, in: – /MÜNKLER, H. (eds.): Pipers Handbuch der politischen Ideen. Neuzeit: Von den Konfessionskriegen bis zur Aufklärung, München, 1985, tom. 3, pp. 275-352

GRAETZ, M.: Bossuets Schrift „Politique tirée des propres paroles de l'Écriture Sainte" (1709) und deren Relevanz für das moderne Judentum, in: SCHULLER, F./VELTRI, G./WOLF, H. (eds.): Katholizismus und Judentum. Gemeinsamkeiten und Verwerfungen vom 16. bis zum 20. Jahrhundert, Regensburg, 2005, pp. 102-111

GUÉHENNO, J.-M.: Das Ende der Demokratie, München, 1996

GUGGISBERG, K.: Carl Ludwig von Haller. Die objektive Würdigung des Restaurators und Staatstheoretikers von europäischem Ansehen, Frauenfeld und Leipzig, 1938

HAGEMANN, A.: Die Staatsauffassung Karl Ludwig von Hallers, Diss. Univ. Erlangen, 1930

HEIDEGGER, M.: Sein und Zeit, 18. Edit., Tübingen, 2001

HEIN, H.: Subjektivität und Souveränität. Studien zum Beginn der modernen Politik bei Niccolo Machiavelli und Thomas Hobbes, Frankfurt am Main, Bern, New York, 1986

HILL, Ch.: Milton and the English Revolution, London, 1977

HOERSTER, N./BIRNBACHER, D. (ed.): Texte zur Ethik, München, 1988

HOFMANN, W.: Robert Filmer: Patriarcha, in: STAMMEN, Th./RIESCHER G./HOFMANN, W. (eds.): Hauptwerke der politischen Theorie, Stuttgart, 1997, pp. 151-153

HOLMES, St.: Verfassungsförmige Vorentscheidungen und das Paradox der Demokratie, in: PREUß, U. (ed.): Zum Begriff der Verfassung. Die Ordnung des Politischen, Frankfurt am Main, 1994, pp. 133-170

HÖMIG, H.: Absolutismus und Demokratie. Das Reformprogramm des Marquis d'Argenson, in: Historische Zeitschrift, tom. 226 (1978), pp. 349-380

HOPPE, H.-H.: Demokratie. Der Gott, der keiner ist. Monarchie, Demokratie und natürliche Ordnung, Leipzig, 2003

HORKHEIMER, M./HERSCHE, O.: Verwaltete Welt. Gespräch zwischen Max Horcheimer und Otmar Hersche, Zürich, 1970

HOSSENFELDER, M.: Antiker und baylescher Skeptizismus, in: KREIMENDAHL, L. (ed.): Die Philosophie in Pierre Bayles Dictionnaire historique et critique, Hamburg, 2004, pp. 21-35

HUBER, M.: Die Staatsphilosophie von Joseph de Maistre im Lichte des Thomismus, Basel, 1958

HULLING, M.: Montesquieu and the Old Régime, Berkeley, 1977

KAHN, Ch.: The Origins of Social Contract Theory in the Fifth Century B.C., in: **KERFERD**, G.B. (ed.): The Sophists and Their Legacy. Proceedings of the Fourth International Colloquium on Ancient Philosophy, Wiesbaden, pp. 92-108

KYMLICKA, W.: Contemporary Political Philosophy, Oxford, Clarendon, 1990

KERSTING, W.: Die politische Philosophie des Gesellschaftsvertrages, Darmstadt, 1996

LEBRUN, R. A.: Joseph de Maistre. An Intellectual Militant, Kingston, Montreal, 1988

LEHMANN, H.: Das Zeitalter des Absolutismus. Gottesgnadentum und Kriegsnot, Stuttgart, 1980

LÜBBE, H.: Sind Normen methodisch begründbar? Rekonstruktion der Antwort Max Webers, in: **OELMÜLLER**, W. (ed.): Transzendentalphilosophische Normenbegründungen, Paderborn, 1978, p. 108-122

MAILLARD, A. (ed.): Présence de Babeuf: Lumiéres, révolution, communisme. Actes du Colloque International Babeuf Amiens les 7. décembre 1989, Paris, 1994

MAISTRE, H. de: Joseph de Maistre, Paris, 1990

MALETTKE, K.: Ludwig XIV. 1643 – 1715, in: **HARTMANN**, P. (ed.): Französische Könige und Kaiser der Neuzeit. Von Ludwig XII. bis Napoleon III., München, 1994, pp. 189-237

MAUS, I.: „Volk" und „Nation" im Denken der Aufklärung, in: Blätter, tom. 5 (1994), pp. 602-612

MAYER-TASCH, P. C.: John Locke – Der Weg zur Freiheit, in: – (ed.): John Locke. Über die Regierung (The Second Treatise of Government), Stuttgart, 2003

MESNARD, P.: L'Essor de la Philosophie Politique au XVIe siècle, Paris, 1951

MILL, J.S.: Über die Freiheit, Stuttgart, 1974

MITTELSTRAß, J.: Politik und praktische Vernunft bei Machiavelli, in: **HÖFFE**, O. (ed.): Der Mensch – ein politisches Tier? Essays zur politischen Anthropologie, Stuttgart, 1992, pp. 55-57

–: Der arme Wille. Zur Leidensgeschichte des Willens in der Philosophie, in: **HECKHAUSEN**, H./**GOLLWITZER**, P. M./**WEINERT**, F. E. (eds.): Jenseits des Rubicon. Der Wille in den Humanwissenschaften, Heidelberg et al., 1987, pp. 33-48

MÖLLER, H.: Die verfassungsgebende Gewalt des Volkes und die Schranken der Verfassungsrevision: eine Untersuchung zu Art. 79 Abs. 3 GG und zur verfassungsgebenden Gewalt nach dem Grundgesetz, Berlin, 2004

MORRIS, M.: Le chevalier de Jaucourt. Un ami de la terre (1704 – 1779), Genf, 1979

MUGNIER-POLLET, L.: La philosophie politique de Spinoza, Paris, 1977

OTTMANN, H.: Hobbes: Widersprüche einer extremen Philosophie der Macht, in: HÖFFE, O. (ed.): Der Mensch – ein politisches Tier? Essays zur politischen Anthropologie, Stuttgart, 1992, pp. 68-91

PRANCHERE, J.-Y.: L'Action dans La Pensée Reactionnaire: Joseph de Maistre, in: Annales Littéraires de l'Université de Besançon, tom. 462 (1992), N° 2, pp. 53-72

–: Joseph de Maistre's Catholic Philosophy of Authority, in: LEBRUN, R. A. (ed.): Joseph de Maistre's Life, Though and Influence. Selected Studies, Montreal et al., 2001, pp. 131-150

–: L'autorité contre les lumières: la philosophie de Joseph de Maistre, Genf, 2004

PARKER, W. R.: Milton. A biography, 2 tom., Oxford, 1968

PFISTER, Ch.: Die Publizistik Karl Ludwig von Hallers in der Frühzeit 1791 – 1815, Bern, Frankfurt am Main, 1975

PLAMENATZ, J.: „Was nichts anderes heißt, als daß man ihn zwingen wird, frei zu sein", in: BRANDT, R./HERB, K. (eds.): Jean-Jacques Rousseau. Vom Gesellschaftsvertrag oder Prinzipien des Staatsrechts, Berlin, 2000, pp. 67-82

QUARITSCH, H.: Souveränität. Entstehung und Entwicklung des Begriffs in Frankreich und Deutschland vom 13. Jh. bis 1806, Berlin, 1986

RAND, B. (ed.): The Life, Unpublished Letters, and Philosophical Regimen of Anthony, Earl of Shaftesbury, London, 1900

RAWLS, J.: A Theory of Justice, Cambridge (Mass.), 1971

REESE-SCHÄFER: Antike politische Philosophie. Zur Einführung, Hamburg, 1998

REINHARD, E.: Karl Ludwig von Haller. Ein Lebensbild aus der Zeit der Restauration, Köln, 1915

–: Der Streit um Karl Ludwig von Hallers „Restauration der Staatswissenschaft". Zum 100. Todestag des „Restaurators", in: Zeitschrift für die gesamte Staatswissenschaft, tom. 111 (1955), pp. 115- 130

REINHARD, W.: Geschichte der Staatsgewalt. Eine vergleichende Verfassungsgeschichte Europas von den Anfängen bis zur Gegenwart, 2. Edit., München, 2000

REINISCH, L. (ed.): Politische Wissenschaft heute, München, 1971

RILEY, P.: A possible explanation of Rousseau's general will, in: The American Political Science Review, tom. 64 (1970), pp. 86-97

ROGGEN, R.: „Restauration" – Kampfruf und Schimpfwort. Eine Kommunikationsanalyse zum Hauptwerk des Staatstheoretikers Karl Ludwig von Haller (1768 – 1854), Freiburg (Schweiz), 1999

ROHDEN, R. P.: Joseph de Maistre als politischer Theoretiker. Ein Beitrag zur Geschichte des konservativen Staatsgedankens in Frankreich, München, 1929

RÖHRICH, W.: Staat der Freiheit. Zur politischen Philosophie Spinozas, Darmstadt, 1969

SCHIRREN, Th./**ZINSMAIER**. Th. (eds.): Die Sophisten. Ausgewählte Texte, Stuttgart, 2003

SCHMIDT-BIGGEMANN, W.: Politische Theologie der Gegenaufklärung. Saint-Martin. De Maistre. Kleuker. Baader, Berlin, 2004

SCHMITT, C.: Politische Theologie. Vier Kapitel zur Lehre von der Souveränität, 7. Edit, Berlin, 1996, tom. I

SELIGER, M.: The Liberal Politics of John Locke, London, 1969

SETZ, W.: Lorenzo Vallas Schrift gegen die Konstantinische Schenkung, Tübingen 1975

SHERIF, M.: The Psychology of Social Norms, New York, 1964

SPAEMANN, R.: Rousseau: Von der Polis zur Natur, in: **HÖFFE**, O. (ed.): Der Mensch – ein politisches Tier? Essays zur politischen Anthropologie, Stuttgart, 1992

STEGMÜLLER; W.: Hauptströmungen der Gegenwartsphilosophie. Eine kritische Einführung, 6. Edit., Stuttgart, 1977, tom. II

STAROBINSKI, J.: Rousseau. Eine Welt von Widerständen, Frankfurt am Main, 2003

STRICKER, N.: Die maskierte Theologie von Pierre Bayle, Diss. Univ. Heidelberg, 2001

SUMNER, L.W.: Normative Ethics and Metaethics, in: Ethics, vol. LXXVII (1966/1967), pp. 95-106

TÖNNIES, F: Thomas Hobbes, der Mann und der Denker, Stuttgart, 1910

TSATSOS, Th.: Peri Politeias, in: **MOSLER**, H./**SCHNEIDER**, H./**STREBEL**, H. (eds.): Staatstheoretische Studien, Frankfurt am Main, 1972

TULARD, J.: Frankreich im Zeitalter der Revolutionen 1789 – 1851, Stuttgart, 1989

WATT, E.D.: Locked In: De Maistre's Critique of French Lockeism, in: Journal of the history of ideas, tom. 32 (1971), No 1, pp. 129-132

WEILENMANN, H.: Untersuchungen der Staatstheorie Carl Ludwig von Hallers. Versuch einer geistesgeschichtlichen Einordnung, Diss. Univ. Bern, 1955

WESTON, C.: English Constitutional History and the House of Lords, New York, 1965

WILSON, A. M.: The development and scope of Diderot's political thought, in: Studies on Voltaire and the 18th century, tom. 27 (1963), pp. 1871-1900

WORDEN, B.: Classical Republicanism and the Puritan Revolution, in: **LOYD-JONES**, H. et al. (eds.): History and Imagination: Essays in Honour of H. R. Trevor-Roper, London, 1981, pp. 182-200

YSSELSTEYN, G.T. van: L'auteur de l'ouvrage Vindiciae contra tyrannos, in: Revue Historique, tom. 167 (1931), pp. 46-59

ZIMMERMANN, G.: Politische Theorie und Heilige Schrift in der „Vindiciae contra tyrannos", in: ZRG KA, tom. 76 (1990), pp. 286-309

Personenverzeichnis

BEITRÄGE ZUR POLITIKWISSENSCHAFT

Band 1 Maria M. Müller-Sorge: Journalismus - Offenheit und Konformität. Die Politische Tagespresse in der Bundesrepublik. 1975.

Band 2 Hans Heinrich Rass: Britische Außenpolitik 1929-1931: Ebenen und Faktoren der Entscheidung. 1975.

Band 3 Maria Huber: Strategien der Entwicklungspolitik. Ein Beitrag zur Kritik der Entwicklungsökonomik. 1975.

Band 4 Jürgen Hentze: Nationalismus und Internationalismus bei Rosa Luxemburg. 1975.

Band 5 Detlef Klotz: Länderparlamentarismus: Bürgernähe als Chance? Zur hochschulpolitischen Entscheidungsfindung im Landtag von Baden-Württemberg 1956-1968 am Beispiel des Hochschulgesetzes von 1968. 1975.

Band 6 Dieter-Dirk Hartmann: Volksinitiativen. 1976.

Band 7 Ulrich Heyder: Der sozialwissenschaftliche Systemversuch Eduard Heimanns. Darstellung und Kritik der Möglichkeit einer einheitlichen Theorie der modernen Wirtschafts- und Sozialsysteme. 1977.

Band 8 Jost F. Noller: Theorie und Praxis der Apartheid. Eine Analyse der Grundlagen und Bedingungen der Politik der 'Getrennten Entwicklung' in Südafrika. 1977.

Band 9 Annemarie Bopp-Schmehl: Konflikt und Demokratie. Eine Auseinandersetzung mit Kompromiß- und Gleichgewichtsvorstellungen moderner Politiktheorien. 1977.

Band 10 Günter Pumm: Kandidatenauswahl und innerparteiliche Demokratie in der Hamburger SPD. Eine empirische Untersuchung der Kandidatennominierungen für die Bundestagswahl 1969, die Bürgerschaftswahl 1970, den Senat und die Deputationen. 1977.

Band 11 Werner Hugger: Gesamtsystemplanung und Reform des Gesundheitswesens der Bundesrepublik Deutschland. 1977.

Band 12 Peter Wordelmann: Simulation von Systemveränderungen. Möglichkeiten und Grenzen einer Planungsmethode, dargestellt am Beispiel des Ausbildungssektors. 1978.

Band 13 Werner Lang: Kooperative Gewerkschaften und Einkommenspolitik. Das Beispiel Österreichs. 1978.

Band 14 Michael J. Seifert: Sozialer Konflikt. Eine Analyse der Entstehungsbedingungen politischer Bewegungen. 1978.

Band 15 Erhard Zahn: Objektivierung und Vergegenwärtigung als Probleme der politischen Bildung. Untersuchungen zur Komplementarität zweier Wissenschaftsbegriffe. 1979.

Band 16 Barbara Pommerehne-Häß: Die Reformprogramme für die Heimerziehung. Chancen für eine Demokratisierung der öffentlichen Erziehung? 1979.

Band 17 Ingeborg E. Schäfer: Umlandverband Frankfurt/M. Entscheidungsprozesse bei der Entstehung einer Stadt-Umland-Verwaltung. 1979.

Band 18 Robert Lederer: Neokonservative Theorie und Gesellschaftsanalyse. 1979.

Band 19 Dieter Mohrhart: Elternmitwirkung in der Bundesrepublik Deutschland. Ein Beitrag zur politisch-historischen und pädagogischen Diskussion. 1979.

Band 20 Petra S. Hartmann-Laugs: Die politische Integration der Mexiko-Amerikaner. Eine Analyse des mexikoamerikanischen Wahlverhaltens in den Jahren 1960-1974 unter Berücksichtigung sozioökonomischer Variablen. 1980.

www.peterlang.de

Peter Lang · Europäischer Verlag der Wissenschaften

Lars Lambrecht / Bettina Lösch / Norman Paech (Hrsg.)

Hegemoniale Weltpolitik und Krise des Staates

Frankfurt am Main, Berlin, Bern, Bruxelles, New York, Oxford, Wien, 2006.
201 S., zahlr. Abb.
Philosophie und Geschichte der Wissenschaften.
Herausgegeben von Hans Jörg Sandkühler und Pirmin Stekeler-Weithofer.
Bd. 58
ISBN 3-631-54416-2 · br. € 36.80*

Neue Entwicklungen in der Weltpolitik, in Europa und an jedem anderen
Ort, erfordern verstärkt Analysen mit einer entsprechend entwickelten
Wissenschaft – der Sozialökonomie. In ihrem Kontext werden in diesem
Band exemplarisch drei Bereiche der globalen Veränderungen eingehender
diskutiert. Es sind die Weltpolitik und die Krisen der EU sowie des Sozial-
staats, der Gesellschaftsvertrag, Hegemonie der Vernunft und Politik der
Freiheit sowie Herrschaftsverhältnisse und Wissenschaft. Autorinnen und
Autoren der unterschiedlichsten Fachrichtungen arbeiten zusammen, wie es
dem Konzept der Interdisziplinarität in der Tradition der Gesellschafts- und
Geisteswissenschaften gemäß ist.

Aus dem Inhalt: Rehabilitierung des Krieges · Krise der EU und Erosion
des demokratischen Sozialstaats · Privatisierung und das europäische
Sozialmodell · Makroökonomische Rentabilitätsentwicklung in der BRD ·
Hegemonie und Legitimation · Politischer Rassismus · Repräsentation und
Medien · Determinismus, Freiheit und Macht · Kritik und Reproduktion von
Herrschaft · Gleichheit und Demokratie · Ideologische Komplementarität ·
Historischer Materialismus und die Wissenschaft vom Menschen

Frankfurt am Main · Berlin · Bern · Bruxelles · New York · Oxford · Wien
Auslieferung: Verlag Peter Lang AG
Moosstr. 1, CH-2542 Pieterlen
Telefax 0041 (0) 32/376 17 27

*inklusive der in Deutschland gültigen Mehrwertsteuer
Preisänderungen vorbehalten
Homepage http://www.peterlang.de